THE MANAGED HEART
Commercialization of Human Feeling

Arlie Russell Hochschild

心灵的整饰
人类情感的商业化

[美] 阿莉·拉塞尔·霍克希尔德 著

成伯清 淡卫军 王佳鹏 译

上海三联书店

雅众文化 出品

献给露丝和弗朗西斯·拉塞尔

目 录

第一部分　私人生活

第二部分　公共生活

2012 年版序言

1980 年代初，我坐在达美航空公司（Delta Airlines）空乘人
员培训中心定期培训室后面第五排，听一位飞行员告诉新招聘的
空姐："微笑，就像你真的想笑一样。"我记得我注意到旁边的一
个年轻女孩匆匆地逐字记下了这个忠告。当时，我已经花费数月
跟来自不同航线的空乘人员进行交谈，访谈所得的素材就反映在
本书中。所以，对这种微笑背后所可能夹带的情感——焦虑、恐惧、
厌倦、怨恨以及服务的热忱——我已有所感受。

正是这种"折磨"，或诸如此类的情感与飞行员对本真性的
追求之间的冲突，促使我在自己的笔记本上写下了"情感劳动"
（emotional labor）。我做梦都没有想到，三十年后，坐在电脑前搜
索互联网，竟然发现共有 559000 次提到"情感劳动"及其没有报
酬的形式，"情感工作"（emotion work）。在《21 世纪的情感劳动》
（*Emotional Labor in the Twenty-first Century*）一书中，艾丽西亚·格
兰迪（Alicia Grandey）、詹姆斯·迪芬多夫（James Diefendorff）、
狄波拉·兰普（Deborah Rupp）发现，提及"情感劳动"的学术
论文达一万篇以上，其中半数是 2006 年以后发表的，而且有 506

篇就出现在标题中。[1]

这一观念变得流行，我自然感到高兴，但对这个主题的兴趣爆发，其真正原因，当然是服务部门本身的急剧增长。事实上，就对国民生产总值的贡献率而言，制造业下降到 12%，而服务业上升到 25%。日托中心、私人疗养院、医院、机场、商店、客户服务中心、教室、社会福利机构、牙医诊所——在所有这些工作场所中，无论是兴高采烈地还是很不情愿地，是巧妙地还是笨拙地，雇员们都在从事着情感劳动。

x 　　但他们到底做了多少情感劳动呢？又以何种方式？R. 克洛斯（R. Cross）、W. 贝克尔（W. Baker）和 A. 帕克尔（A. Parker）称有些雇员为"情绪兴奋剂"（energizer）。[2] 譬如，负责医院志愿者工作的协调员可能会尽力营造一种欢快的共同使命感，而另一方面，行政领导培训师和军事教官，则可能需要在新手身上激发出超越自我、击败敌人的精神。此外还有"毒素处理者"——处理投诉的职员、破产法院工作人员、处理房屋止赎的银行职员、离婚律师、停车费服务员以及那些专门负责解雇工人的人（我在《时间绑定》[*The Time Bind*] 中曾经访谈过一个这样的人，他把自己描述为"戴着黑帽子的人"[3]）。[4] 他们的工作是发布坏消息，以及经常受到来自顾客的挫折、绝望和愤怒的冲击。最后，还有一些人

1　Grandey, Alicia, Jim Deifendorff, and Deborah Rupp, eds. Forthcoming 2012. Chapter 1, figure 1, "Search for 'emotional labor or labour' using GoogleScholar." In *Emotional Labor in the Twenty-first Century: Diverse Perspectives on Emotion Regulation at Work*. London: Routledge, Psychology Press. 该文作者通过商学、社会科学、医学数据库搜索了全文任何地方出现"情感劳动"一词的期刊论文。

2　Cross, R., W. Baker, and A. Parker. 2003. "What Creates Energy in Organizations?" *Sloan Management Review* 44:51–57.

3　原文是"the man in the black hat"，英文里黑帽子常常喻指坏人。——译注

4　Frost, P. J., and S. Robinson. 1999. "The Toxic Handler: Organizational Hero and Casualty." *Harvard Business Review* 77:96-106.

虽然并不处置有关别人的坏消息，但确实面临着体验到自身痛苦或损失的可能，比如士兵、消防队员、高层窗户清洁工和职业足球队员。

其他形式的情感劳动，则要求一个人管理好自己的一系列情感。在高档服装精品店工作的贫穷售货员，要管好自己的嫉妒之情。华尔街的股票交易人要管好自己的恐慌之情。而法官，正如法律研究者特瑞·马罗尼（Terry Maroney）所表明的，因为可能接触到诸如致残、谋杀、肢解和儿童强奸之类极度让人不安的暴行证据，他或她也就面临着如何识别和管好诸如恐惧、恼怒、愤慨和怜悯之类的情感，同时还要维持不偏不倚的公正形象。[1]事实上，研究显示，在我们所崇敬的领袖身上，我们在寻求着一种能力的象征，也即，在感受到这些情感的同时又调节好这些情感的能力——我们会蔑视痛哭流涕或惊慌失措的政治家。[2]

情感劳动也可能难以辨认出来。例如，对于别人的不幸，我们可能会感到幸灾乐祸或非常开心，但对产生这种情感，我们又可能会引以为耻。结果，我们的羞耻感可能正好妨碍了我们承认这种情感。这一点很重要，因为这是两个方面的撕扯，一方面是真实的但不为人所赞许的感受，另一方面则是理想化的感受，这种撕扯能让我们意识到情感劳动的存在。我们在一场欢快的假日派对上可能会感到孤独，在一场葬礼上可能神情轻松或漠不关心——这都会要求我们自行矫正自己的情感。诸如此类的撕

xi

---

1 Terry A. Maroney. Forthcoming 2012. "Emotional Regulation and Judicial Behavior." *California Law Review*. 还可参见 Terry A. Maroney. 2011. "The Persistent Cultural Script of Judicial Dispassion." *California Law Review* 99:629, 630, 对"司法公正"（judicial dispassion）的界定。

2 Shields, Stephanie A., Leah R. Warner, and Matthew J. Zawadzki. 2011. "Beliefs About Others' Regulation of Emotion." Paper presented at the International Society for Research on Emotion, July 27, 2011, Kyoto, Japan.

扯，在有些文化中无关紧要，在其他文化中则可能后果严重，因为不同文化会有不同的"感受规则"（feeling rules）。"当我跟日本人谈论情感劳动的时候，他们根本就不知道我在说什么"，来自比利时勒芬大学的心理学家巴佳·梅斯基塔（Batja Mesquita）如此告诉我。[1] 日本人极为重视体察他人情感和需要的能力，[2] 因此对于日本人来说，情感劳动更深地嵌入在日常生活中而难以觉察。

文化规则就是"看见的规则"（seeing rules）。而看见什么，关乎我们如何看待所看之物。正是基于我们对情感的习惯看法，我们会以各种错综复杂的方式在自己和他人身上辨识出情感。不无悖谬的是，对情感劳动要求最高的文化——训练有素的从业者也许会如鱼得水——也可能是抑制人们承认情感劳动的文化。巴佳的观察将我们引向一般性的问题：文化规则如何抑制或凸显我们看待和思考情感的方式？当然，不少日本人确实承认情感劳动（《心灵的整饰》已被译成日文、繁体中文和韩文[3]）。而且，凡是日本观察者比美国人更为敏锐地觉察到的情感劳动，往往是支持独立个体之信念——事实上是幻象——的情感劳动。

因此毫不奇怪，在美国，情感劳动的观念既受到商业咨询专家的欢迎，视之为有待勘探的资源和形成竞争优势的手段；也被工会欣然接受，视之为倦怠的原因，应当予以经济补偿。那么，

---

1   Batja Mesquita. 2011. "Emoting as a Contextualized Process." Paper presented at the International Society for Research on Emotion, July 26, 2011, Kyoto, Japan.

2   Yukiko Uchida. 2011. "Emotions as Within or Between People? Cultural Variation in Subjective Well-being, Emotion Expression, and Emotion Inference." Paper presented at the International Society for Research on Emotion, July 26, 2011, Kyoto, Japan.

3   日本的世界思想社（东京）、中国的桂冠图书（台北）、韩国的意象书社（首尔）分别翻译并出版了《心灵的整饰》一书。——原注。台湾版将书名译为《情绪管理的探索》（1992）。——译注

4

为理解情感劳动的当代趋向，我们应该到哪里去探寻呢？我认为，追求效率的逐利驱力、公共服务缩减、贫富差距日益扩大以及全球 化，是我们时代最强有力的经济趋势。上述每种趋势，都造就了强化情感劳动的情境。

在谈及现代美国医院的时候，一位评论者说道："绝大部分医院过去都是以社区为中心的，是非营利的。但在过去三十年里，追逐利润成为主导趋势，无论是非营利医院还是营利性医院，都逐渐开始根据商业原则进行运作。"[1] 波士顿的贝丝·伊斯雷尔医院（The Beth Israel Hospital）就提供了一个例证。这家医院曾经是初级护理的典范，在跟其他医院合并后，进行了重组。原先分配给特定病人群的护士，现在则要根据每天病床占用数量，而在不同单位之间"浮动"。职员都被解雇。从护士角色中剥离出去的任务，现在则被界定为"仆人的"活儿——把手术后的病人安放到轮椅上，喂老年病人吃饭，或帮老年病人洗澡。现在，诸如此类的任务都指派给了未受训练的低薪护工。

与此相应的其他事情也发生了。鼓励病人进食，聆听病人唠叨自己的过去，讲个笑话，拍拍手臂——这些举动变得无关紧要。它们不再出现在病历之中。如今，正如一位观察者所言："不在病历上的东西，就不存在。"情感劳动变得杳无踪迹。

但这并不意味着护士和助理不再继续从事情感劳动。他们还在做着，但护理体系已从内部遭到损坏。作为一线员工，护士和护士助理现在必须强装欢颜来面对在情感上装聋作哑的机构安排。因为来回巡查的护士减少了，她们变得匆忙起来，做事偷工减料，没法竭尽所能地做到最好。有些人试图超然事外，睁只眼闭只眼，

1　有关老年护理经理（elder care manager）的访谈，参见 Hochschild, Arlie Russell, *The Outsourced Self: Intimate Life in Market Times*, forthcoming 2012。

有些人则感到自尊心受到打击。这种情形，我们或可称之为遭到损坏的护理体系的情感工作。[1]

我们还可察看另外一种趋势，即贫富差距日益扩大。对于穷人来说，几乎谈不上什么服务，或者使用毫无人情味的廉价服务：麦当劳里就餐，查克奶酪娱乐屋的生日派对，或者假日酒店的婚礼特别折扣。但用以迎合富豪们的服务则不断增多：高端特约医生（high-end concierge doctor），豪华餐厅领班，记得你尊姓大名和饮食爱好的精品酒店客房服务人员，地中海俱乐部的度假"体验经理"。在这种安排中，服务人员充满了人情味，让客人体验到尊贵，而不会有任何孤独或难堪之感。[2]

我们也可以到南半球的斯里兰卡、菲律宾、印度、墨西哥或其他地方去追踪情感劳动，因为常有那里的工人迁移到北半球从事服务工作。譬如，我们可以根据贯穿全球的照顾小孩的人所构成的链条，来探索情感劳动。我们可以从菲律宾的一个村落开始，在那里，最年长的女儿需要照顾年幼的弟弟妹妹，而她的母亲则远赴马尼拉，在工作日为一个富裕家庭当保姆。当其他类似年龄的人都在玩耍的时候，这个女孩却不得不充当弟弟妹妹的"小娘"，试问这是何种感觉？而她的母亲，在平时不得不离开自己的孩子，去照料富裕家庭的孩子，她又做何感想？这位马尼拉保姆的女性雇主，在当今时代经常又可能是把自己的孩子留给丈夫、母亲和保姆照顾，自己跑到洛杉矶去照顾一位美国孩子，而且一去数年。这就是环环相扣的全球看护链条，每个环节都有不同的情感劳动

1   Hochshild, Arlie Russell. 2009. "Can Emotional Labor Be Fun?" *Work, Organization and Emotion* 3（2）.

2   Sherman, Rachel. 2007. *Class Acts: Service and Inequality in Luxury Hotels.* Berkeley: University of California Press.

体验。[1]

北半球的顾客也会跑到南半球去接受服务。比如，许多老年美国人退休以后到墨西哥养老，日本人退休以后到泰国，瑞典人退休以后到西班牙，有时就病逝在异国的养老机构，没有家人的陪护。在照料者和被照料者之间展开了怎样的情感故事？参加如今所谓"医疗旅游"的游客中，想要孩子的美国不育夫妇，可以旅行到印度——在那儿，代孕是合法的，不受管制，随时可以安排，而且价格是美国的十分之一——雇用一位代孕母亲，让她怀上和生养他们的孩子。[2]在对印度安纳德[3]的阿肯夏莎诊所（Akanksha Clinic）进行访问时，我有机会询问数位贫穷的印度代孕母亲，将自己的子宫租给外国人有何感觉。她们都非常贫穷，急需用钱，但她们对于代孕却有着各自不同的感受。一位28岁的代孕母亲，丈夫是路边卖菜的小贩，自己有两个孩子，她如此说道："女医生告诉我们，要把我们的子宫看作是载体，我也这么看的。但我尽量不跟我正怀着的孩子发生太多联系。我会时常提醒自己记着我自己的孩子。"其他人则尽量"不想这档子事儿"。还有一位妇女怀着一个非常友好的印度顾客的孩子，跟孩子的母亲形成了"小妹-大姐"关系，把正怀着的孩子视为自己的孩子，因此也是作

xiv

1   Ehrenreich, Barbara, and Arlie Russell Hochschild, eds. *Global Women: Nannies, Maids, and Sex Workers in the New Economy*. New York: Metropolitan/Owl Books, 2012.

2   美国父母的精子和卵子在阿肯夏莎诊所的培养器皿中萌发，然后再植入代孕母亲的子宫内。我对此的描述源自 "Childbirth at the Global Crossroads," *American Prospect*（October 2009）: 25–28。还可参见 "Emotional Life on the Market Frontier," *Annual Review of Sociology* 37（2011）: 21–33; "Afterword," in *At the Heart of Work and Family: Engaging the Ideas of Arlie Hochschild*, edited by Anita Ilta Garey and Karen V. Hansen, New Brunswick, NJ: Rutgers University Press, 2011, 269–271; and "Through an Emotion Lens," in *Theorizing Emotions: Sociological Explorations and Applications*, edited by D. Hopkins, J. Kleres, H. Flam, and H. Kuzmics, New York and Frankfurt am Main: Campus Verlag, 2009, 29–38。

3   安纳德（Anand）是印度古吉拉特邦的一个小镇，印度代孕活动的发源地。——译注

为献给她"大姐"的一份大礼。如果说菲律宾女佣从事着将不是自己所生的美国孩子视为己出的情感劳动，那么，印度的商业代孕母亲则从事着将自己所生的孩子跟自己剥离开来的辛酸工作。

另外，我们还可以运用本书所描述的视角，来探索将劳动者抛掷到全球经济旋风机（the whirring fan of a global economy）之中的诸种关系。空乘人员、收账员以及本书中所描述的其他人，从遍布全球的、许多工作岗位上的千百万他人的生活中，或许可以看到自己的身影。

2011 年 10 月于旧金山

初版序言

我对人们如何管理情感的问题感兴趣，我想应该始于我父母 xvii
到美国外交部工作之时。12岁的时候，我就置身于众多宾客之中，
为客人递送花生碟子，然后抬头看着他们微笑。从下面观看跟平
视着看，外交官的微笑迥然不同。后来我也曾听我父母解释过各
种不同的姿态。从他们的谈话中，我了解到，在保加利亚大使挤
出的不自然的微笑、某国领事游移的目光和法国经济官员长时间
的握手中，不仅传递了人与人之间的讯息，也传递了从索非亚到
华盛顿、从北京到巴黎、从巴黎到华盛顿的讯息。有时我不禁在想，
我到底是把花生递给了一个人，还是递给了一位演员？从哪里，
人不见了而表演开始了？一个人又如何看待表演？

数年之后，在伯克利读研究生的时候，我醉心于C.赖特·米
尔斯（C. Wright Mills）的著作，尤其是《白领》中题为"大卖场"
的一章，我反复阅读，试图从中寻找有关上述问题的答案。米尔
斯认为，当我们在销售商品或服务过程中"出卖我们的人格"时，
我们实际上卷入了一场严重的自我疏离过程，而这种现象在发达
资本主义体系的工人中日趋普遍。这种看法显然颇有见地，但也
遗漏了某种东西。米尔斯似乎假定，为了出卖人格，我们只需拥

9

有人格即可。但拥有人格并不能让一个人成为外交官，就像拥有一身肌肉不能让人成为运动员一样。其疏忽之处在于，没有意识到在出卖人格过程中会涉及主动的情感劳动。在我看来，这种劳动可能就是明显模式化但又杳无踪迹的情感系统的一部分，这一系统由作为"情感工作"的个体行动、社会性的"感受规则"以及人们在私人和公共生活中各种各样的交流 / 交换（exchanges）所组成。我想要理解一般性的情感语言，而外交官们仅是讲了其中的一种方言。

不断的求索很快将我引向了欧文·戈夫曼（Erving Goffman）的著作，从他那里我受益匪浅，尤其是他对我们力图控制自身形象的敏锐洞察，即便有时我们仅是无意识地遵守了我们应当以何种面目示人的规则。但再一次地，还是遗漏了某种东西。一个人如何处置自己的感受？或者听之任之，甚或停止感受？我想要发现我们到底是在处置什么。因此，我决定探究如下这种想法，即情感充当了自我的信使，一位即时给我们报告我们实际所见与我们期待所见之间联系的使者，告诉我们对此已准备好了何种应对的方式。正如我在附录一中向专家们解释的，我将弗洛伊德专门赋予焦虑的"信号功能"（signal function）扩展到所有情感。许多情感标志着隐秘的希望、恐惧和期待，带着这些情感，我们主动地对任何新闻和事件做出反应。当对情感的私人整饰受到社会的调控从而转化为挣工资的情感劳动时，正是这种信号功能受到了损害。

当我开始田野调查，试着从空乘人员、收账员、女性和男性劳动者的眼神中，从他们日复一日的工作中，去发现更多的东西的时候，上述这些问题和想法得到了进一步的发展。倾听得越多，我越是能够理解劳动者为了维持自我感（sense of self）而如何竭

10

力规避工作中的感受规则，他们如何将自己的情感服务（emotional offering）限定在"恰当"（right）情感的表层扮演上，但同时不管怎样，又要忍受"虚伪／虚假"（false）或机械的感觉。我还了解到，一个商业系统在个人情感的"礼物交换"中雕琢得越深，就越会有更多的接受者和给予者为了接受富有人情味儿的服务而额外贬低非个人性的服务。我想所有这些，都有助于解释我现在在平视中所能看到的微笑。

A. R. H

致 谢

衷心感谢帮助过我的所有人！感谢 Jeffrey 和 Judie Klein，他们对模糊的初稿提出了支撑性的同时富有呵护之情的建议；感谢 Todd Gitlin 促使我展开和清晰表达出自己的观点；感谢 Anne Machung 的支持以及逐字逐句的校对；感谢 Ann Swidler，是她带来了多年来交织着个人友谊与学术生活的快乐时光。感谢 Mike Rogin，即使在擦拭洒出的柠檬水或在动物园为孩子系鞋带时，都在探索我的思路，并指出其中的疏漏之处。感谢 Neil Smelser，作为曾经的老师和终身的朋友，他为本书初稿提供了一份助益极大的长达 20 页的评论。感谢 Rusty Simonds 提供了敏锐的帮助；感谢 Metta Spencer 认同书中观点，并通过富有技巧的辩驳促使我完善了自己的阐述。感谢 Joanne Costello 和 Jezra Kaen 在早期研究上的帮助，感谢 Steve Hetzler 和 Rachael Volberg 在后期的帮助。感谢 Pat Fabrizio，Francisco Medina 和 Sammie Lee 耐心细致的打字工作。

我的兄弟 Paul Russel 以各种方式教给我诸多情感方面的事情。我感念他的善良和对知识的执着。两个来自同一家庭的人，都对情感深感兴趣，但所谈之事竟能如此不同，一直让我惊诧不已。

xix

不过，我从他的思维方式——可从附录里所列的他的论文中略窥一斑——里学到不少东西。我还要感谢 Aaron Cicourel 和 Lillian Rubin，在我自认为大功告成、其实还功亏一篑的时候，他们促使我不断修改完善。对 Gene Tanke 我该说什么呢？他的编辑工作非常杰出。我唯一后悔的是我们不得不舍弃了他所提议的另外附上"不太吻合的"观察和印证。 xx

我非常感谢众多的空乘人员和收账员，他们跟我分享他们的时间和体验，让我参加他们的会议，进入他们的家庭。我想要感谢达美航空公司的那些负责人，他们允许我进入他们的世界，并且相信我怀有善意。特别地，我要感谢达美空乘人员培训中心的主任 Mary Ruth Ralph，我所写下的一切，她未必都同意，但这本书确实是为纪念她及她所训练的人。我还要特别感谢 Betsy Graham，为深夜的谈话录音，为她给我引介的朋友网络，还有三大盒笔记和纪念品，至今仍让我的衣柜地板蓬荜生辉。

我最要感谢的是我的丈夫 Adam，他都形成习惯了，每次都要窥视航空售票柜台背后张贴的公司对代理人的告示，他总是在耐心倾听，每次都帮助润色文稿。在他给出的种种评论中，我最喜欢的是他在一份初稿的边缘所画的一幅图，旁边还标注着"显著的含混之处的裹尸衣"。图中一个鬼（象征着含混之处）站在一个高大的草堆上（象征着显著），其中一个名为"显著者"的小人轻快地走过。这句话早已随风逝去，但"显著者"轻快地走过页面的形象，爱意和欢笑，一直伴随着我。我那 11 岁的儿子 David 也阅读了绝大部分打印稿，并不止一次地贴上大大的标签："对不起，妈妈，我不说火星语。"我爱他们，并从心底感谢他们。还要感谢 Gabriel，下次她可以帮忙了。

第一部分
私人生活

第一章　探究心灵的整饰

> 在其职业生活中她有可能"自由行事"的一个领域，
> 也就是她自身的人格领域，现在也必须服从管理，必须
> 成为机敏而善于逢迎的商品销售工具。
>
> ——C. 赖特·米尔斯 [1]

在《资本论》题为"工作日"的一章中，卡尔·马克思检视　3
了 1863 年提交给英国童工调查委员会的证词。其中一份是由一家
墙纸厂的一名童工母亲提供的："当他七岁的时候，我就常常背着
他在雪地里上下工，他常常一天要做 16 个钟头的工！……当他在
机器旁干活的时候，我往往得跪下来喂他饭，因为他不能离开机器，
也不能把机器停下来。" [2] 在做工时被喂饭，就像给蒸汽机添加煤和
水一样，这个孩子成了一件"劳动工具"。[3] 马克思在考察了工厂
主获得的利润之后，质疑每天把一个人当作工具使用多少时间才
算公平？支付多少薪酬算是公平地对待了充当工具的人？但与此

1　米尔斯（C. Wright Mills），《白领》（*White Collar*），第 184 页。

2　《马克思恩格斯文集》第五卷第 286 页。——译注

3　马克思（Marx），《资本论》（*Capital*, 1977），第 356—357、358 页。

同时，马克思也注意到在他看来更为根本的问题是，人类充当"劳动工具"的代价到底是什么？

117年之后的另外一个大陆上，一位20岁的空乘受训者正跟其他122人坐在达美航空公司空乘人员培训中心聆听一位机长训话。即便是参照现代美国的标准，更别说是女性工作的标准，她都可以说是找到了一份出色的工作。1980年的工资标准，最初半年起薪是每月850美元，七年之内涨到年薪两万美元左右。公司提供健康和意外保险，工作时间也不长。[1]

这位年轻的受训者就坐在我身旁，在笔记本上写下"微笑非常重要。不要忘了微笑"。这番警告来自教室前面的讲课人，一位理着平头的50来岁的机长，以南方口音说道："现在，姑娘们，我希望你们走出去，真正地微笑！你们的微笑是你们的最大资产。我希望你们走出去并使用它。真正地微笑！真正笑出来！"

这位机长将微笑视作空乘人员的资产。但对在训练过程中坐在我旁边的新手来说，个人微笑的价值是被培养出来以反映公司倾向的——相信飞机不会坠毁，确保起飞和降落都能准时，欢迎光临和邀请下次光顾。训练者认真履职，在受训者的微笑上加入一种态度、一种观点、一种情感的韵律，也就是他们经常称道的"职业精神"。这种职业微笑的深层延展，在工作日结束之际，并不是轻易即可收回的，正如在环球航空公司工作不到一年的一位职员所说："有时我完成了一趟长途飞行，已经完全精疲力竭了，但却发现自己放松不下来。我咯咯地笑个不停，唠叨个没完，不断给朋友打电话。我好像没法从一种人为创造的兴高采烈中释放自己，这种兴高采烈在飞行中让我一直保持高涨的情绪状态。我

1　为了措辞的便利，我将用代词"她"指称一个空乘人员，除非讨论到的恰巧是一位男性空乘人员。否则我将努力避免在词语上排斥任一性别。

希望随着自己更能胜任工作,也能更轻松地从这种亢奋中走出来。"

正如太平洋西南航空公司响亮的广告词所言:"我们的微笑绝不只是漆上去的!"这家公司强调,我们空乘人员的微笑,要比你们在那些拿钱才会笑的人身上看到的虚假微笑,更有人情味儿,而在太平洋西南航空公司每架飞机的前部,确实都漆有颇似微笑的标志。事实上,飞机和空乘人员是在相互做广告。电台广告持续不断地允诺,不仅是微笑和服务,还有真正快乐安宁的旅途体验。从一个方面来看,这不过是提供一种服务;而从另外一个方面来看,这种做法让员工与他们自身的微笑相疏离,并且让顾客相信在职行为都是预先筹划好的。既然广告、培训、专业精神和美钞已经介入微笑者和微笑服务对象之间,接下来则需要额外的努力,设法使发自内心的热情始终一贯地存在——因为各个公司现在也开始突出发自内心的热情了。

乍看之下,19 世纪工厂的那个孩子的处境,跟 20 世纪的空乘人员相比,迥然不同。对孩子的母亲,对马克思,对童工调查委员会,或许对墙纸工厂的管理者,尤其是对当代读者来说,这个男孩是当时野蛮处境的一个牺牲品,甚至是一种象征。我们可以想象这个孩子会有一个情感半衰期,久而久之,除了疲惫、饥饿和厌倦,再也没有其他的感觉。而另一方面,空乘人员则享受着上流社会四处旅游的自由,沉浸在为他人所创造出来的魅力之中。她是工作单调、薪资较少的职员们艳羡的对象。

但如果仔细分析两者之间的差异,却可以让我们发现意想不到的共同之处。表面上,对于我们如何知道劳动到底生产出了什么,二者存在着区别。墙纸工厂的工人怎么知道自己的工作已经完成?清点一下墙纸的卷数就可以了。一件商品生产出来了。空乘人员怎么知道自己的工作何时已经做好了?一项服务生产出来了,而且顾客似乎也还满意。对于空乘人员来说，提供服务的情感风格是服务本身的一部分；相比之下，喜欢或者憎恨墙纸，并不是生产墙纸的一部分。看起来"热爱这份工作"成了工作的构成部分；而真正尝试着热爱工作，让顾客开心，将有助于劳动者在这个方面达成目标。

在跟人打交道上，产品就是心理状态。就像其他产业的公司一样，航空公司也是根据他们的员工所提供的服务质量来排名的。埃贡·罗内（Egon Ronay）每年出版的《卢卡斯指南》会提供这种排名。这份指南除了在机场和药店出售以及报纸会予以报道之外，还会被管理备忘录所引用，并被传送到负责训练和指导空乘人员的人手上。因为这份指南对顾客有影响力，航空公司也就以此来设定空乘人员成功与否的工作表现标准。1980年的《卢卡斯指南》将达美航空公司的服务，排在14家航空公司之首，这14家公司在美国、加拿大和不列颠群岛之间都有定期航班。关于达美公司的报告，包括了如下的段落：

[提供饮料时]不仅面带微笑，而且还会关心地询问此类问题："夫人，您还需要其他饮料吗？"这种氛围，就像参加一场优雅的宴会，而乘客相应地也报以斯文有礼。……我们的调查员为了测试空姐，偶尔也会故意地强人所难，但她们从未失去耐心，并且在飞行结束时，排成一队，带着丝毫没有减退的愉快神情跟乘客道别……

[乘客]很快就能觉察出勉强的或强迫的微笑，他们搭上飞机，就是希望能够享受这趟飞行。我们中的一位，就特别期待下一次能够搭乘达美的飞机，"因为这会是非

常有趣的事情"。无疑，这本是乘客应有的感受。[1]

　　墙纸工厂里的男孩所做的工作，要求心灵与手臂、心灵与手指、心灵与肩膀之间的协调配合。我们简单地称之为体力劳动。空乘人员在推着沉重的餐车往来于过道时，从事着体力劳动，而当她准备和实际处理紧急降落和撤离时，则从事着心理／劳心工作（mental work）。但在从事着这种体力和心理劳动的过程中，她还在做着其他的事情，我称之为"情感劳动"[2]的事情。这种劳动，要求一个人为了保持恰当的表情而诱发或抑制自己的感受，以在他人身上产生适宜的心理状态——就空乘而言，就是要产生在一个欢乐又安全的地方得到关怀的感觉。这种劳动要求意识（mind）与感受（feeling）之间的相互协调，有时还要利用自我的某种来源，即我们视作自身个性的深层且必要的部分。

　　在体力劳动和情感劳动之间的这种差异底下，存在着为完成工作而可能付出的代价的相似：工作者可能跟被用来／习惯于（is used to）从事工作的自我的那个方面相疏离或异化，无论这个方面是身体还是灵魂的边缘。墙纸工厂男孩的手臂，就像被用于生产墙纸的一件机器一样运动着；而他的雇主，视他的手臂如同一件工具，要求控制手臂的速度和动作。在这种情况下，男孩的手臂与他的心灵之间是什么关系？他的手臂在何种意义上还是他自

1　《卢卡斯指南》（*Lucas Guide 1980*），第 66、76 页。在出发、抵达和飞行本身的每个阶段，都会按照航空旅行的 14 个方面对其进行排名。其中，每个方面都给出了 16 个不同加权指标。比如，"工作人员的友好程度或工作效率，比飞行员给出的飞行通告的质量或所提供的报纸和杂志，要更为重要"。

2　我用情感劳动一词意在指出，人们会通过对情感的整饰而创造出某种公开可见的面部展演和身体展演（display）。情感劳动是为某种报酬而出售的，因而具有交换价值。我用情感劳动的同义词情感工作或情感整饰（emotion management）来表示人们在某种私人脉络中所做出的这些同样的行动，它们在此具有使用价值。

21

己的？[1]

这是一个老问题了，但相较于空乘人员的情况而言，这个问题依然极富活力。如果在一个制造商品的社会中我们能够与商品相异化，那么，在一个生产服务的社会中我们也可能与服务相异化。这就是我们最敏锐的社会观察家米尔斯在 1956 年写的一句话所表达的意思："对于 20 世纪中叶美国社会的特征，我们需要以更为心理学化的概念来描绘，因为现在困扰我们的问题大都在精神方面。"[2]

当空乘人员下班之后，她在上班时所营造出来的"人为的兴奋"，跟她又有何关系？在哪种意义上，这是她自己在岗时的兴奋？航空公司不仅对她们的肢体动作提出要求——如何手持食物托盘——而且也对她们的情感行动和显示轻松微笑的方式提出要求。我所访谈过的员工，经常提到她们的微笑是挂在她们的脸上，而非她们自己的微笑。它们就好比是化妆、制服、背景音乐、飞机装饰的柔和温馨色彩以及日间饮料的延伸，所有一切都是用来调动乘客的情绪。最终的商品，并非如墙纸可以清点卷数一样的多少次的微笑。对于空乘人员来说，微笑是她工作的一部分，只是这一部分要求她将自我与感受协调起来，以使工作显得毫不费力。如果费劲巴拉地显示很是享受这项工作，那就是没有做好这份工作。同样地，掩饰疲惫和恼怒也是这项工作的一部分，否则这项工作就会显得很不得体，而且产品——乘客满意——也会受到损坏。[3] 如果能够赶走疲惫和恼怒，至少在短暂期间，那么掩盖疲惫

1　在其《经济和哲学手稿》（Tucker，1972）中，马克思提供了有关异化的最后一个基本思想。当代有关这一主题的有用著作，可参见布劳纳（Blauner，1964）、埃兹尼（Etzioni，1968）、科恩（Kohn，1976）和塞曼（Seeman，1967）。

2　米尔斯（Mills，1956），第 xx 页。

3　就像商品一样，要求情感劳动的服务，也服从供需规律。近期对这种劳动的需

22

和恼怒就要容易得多，而这种表演技艺就需要情感劳动了。

之所以比较这些不同的工作，原因就在于现代装配线上的工人一段时间以来已经不复是现代产业劳动的象征了。目前仅有不到 6% 的工人在装配线上工作。现在另外一种劳动，已然成为突出的象征，这种劳动主要是声音对声音或面对面地提供服务，而空乘人员则是一个恰适的范例。当然，向来都有公共服务的工作，目前的新颖之处在于公共服务受到社会的筹划，而且是从上到下地彻底组织了起来。虽然空乘人员的工作并不是变得更差，甚至在许多方面要比其他服务工作更好，但问题就在于这种工作让空乘人员容易受到情感劳动方面的社会工程的伤害，而且降低了她们对这种劳动的控制。因此，她们的问题可能是其他服务工作也会出现的问题。 ₉

情感劳动可以是潜在的好事。没有顾客愿意跟脾气不好的女服务员或暴躁的银行职员打交道，或者遇上一个为避免乘客提出请求而避免目光接触的空乘人员。拿了薪酬理当表现出礼貌来的人却在礼貌上出现失误，确有其事，而且颇为常见。他们的表现，说明公众礼仪是何等的脆弱。这将我们带回到一个问题，即社会之毯到底是什么构成的，负责使之美观漂亮的人需要如何维护它？情感劳动的落后者和演砸者让我们回到基本的问题。什么是情感劳动？当我们整饰情感的时候我们该做什么？事实上，何谓情感？在私人生活和工作上，整饰情感的代价和收益又是什么？

求增加了，但供给上却急剧下降。自 1970 年代以来，航空业迅猛发展，随之而来的却是工作人员的减少。这种减少，表明自始至终这种岗位是多么地需要情感劳动。这也暗示了，即便是快乐的员工在正常情况下为这种迄今仍无名分的劳动付出了何种代价。这种迅猛发展也加剧了诸多员工的矛盾情绪，他们困惑于自己为这种角色到底付出了多少，又能保护自己多少？

情感系统的私人层面和公共层面

为寻求上述问题的答案，我们需要处理三种各有不同但又同样相关的话语：一则关乎劳动（labour），一则涉及展演（display），一则牵连到情感。

那些讨论劳动的人，经常会提出这种观点，即如今的绝大多数工作要求的是一种跟人而不是物打交道的能力，要求更多的人际互动技巧和较少的机械技巧。丹尼尔·贝尔（Daniel Bell）在《后工业社会的来临》（1973）中认为，服务部门的增长，意味着"沟通"和"日常接触"——"自我与他人之间的彼此应对"——成为现今的核心工作关系。[1]正如他所说："现在的情况是人跟他人交谈，而不是跟机器互动，这是后工业社会有关工作的根本事实。"劳动研究的批评者，比如哈里·布雷弗曼（Harry Braverman）在《劳动与垄断资本》中就指出，经济体系的众多分支存在着工作不断细分的状况。以往工匠引以为豪的复杂任务，现在则分割成了更为简单的、更多重复的片段，而每一片段跟原先的工作比起来不仅更为单调无聊，而且薪酬也低了不少。工作变得更无技巧性，而工人也受到轻视。但无论是颂扬者还是批评者，都没有切近地检视或者带着社会–心理的眼光来考察这种"人的工作"实际上要求于工人的是什么。他们没有探究这种劳动的真实性质。有些人甚至并不明白，就情感劳动而言，什么变得没有技巧性了。

第二种话语，较为贴近个人而更为远离工作的整体组织，关系到情感的展演。欧文·戈夫曼的著作向我们介绍了许多细微的

---

[1]　贝尔所谓的服务部门工作岗位，包括交通运输和公用事业、流通和贸易、金融和保险、专业和商业服务、由休闲活动的需要衍生出来的工作（娱乐和旅游）以及从事公共服务的工作（健康、教育和政府）。这些服务部门的工作岗位中仅有一些要求较多的情感整饰。

面对面互动的交往规则，它们可能出现在一个牌局上，也可能在一部电梯里，或者是在大街上，也可能是精神病院的餐桌上。戈夫曼借着显示细小的规则、犯规和惩罚，如何累积形成我们所谓"工作"的漫长经验链条，从而使我们不能因为琐碎零散而不去考虑细小之事。同时，又难以运用戈夫曼的观点，来解释航空公司为何要训练空乘人员微笑，或是解释情感基调如何受到监督，或是解释情感劳动究竟跟何种利益绑在一起？换言之，仅凭这种话语不足敷用，无法看清"展演工作"如何适应于更大的情事格局。

第三种话语，则发生在美国社会科学的宁静小巷，它所探讨的是永恒的问题：何谓情感以及我们如何能够管理情感？附录 A 中回顾了各种理论家所提供的答案。我自己在回答这个问题时最好的也是最切合本书的尝试，融汇在第二章和第三章的阐述之中了，它们构成了本书其他部分的基础。

为了揭示情感劳动的核心，了解情感劳动如何运作及对人们的影响，我利用了从全部三种话语中抽取出来的要素。除非我们措意于精细的情感模式及其管理，否则经济史中的某些事件就不能得到充分理解，因为此类模式的细节，是众多男男女女赖以谋生而不得不做的事情中的重要部分。

因为有如此不同的传统的介入，我的研究对不同的读者来说，会有不同的相关性。或许从事本书所描述的工作的人，即空乘人员，最为相关了。不过，我们大多数人所从事的工作，也或多或少需要处理他人和自己的情感，就此而言，我们一定程度上都是空乘人员。就如秘书营造出一个欢快的办公室氛围来显示这家公司是"友好而值得信赖的"，老板是"积极进取的"；男女服务生营造出一种"愉快的就餐氛围"；导游或旅馆前台接待让我们感到受到欢迎，宾至如归；社会工作者关切的神态让案主觉得受到关怀；

11

销售员营造出一件"商品炙手可热"的感觉；收账员激起的恐惧；殡仪馆主持人让死者亲友感到自己的悲痛得到了理解；部长让人感到保护性服务的范围扩大但又带有不偏不倚的温暖——以上所有的人，都必定多多少少面对着情感劳动的要求。

情感劳动并不遵循不同类型工作岗位之间的传统区分。根据我估计，大概三分之一的美国劳动者在他们的岗位上需要服从情感劳动的要求。此外，就参加工作的所有女性而言，接近一半的人处在需要情感劳动的岗位上（参见第八章和附录 C）。因此，这项研究对女性具有特殊的相关性，也可能更多地描述了她们的体验。作为传统上私人生活里更为能干的情感管理者，女性比男性投放更多的情感劳动在市场上，因此她们也更加清楚需要付出的个人代价。

初看之下，这项研究也许仅与生活在资本主义下的劳动者有关，但对社会主义而言，心灵整饰工程并不陌生。热情积极的"劳动英雄"为社会主义国家承担的情感标准，跟"年度空中乘务员"为资本主义航空产业所做的相比，不遑多让。任何能够运行的社会，都要有效地利用成员的情感劳动。对于剧场中、心理治疗中或是我们欣赏的团体生活形式中的情感使用，我们并不会考虑再三。只有当我们谈到任何社会中上层对底层的剥削（exploitation）的时候，我们才会产生道德关切。在任何系统里，剥削取决于多种利益——金钱、权威、地位、荣誉、幸福——的实际分配。因此，提出何为情感劳动的代价的问题的，并不是情感劳动本身，而是起到根本性作用的报酬系统。

来源与方法

在描述情感系统的公共和私人层面并展示其运作机理时，我使用了从情感系统涉及的多种不同部分收集到的经验例证。我本来可以在更多的部分取样，比如研究护士或律师或销售人员，同时也真希望已有人做过这项工作。或者，我也可以利用手头已有的资料进行更为深入的分析。但是，对于此项研究来说，利用广泛的例证显得最为合理。在我们能够展开常规类型的研究之前，我们首先遭遇到的，是如何思考一个此前几乎未曾被人思考过的课题，尽管这种未经思索颇为令人诧异。既然还是早期阶段的探究，我以为，最佳的方式莫过于指出问题、举例说明，然后加以评论，而这也正是我努力去做的。

本书中用以说明相关观点的资料，主要来自三个方面。第一是有关不同性别和社会阶层的人如何体验和管理情感的问题的研究。1974 年我在加州大学伯克利分校给两个班共 261 位学生进行了问卷调查。[1] 本书第一部分中的大量例证，就是来自他们对如下 13 两个请求的应答："请描述一个对你非常重要的真实情境，在其中你体验到一种深刻的感情"和"请尽可能充分和详细地描述一个对你非常重要的情境，在其中，你要么改变了情境以适应你的情感，要么改变了你的情感以适应情境"。在两位研究助理的协助下，我分析了对情感工作意识的反映。[2] 就像渔夫一样，我撒出了这些，

1　这一分析的目的，是为了在回答更为一般的情感问题的过程中，探讨如下问题：谁体现出了某种情感工作意识，体现出了多大程度的意识，以及在何种脉络下体现出了这种意识。我们运用这种编码方式发现，32% 的女性和 18% 的男性会在其描述过程中自发地提到情感整饰。尽管我们缺乏各种社会阶层指标（只有父亲的职业一项指标），但还是可以看出，在我们的应答者中，中产阶层比工人阶层要更多地提到情感工作；当阶层变得得到控制后，性别差异仍然存在。

2　最初，我用人们对这些问题的回答，来表明他们对各种应对方式的自我描述。

请求看看能有什么发现，但同时我又特别留意于某种特定的捕获物——在这个案例中，是关于人们如何谈论情感中体现出来的意愿。调查对象经常说到针对情感的行动（acts upon feeling）：试着坠入爱河或压抑爱意，试着感觉欣快，设法不感到沮丧，抑制他们的愤怒，努力让他们自己感到悲伤，形形色色，总之，他们谈到了情感的整饰。在第三章中加以阐释的情感工作概念，就是源于这一最初的研究计划。

如欲管理私人的爱和恨，就得参与到一种错综复杂的私人情感体系之中。当这一体系的要素被拿到市场上作为人类劳动出售时，它们就被塑造成标准化的社会形式。在此类形式中，个人对情感的贡献变得稀薄，后果也无关紧要；但与此同时，这种情感似乎不像是源于自我，也不像是指向他人。正是基于这个原因，这种情感更易于让人产生疏离之感。

我沿着两条线路由情感工作而进入工作市场（job market）。第一，我进入空乘人员的世界。我选择达美航空公司作为切入点，基于多种理由：它比其他航空公司更加强调服务；它的空中服务训练项目或许是全行业最好的；它的服务质量排名很高；它的总

这些回答主要包括四种类型。有一群人（工具主义者）不是将他们自己描述为他们自己，而是描述为不断变化的世界。他们将感受视为他们采取行动的依据，视为行动的某种假定基础。他们不是将感受描述成在情境障碍面前崩溃的东西，或需要予以"努力对待"或管理的东西。还有一群人（调适者）将他们自己描述为不断变化的某种态度或某种行为，尽管不是描述为某种潜在的感受或取向。他们认为世界是不变的，世界是一个需要自我做出特定表面改变（certain superficial alterations of self）的地方。适应者认为，不能遵循他们的"真正"感受，而其感受仍然是"真正的"或未改变的。相反，第三群人（适应者）完全则融入这个要求严格的世界之中了。他们将自我视为流变的、可塑的，而相应地将世界视为僵化不变的。他们不会将其感受体验为行动的某种坚实基础；他们指出，各种感受的改变不是靠努力实现的，而是自然而然的，将其视为理所当然之事。第四种类型的人对其感受持有一种更为积极的立场，我后来将他们视为"情感工作者"（emotion worker）。他们说，"我会让自己做好精神准备"，"我压抑了我的愤怒"，"我要让自己过得好"。他们虽然也适应了环境，但却是以一种积极主动的而不是消极被动的方式。

28

部设在南方，而且空乘人员没有组建工会。由于上述原因，跟其他公司相比，达美航空公司的要求更高，而工作人员的要求则较低。可以说，达美夸大了对所有空乘人员的要求，也就为公共生活中的情感工作提供了一个更加鲜明的案例。

夸大这个案例的原因，是为了表明对情感劳动的要求能够达 14
到何种程度。完成了这个案例之后，我们可以为衡量其他工作岗位的要求形成一个基准。即便是在航空业，相较于1950年代中期飞机更为狭小、乘客更为尊贵、空乘人员与乘客之比更小的时候，现在的情感劳动已是不那么明显了。我的观点是，当情感劳动被投放到公众市场时，它就表现得跟商品一样：对其需求的涨落，端赖于行业内的竞争程度。通过重点考察一家没有工会的且有最好培训学校的南方公司，我们可以了解到对一种"商品"——训练有素的情感管理——需求旺盛的情形。

我以多种方式在达美公司收集信息。首先是观察。在亚特兰大的达美培训中心，负责人是一位年已五旬、和蔼友善的女性，允许我参加那里的课程。在模拟机舱里，我观察新招聘的空乘人员学习如何应对乘客和餐饮服务。我还认识了一些培训师，他们耐心地向我解释他们的工作。无论是上班还是下班，他们都慷慨地拨出他们的时间。有位培训师甚至邀请我到家里共进晚餐，还有好几位则不停地邀请一起用午餐。还有无数次其他的早餐、午餐和晚餐，以及在机场大巴上，我利用一切机会，跟正在经历新近训练的学员和参加强制性定期复训课程的空乘人员聊天交谈。

我访谈了二十位达美公司的官员，从执行副总裁，到负责人事、招聘、训练、销售和财务的经理。我还跟七位主管进行了群体访谈。我还访问了四家广告代理商，它们受达美公司的雇用和委托，推广达美及其空乘人员，并且我浏览了达美公司三十年来的广告缩微胶片。最后，我还访谈了负责"照料"我的两位公共关系官员。

为了补充有关达美公司的研究，我观察了位于旧金山的泛美航空公司基地的空乘人员招聘工作（达美委婉地拒绝了我观摩招聘程序的请求）。我观察了针对求职人员的小组面试和个人面试，并跟招聘专员坐在一起讨论候选者的条件。我还跟旧金山湾地区（San Francisco Bay Area）的 30 位空乘人员，每位进行了至少 3 到 5 个小时的开放式访谈，其中 25 位是女性，5 位是男性。他们服务的航空公司，包括泛美、环球、世界航空、联合航空、美国航空及达美。他们平均年龄是 35 岁，40% 的人已婚。其中一位是第一年工作，而另外一位已经工作了 22 年。他们平均有 11 年的工作经历。[1]

就理解性别与工作之间关系（第五章）的观点而言，选择研究空乘人员也是大有益处的，这有三条理由。首先，这不是一个精英职业。我们已经有了许多非常好的关于专业女性——医生、律师和学者——的研究，但令人诧异的是，关于秘书、女服务员和女工的研究，却几乎看不到。空乘人员大致介于这两种类型之间。第二，我们很难找到这样一种工作，能让我们比较男性和女性做"同样"的工作时的体验。如果研究秘书，差不多就是只研究女性；如果研究飞行员，几乎就是只研究男性。男医生与女医生，或男律师与女律师，往往具有不同的专长和不同的客户。而男性空乘人员跟女性空乘人员在同一种地方从事同一种工作，因此他们之

---

[1]　虽然这项探索性研究的最初设计不是为了具有代表性，但跟泛美航空公司总计有 5075 位空乘人员相比，应答者的数量相差不多：应答者的平均年龄是 32.7 岁，34% 的应答者已婚，平均工龄为五年。在我的访谈对象中，父亲为工人阶层的大约占四分之一，父亲为中产阶层以下的有四分之一，父亲从事中产阶层以上工作的占到二分之一。其中，一半人的母亲都是家庭主妇，还有一半人的母亲是一般办事人员或服务人员；没有人拥有从事职业化工作的母亲。高级乘务人员的平均年薪是 16250 美元。

间在工作体验上的任何差别，都很有可能归结于性别。第三，在许多研究中，女性工作者的问题，跟她们在特定职业中是少数群体的问题纠缠在一起。而在我们这个案例中，情况正好相反：男性只占到空乘人员的15%。他们属于少数群体；同时，尽管作为少数群体中的一员往往对个人颇为不利，但男性空乘人员的境遇并非如此！

我曾访谈了若干对空乘抱有特殊观点的人，比如五位工会官员，他们试图说服一位很不情愿的地方会员接受他们刚刚建议给美国航空公司的工作合约；还有一位性治疗师，在她十年执业生涯 16
中已经治疗过近50位空乘人员。我观察了一堂空乘人员果断处置“问题”乘客的训练课程。我还会提到一些漫无目的的交谈（在泛美跟克利伯俱乐部的一位接待员，跟两位准备飞往香港的飞行员），在导游的陪同下从头到尾参观一架泛美的飞机，以及在一架达美飞机上拜访厨舱的两个小时，听一位身穿牛仔装的空乘人员一边清理用脏的托盘，一边念叨要逃离这里去读法律学校。

我还循着另外一条线路由情感工作而进入工作市场中。空乘人员固然以情感工作来提升顾客的地位，并以他们的友善诱发未来的销售，但在公司展示中还存在着另外一面，尤以收账员为代表，有时他们以不信任和愤怒故意贬低顾客的地位。作为一个小小的研究计划，我访谈了五位收账员，首先从达美公司结算部门的负责人开始，这是一位男士，他的办公室俯瞰之下差不多有一英亩大，都是正在整理账单的女性。

象征着资本主义的脚趾和脚踵的空乘人员和收账员，体现了两种极端的对情感的职业要求。我的绝大部分例证取自空乘人员的世界，对于收账员，我没有进行充分的研究，但以我对他们的访谈，确实显示同样的情感劳动原则适用于非常不同的工作和非常不同的感受。

从上述三个资料来源中，我抽取出情感系统的三种范例。第一种是从学生的个人说法中抽取出来的，显示了情感系统的私人层面；第二种是从空乘人员世界中抽取出来的，表明了情感系统的公共层面的正面；第三种是从收账员世界中抽取出来的，展现了情感系统公共层面的背面。当然，本书并不只是一项经验报告，或者说，并不满足于仅是一份经验报告，而是试图澄清这种报告究竟应以什么为基础——即一套解释社会如何利用情感的观念。本书旨在指明一个特定的研究方向，并为读者提供一种崭新的视角。除了从公开发表的散文或小说中引用的例证（均已注明）之外，书中所有的引述，均来自现实生活中的人。

情感的私人运用和商业运用

一个在野蛮的英国墙纸工厂中劳作的 19 世纪儿童，跟一个待遇良好的 20 世纪美国空乘人员，他们有一些共同之处：为了在工作中存活，他们必须在精神上分离他们自己——工厂劳工是从他自身的身体和体力劳动中分离出来，空乘人员是从她自身的感受和情感劳动中分离出来。马克思和其他人已经给我们讲述了工厂工人的故事，而我则有志于讲述空乘人员的故事，以让世人更为理解她们为工作所付出的代价。而且我希望将这种理解建立在事先的证明之上，即一旦当我们疏离于自身的感受，不能掌控自己的情感时，我们中任何一个人都有可能遭遇到什么。

我们都有感受。但何谓一种感受？就像情绪一样，我将感受界定为一种感觉，类似于听觉或视觉的感觉。一般而言，当身体感觉加上我们所见或所想，我们就体验到它了。[1]就像听觉一样，情绪也传递信息。正如弗洛伊德谈到焦虑一样，情绪具有一种"信号功能"。从感受中我们能够发现自己对世道的看法。

我们经常说我们试着去感受。但我们是如何做到的呢？我认为，情感并不是储存在我们身体内部，而且也并不是跟管理的行为无关。无论是"触摸"情感的行为还是"试着"感受的行为，其实都参与到了一种过程之中，正是这个过程使我们所触摸或所管理的对象转变为一种感受或情感。在管理一种情感的过程中，　18

1　一般而言，跟情绪／情感（emotion）这一词语相比，感受（feeling）这一词语意味着较少的或较温和的身体感觉——脸红、出汗、颤抖。在这个意义上，感受是一种温和的情绪。就本研究的目的而言，这两个词语是可以互换的。

让我简要地将我提出的自我作为情感整饰者的模式，跟里斯曼（1953）、利夫顿和特纳（1976）等人的模式联系起来。里斯曼的"他人导向者"与"内在导向者"寻求社会指导的方向是不同的。"他人导向者"会向同辈群体求助，而"内在导向者"会求助于内在化的父母（超我）。从我的分析框架来看，里斯曼描述的是另一套感知感受规则的方式，主要适用于我所关注之自我（自我作为情感整饰者）的狭隘区域。利夫顿提出了一种新型的"多变"的性格结构，跟前述类型相比，这种性格要更具弹性和适应性。我跟利夫顿一样看重人类性格的弹性和社会可塑性，以及它也许具有的各种社会用途。但是，利夫顿的焦点是人们的被动适应能力，这种能力是由于缺乏地方依恋感而形成的，而我的焦点是我们适应能力的积极成分。特纳对比了"制度性自我"（institutional self）和"冲动性自我"（impulse self），并认为社会趋势是从第一种自我转向第二种自我。特纳的制度性自我指的是，个体相信他的"真实"自我栖居于他按照各种制度性角色所做出的行为和所具有的感受之中。而"冲动性自我"指的是，那些将其"真实"自我置于各种制度性角色之外的人。我认为，他所指出的趋势是现实存在的，其原因可能在于两种趋势之间的某种矛盾，这两种趋势都跟个体主义有关。一方面，个体主义作为一种观念，意味着它是有关人类感受和意志的某种价值。鉴于这一价值的存在，人们似乎就值得去追寻和确定自己的"真实"感受。（那些不支持个体主义观念的人会认为，这是不值得的甚至是不可能实现的追求。这是资产阶级生活的某种奢侈，只有那些无须关心基本生存问题的人才会想这么做。）另一方面，就业机会并不是一种人们在工作中发现自己真实自我的方式；可以在工作中拥有控制权和权威的工作（也即上层阶级的工作），往往是供不应求的。正如布雷弗曼所指出的，人们所认同的工作机会的供应在日趋减少。这两种趋势共同导致了"冲动性自我"的广泛传播。特纳暗示道，冲动性自我较少社交，较少受制于他人的要求。根据我的观点，冲动性自我并不是缺乏社交；相反，它是受制于不同的规则，受另一种控制体系的控制（感受规则和个人控制体系，参见第八章的讨论）。人们可能认为，冲动性自我不太重视情感整饰（因而运用了冲动这一词语）。但是，对于这些人来说，还有各种其他规则。（比如，当你说出你的圣言／咒语［mantra］时，你不会在想其他事情；在格式塔治疗中，你不应该"停留在你的脑子里"。）"冲动性自我"并不是那么强烈地受制于冲动。

33

我们对这种情感的产生有促成之功。

倘若果真如此，我们一向视为感受或情感的内在本质属性，其实总是被塑造成社会的形式并被派上了日常的用途。试想，当年轻人义愤填膺而去自愿从军时，或者当追随者热血沸腾地集结在他们的国王、毛拉（Mullah）或足球队的周围时，到底发生了什么呢？私人的社交生活，可能一直都需要情感的管理。晚会的客人因主人的殷勤而唤起快乐的情绪，葬礼上的哀悼者涌起适当的悲伤。每个人都贡献出自己的短暂情感，以形成恰当的集体氛围。鉴于在英语中并没有专门的词语来指称"情感是对群体的贡献"这种现象（而在更加以群体为中心的霍比族文化中，称之为arofa），我提出一种礼物交换的概念。[1] 无言的怒气，由衷的感激以及强压的嫉妒，都是在父母对子女、妻子对丈夫、朋友对朋友、情人对情人之间来来回回、反反复复地流通着的礼品。我将尝试着阐明这些礼品的错综复杂的设计，指明它们的形状，并研究它们是如何被制造出来并被交换的。

究竟是什么将社会模式赋予到我们的情感管理行为之上的？我相信当我们试着去感受时，我们也启动了潜在的感受规则，这是第四章讨论的主题。当我们说，"我不应该对她的行为感到那么生气的"，或者，"既然我们已有协议，我没有权利感到嫉妒"。情感管理行为并不只是私人的所作所为，它们在感受规则的指导下被用于交换。感受规则是情感交流／交换所使用的标准，用以决定在情感的流通中何者是该偿的、何者是亏欠的，显示正确之道。通过它们，我们明白每种关系、每种角色之所"应当"。在管理情感行为的流通中，我们相互进奉。在互动中，我们付出，付

1　李（Lee，1959）讨论了 arofa 概念。

出过多，付出不足，玩弄付出，假装付出，答谢我们的应得，或者承认他人情感上的应得。正是以第五章中所讨论的林林总总的方式，我们努力尝试着表现出真挚的礼貌。

因为在某些私人生活关系中权力和权威的分配是不平等的，情感管理行为也可能是不平等的。无数瞬间的管理行为，构成了我们归结为"关系"和"角色"的部分。就像修拉（Seurat）绘画中细微的小点，情感管理的细微行为，通过不时的重复和权变，构成了形式的运动。有些形式表示不平等，有些则表示平等。

现在，当情感管理作为劳动而被出售时，会有怎样的状况呢？当感受规则如同行为展演规则一样，不是通过私人磋商来确立，而是由公司手册来设定，情况又会如何？当社会交换不是如在私人生活中一样是可以变动或终止的，而是在仪式上固定起来并且几乎无可逃避时，又将发生什么？

当一个人向另外一个人的情感展演反映了某种与生俱来的不平等时，这究竟意味着什么？飞机乘客可以选择不微笑，但空乘人员不仅必须微笑，而且还得试着在微笑的背后激发起一些温暖。换言之，当我们使用情感的私人方式发生了转变的时候，这究竟意味着什么？

我们有时需要一个宏大词汇，以指出事件之间的连贯模式，否则它们之间就会显得毫无关联。我选择的宏大词汇就是"转变/转型"（transmutation）。当我说到一种情感系统的转变/转型的时候，意在指出一种私人行为（比如试着享受一场派对）与一种公共行为（比如为了顾客而提高兴致）之间的联系。也就是说，我想揭示在试着压抑喜爱之情——一往情深的情人有时试图去做——的私人行为与收账员强抑对债务人之同情的公共行为之间的关系。借助于"情感系统的转型"这种宏大措辞，我旨在传达这种意思：我们经常不自觉地在私下对情感所做之事，如今往往落入了大型组织、社会工程和营利动机的支配之下。

试着去感受一个人的需要、期盼或认为一个人应该如何感受，或许并不比情感本身来得生疏。遵从或偏离感受规则，也并非什么新鲜之事。一直以来，就有所谓"心灵之罪"（crimes of the heart），以严厉惩罚预防心灵的越轨。《圣经》教导世人不要垂涎于邻人的妻子，不仅仅是要避免因色起心。我们天生就有能力为了私人的目的而刻意和积极地利用各种情感，而我们这个时代，真正新鲜的，是在对待这种能力上出现了一种日益普遍的工具性立场（instrumental instance），并在落实这种立场时受到大型组织的操控和管辖。

正如第七章和第八章所表明的，个人情感使用的转型，以极为不同的方式影响到两性和各个社会阶层。就传统而言，女性更了解情感管理，也更为经常地作为一种礼物以换取经济支持。特别是在中等和上等阶层处于从属地位的女性中间，女性负有（或者认为她们应当负有）为特定的社交场合创造情感基调的任务：在别人打开圣诞礼物时表示欢乐，在生日时创造惊喜，或在厨房发现老鼠时惊恐大叫。在这种情感管理的表达及其所需的情感工作中，性别并非相关技能的唯一决定因素。但能够将此项工作做好的男性与其他的男性，相比于能够做好此项工作的女性与其他的女性，较少有共同之处。当符合私人情感习惯的"女人气"艺术呈现到公众面前时，也就将自身放到一种不同的损益表之中了。

类似地，情感劳动也对不同的社会阶层产生不同的影响。如果说在两性之中是处于弱势地位的女性专门从事着情感劳动，那么在阶层系统中则是中层及上层部分最需要这种劳动。在工作中从事情感劳动的父母，会将情感管理的重要性传达给他们的子女，并让他们早做准备学习这种技能，因为他们有可能找到的工作很有可能就需要这种技能。

一般而言，底层和劳动阶层的人往往更有可能是针对事物进行工作，而中等和上层阶层的人更有可能是针对人展开工作。在参加工作的人中，女性要比男性更有可能处在跟人打交道的岗位上。因此，在人类情感的日常和商业用途中，既存在着性别模式，也存在着阶层模式。此乃社会观点！

但也存在着个人观点。情感工作也是有代价的：它影响到我们聆听内在情感的程度，有时也影响到我们感受的能力。情感管理是文明化生活的根本艺术，我认为，广泛而言，这种代价通常应该得偿根本的收益。弗洛伊德在《文明及其不满》中关于性本能也提出了类似的观点：尽管这种本能是令人愉悦的，若从长远利益计，我们放弃一部分满足还是比较明智的。但当情感的私人运用成功地转型——即当我们成功地将我们的情感借出给了协调工作人员－顾客关系的组织机构——之时，我们可能在如何倾听我们的情感上付出代价，在情感告诉我们有关自身无论好坏的状况上付出代价。当人类流水作业线的加速，使得"真正的"人类服务越来越难以兑现时，工作人员就有可能退出情感劳动，仅是徒有其表地装装样子。此时，代价就转移了：惩罚变成了欺骗或虚假的感觉。简言之，当这种转型产生效果时，工作人员冒着失去情感的信号功能的风险；而当这种转型没有作用时，风险就是失去情感展现的信号功能。

某些社会状况增大了情感管理的代价。一是我们的社会世界的全然不可预测。如今，普通人也要在众多社会世界之间穿行，掌握数十种社会角色的要领。可将这种情形跟彼得·拉斯利特（Peter Laslett）在《我们已然失去的世界》（1968）一书中描述的

14 世纪面包师学徒的生活比较一番：这是一种生于斯死于斯的生活，终身都在同一个地方，同一种职业，同一个家庭，认可于一种世界观，服从于一套规则。[1] 现今则大不相同：既定的处境并不能决定有关它们的恰当解释，或者以一种清晰可见的方式指示在何时对谁应当如何表达何种情感。但非常奇怪的是，一种更加适合拉斯利特所说的面包师学徒的状况，却在更为现代和流动的时代延续了下来。我们似乎依然在追问我们自己"我是谁?"仿佛对于这个问题存在着单一简洁的答案。我们还在探寻一种坚固的、可以预测的自我内核，尽管使这种自我得以存在的条件早已消逝。

面对上述状况，人们为了定位自身而转向了情感，或者至少看看他们对特定事件的反应如何。也就是说，在缺乏不容置疑的外部指导原则的时候，情感的信号功能变得更为重要，而对心灵整饰的商业化扭曲，则作为一种人道成本也就显得尤为重要了。

对这种倾向的一种回应，就是我们看到的对未受羁绊的心灵的日益推崇，如今，这已被视为是与"天然"或自发相联结的美德。不无反讽的是，像卢梭所谓"高贵的野蛮人"之类的个体，如果只会"自然地"微笑，没有别有用心的目的，若是从事侍者、酒店经理或空乘人员之类的工作，前景暗淡。因此，与对"自然情感"的推崇同时发生的，还有强加于人的文化要求，即形成以工具立场对待情感的相反倾向。正是因为这个理由，我们将自发的情感视为稀缺的和珍贵的，我们将之提升到仿佛是一种美德。我们甚或可以说，我们正见证一种呼唤，保护"内在资源"的呼唤，这种呼唤要求我们去保护另外一种原野，以免受公司的利用，使之保持"永远的野生"。

---

1   拉斯利特（Laslett, 1968）；斯通（Stone, 1965）；斯维德勒（Swidler, 1979）。

随着对自发性的日益赞许，就出现了各种有关机器人的笑话。这种机器人的幽默，主要是拿以下两个方面之间的张力说事儿，即一方面是人，有感情的人，另一方面则是社会经济机器中的齿轮。电影《星球大战》中的小机器人 R2–D2 的迷人之处，就在于他显得如此富有人性。诸如此类的电影以颠倒的方式向我们展示了司空见惯的现象：在电影院之外，我们每天看到的人类，他们情感的表露已经带上了机器人的性质。这种含混不清，现在已经显得颇为可笑。

无论是对自发性的日益推崇，还是我们所讲述的关于机器人的笑话，它们都表明，在情感领域，奥威尔的《1984》多年来已悄然变为现实，并在身后留下了一串笑声，或许还留有私人解决之道。

第二章　作为线索的感受

当每个人暗地里把他人当作工具时，循环相报，总将轮到自己，于是人与人之间就相互疏离了；当一个人把自己当作工具时，跟自身也就疏离了。

——C. 赖特·米尔斯 [1]

24　　一天，在达美空乘人员培训中心，一位讲师扫视着二十五张面孔，她们是她每年一度的"自我意识"（Self-Awareness）课程的学员，这是一门针对紧急事件处置的配套进修课程，是公司根据美国联邦航空管理局的要求而开设的。她开场道："这是一门关于思想过程、行动和情绪的课程。我相信这门课。我必须相信它，否则我不能站在你们面前讲授，而且还满怀热情！"她的言外之意就是："作为一个真诚的人，我不能跟你们当面说一套，背后又相信另一套。应该将我的真诚和热情作为事实依据，来说明我即将谈论的情绪管理技巧的价值。"

是的，正如事实清楚呈现的，真诚本身就是借由这种情绪管

1　米尔斯（C. Wright Mills），《白领》（*White Collar*），第 188 页。

理技巧达成的。而且，正是透过这个镜厅（hall of mirrors），向学员们介绍了一个在初训中极少提及但在复训中至为关键的话题：压力及其主要肇因之一——对惹人讨厌的乘客的愤怒！

"当你生气的时候，会发生什么呢？"这位讲师询问课堂上的学员，带着几分南部浸礼宗牧师布道时想要从信众中得到回应的神情。回答是：你的身体变得紧绷，你的心跳加快，你的呼吸变得急促且觉得氧气不够，你的肾上腺素升高。

"当你生气的时候，你会做什么呢？"回答是：咒骂，想要痛扁乘客，喊叫，哭泣，吃东西，抽烟，自言自语。上述的诸种反应，除了后面几种，都有可能冒犯乘客并因此丢掉生意，于是，课堂的讨论就转向了如何用坦诚而有效的方式来应对令人讨厌的乘客。对于不断要求予以关注的乘客，可以视之为"飞行恐惧的受害者"；对于醉酒的乘客，可以视之为"就像一个孩子"。此外，课堂上还解释了这样一个道理，即被乘客激怒的工作人员，最好不要到同事那里寻求同情。

"在你怒不可遏的时候，如何纾解对一个易怒者（irate，一个源于经验的名词，指易于发愤的人）的愤怒？"这位讲师又问学员们。随后，她自问自答道：

> 我会假装在他们的生活里发生了一些创伤性的事情。我曾经遇到一个易怒鬼，抱怨我、咒骂我，威胁要把我的名字报告到公司去，我后来发现他刚刚痛失爱子。现在我一遇到易怒鬼，我就想起了那个人。如果你为其他人着想，想想他们为何如此沮丧，你就会将注意力从你自己身上移开，从你自己的挫折上移开。这时，你就不会感到那么愤怒了。

尽管采取了这些预防性策略，愤怒依然爆发了出来，那么，深呼吸，跟自己说话，提醒自己"你不必跟他一起回家"——以上作为管理情绪的方式，教给了学员。使用诸如此类的方法，员工就不太容易咒骂、打人、哭泣或抽烟了。

讲师并没有把重点放在究竟是什么导致了员工的愤怒上。即便是涉及这个问题时，书中所举的例子，也是最轻微的（例如，一位乘客说，"过来，丫头！"）。相反，重点放在员工的反应，以及通过"愤怒脱敏"（anger-desensitization）来预防愤怒反应的方法。

讲座进行了大概10分钟之后，一个坐在倒数第二排的空姐，开始用食指快速地敲着合拢的笔记本。她的眼光从演讲者的身上移开，突然左右轮替着交叉起大腿。然后，肘部撑在桌上，她转向了左边的两位员工，大声地低语道："我刚才非常生气！"

周期性的培训课程每年都必须要参加。而就在课前10分钟的非正式交谈中，有些员工逃过了这次培训并且没有受到任何处罚的事情，被抖搂了出来。空乘人员无论在哪个城市，到了培训的时候，都必须赶来参加。公司虽然提供前来培训的机票，但在培训之后，员工却经常因为要优先照顾付费的乘客而不能及时搭乘返航的飞机，饱受颠簸之苦，这是众所周知的招致员工怨恨的根源。这位愤怒的空姐说："上一次，从复训回家花了我两天时间，而所有的一切就是为了这个！"

针对人群中轻声的纷纷议论，但明显地并没有针对任何特定个人，这位讲师说道：

现在不少空乘人员，对不得不赶来参加复训感到非

42

常厌恶。确实，赶过来很是麻烦，赶回去更是麻烦。有些人因此而对我生气。但因为这不是我的过错，也因为我全身心地投入课堂之中，我也怒怼回去。但随后，我就厌倦于生气了。你们有没有厌倦过生气？而有一次，在我的课堂上，一位坐在后排的空乘人员，不停地偷笑，整堂课都如此。你们知道我当时怎么做的吗？我自思自忖："她有一双厚嘴唇。而我向来相信厚嘴唇的人都比较厚道。"当我这样一想的时候，我就不那么生气了。

通过提醒班级学员，使用公司免费机票的便利，就像整个复训计划一样，都不在她的掌控之中，同时，通过将自身比拟为空乘人员的角色和将听众比拟为愤怒乘客的角色，这位讲师希望表明她是如何消除她的愤怒的。事实上，她也减轻了课堂上的愤怒。就跟后排的窃笑者一样，那位敲手指的姑娘也缓和了。生气的权利，当场就消失殆尽了。一阵伸胳膊展腿，一番热烈议论，课堂 27 放松者又及时讲了一个笑话，讲师的热情再次沿着既定的路径高涨起来。

易受预防性策略影响的情绪

为考量一家公司或任何其他组织，如何仁慈地在工作情境的刺激和反应之间进行干预，我们最好从重新思考何为情绪或感受开始。众多理论家将情绪视为密封的生物事件，是外部刺激可以引起的某种东西，正如寒冷的天气导致感冒一样。此外，一旦情绪——心理学家保罗·艾克曼（Paul Ekman）称之为"生物反应综合征"——开始发作，个体只能被动地经受它。查尔斯·达尔文、威廉·詹姆斯和早年的弗洛伊德，基本上都持有这种"有机"（organismic）观。[1]但在我看来，这是一种存在着局限性的观点。如果我们真以为情绪只是如此，那我们又怎么理解在复训课程中教给空乘人员的各种留意刺激和管理情绪的方法？事实上，这些方法确实可以改变感受。

如果我们不把情绪看作一种生物上的暂时性失控，而是视为某种我们所做的事情，比如以特定的方式留意内在的感觉，以特定的方式界定情境，以特定的方式进行整饰，那么，情绪是如何具有可塑性以及如何容易受到重塑技术的影响，就变得更为清晰了。管理情绪这种行为本身，可以视作这种情绪演变的一部分。但如果我们像有机论者那样，假定我们如何管理或表达情绪是外在于情绪的，那么就不可能得出上述看法。有机论者试图解释情绪是如何"受到本能驱动的"，这样他们就不用理会我们是如何评价、标注和管理情绪的问题了（参加附录 A 和附录 B）。而像我这样的"互动"（interactional）论者，则假设文化可以影响到情绪，因为在我们提及情绪的时候，文化可以多种方式影响我们指向的究竟为何物。由附录 A 中所描述的有机论和互动论的传统来看，我认为情绪要比有机论者所认为的更加容易受到文化影响的渗透，又比某些互动论者所认为的更加具有实质内涵。在附录 A 结尾部分所呈现的观点中，情绪是一种朝着想象行动的身体趋向（这是借鉴自达尔文）。因此，情绪具有信号功能：相对于外在的或内在的事件，情绪警告我们自己置身何处（这是借鉴自弗洛伊德）。最后，何种情绪是否作为一种"信号"凸显出来，都跟特定文化中看待和期待世界的既定方式有关——这一观点在讨论为情绪命

1　关于本章所提到的这些理论家们的观点总结，可参见附录 A。

名的附录 B 中有所展开。当然，将本书中的观点与截然不同的关于情绪的观点联系起来，也是可能的，但我本人关于情绪的视角，大部分出于我为本书所做的研究，而且对我来说，这种视角对于机构单位如何深度地介入了个人的情绪生活同时还美其名曰尊重了员工的"隐私"权利，提供了最好的说明。

情绪作为线索

自发涌现的情绪，无论好坏，都充当了线索。情绪可以显露出我们所见、所忆或所想的自我关联性迹象（evidence about the self-relevance）。究竟在哪一点上，我们感到被伤害或被侮辱、被恭维或被激励,不能一概而论。一位空乘人员如此讲述了她"发怒"的边界：

> 现在假如有个男的召唤我"哎，女招待"，我不喜欢这样。我不是一个女招待，我是一个空乘人员。但我知道，有时他们只是不知道怎么称呼你，所以，我不会介意。但如果他们以轻佻的口吻，叫我"宝贝""甜心"或者"亲爱的小妞"，我会感到被贬低和歧视，就像他们不知道一旦发生紧急事故，我可以救他们这帮大男子主义者的小命？但如果有人喊我"母狗"和"荡妇"，我会发怒。还有就是当一个醉汉把手伸到我的两腿之间——天哪！

但是航空公司,正如她所看到的，宁愿为她确定一条不同的愤怒界限：　29

> 现在公司会说，看，这太糟糕了，这真不好，但这

45

是跟公众接触的工作免不了的。曾经有一个女乘客，把热咖啡丢在我身上，你指望公司会支持你？他们会写一封信吗？提起诉讼吗？哈！对于任何负面的公众关注，他们都会说，不！他们说，不要对这种事情生气，这是一项艰苦的工作，这项工作的一部分就是对这种虐待淡然处之。好吧，对不起，这是虐待，我本来不必对此忍气吞声啊！

这位空乘人员发现，管理方（获得更多开心的乘客）与劳工方（获得公民权利和愉快的工作环境）之间的利益差异，导致他们每个人在多少"侮辱"对应多少愤怒的问题上，给出了不同的回答。鉴于愤怒可能妨碍行动，公司对待愤怒问题的立场，颇为实际。或许正是这个缘由，利益上的冲突，在关于自我意识的复训课程中，予以了非常精巧的模糊化处理。在讲座中不时提供各种小窍门，教人如何减少压力，让工作变得更加愉快，这就是公司关于什么事情值得生气的看法——值得生气的事情并不多。所提供的一系列转移愤怒的技巧，可谓是一种保护性屏障，但这道屏障究竟最主要地保护了谁免受愤怒的损害，是员工还是公司？并不清楚。

跟培训者和受训学员都相关的则是这种主张，即情绪，就像看和听一样，是一种认识世界的方式。这是一种测试现实的方式。正如弗洛伊德在《抑制、症状和焦虑》（1926 年）中指出的，焦虑具有一种信号功能。当我们对自己内心的盛怒感到恐惧时，它标志着来自内部的危险；当一种侮辱威胁至羞辱我们到不堪忍受时，它标志着来自外部的危险。[1]

---

[1] 一项关于强暴预防的研究发现，在风险情境中，受害者与非受害者的区别，就在她们的"情绪信任度"（trust of feeling）。也就是说，受害者往往无视他们的恐惧

事实上，任何情绪都有信号功能。当然，不是每种情绪都标志着危险。但每种情绪，都标志着我（I）在看"你"时所投放进去的"我"（me）。当我们在四处观看时，情绪标志着我们所使用的经常是无意识的视角。情绪就标志着这种内在的视角。因此，提示有用的改变情绪的技巧——让员工避免压力，让乘客的生活更为愉快——实际上也是干预了情绪的信号功能。

这个简单的观点，却因我们持有情绪首先是危险的这种信念，而变得晦涩不明。因为情绪扭曲了感知，导致人们非理性地行动，这也就意味着任何减少情绪的方法自然都是好的。诚然，一个充满恐惧的人，可能会犯错误，可能无法深思熟虑，甚至可能（如我们所说）无法思考。但一个完全没有情绪的人，就没有了预警系统，对景象、记忆或幻想的自我关联性则就失去了依据。就像一个没有感觉的人去触摸火一样，一个没有情绪的人会受任意武断之害，而这从他或她的自我利益的角度来看，是非理性的。事实上，情绪是"合理观点"的潜在渠道。[1] 此外，情绪也能告诉我们一种看待世界的方式。[2]

情绪可以确定观察者的立场。它揭示了一种经常是不自觉的视角，一种比较。"你看起来挺高的"可能意味着"从我躺在地板

感，而非受害者身处风险情境时，往往留心到这种感受并转身离开（Queens Bench Foundation, 1976）。

[1] 我们可能错误解释一个事件，然后产生相应的感受，最后从我们的情绪感受中得出错误的结论（我们有时称之为神经症）。我们可借由矫正情感和推论习惯的次生框架，来应付这种情况，譬如我们提醒自己，"我知道我有一种将特定姿态解读为拒绝的倾向"。但情感是一种必不可少的线索，可以呈现特定的鲜活而充分的观点，即便需要经常性的修正。

[2] 一位黑人，通过愤慨和不满，要比通过顺从或心灰意冷的"现实主义"，或许更能准确地看待少数民族聚居区的匮乏和贫困。他将清晰地聚焦于警察血迹斑斑的俱乐部，房东的凯迪拉克，职业介绍人白色面孔上拒绝的神情。若是离开了愤怒，此类意象犹如山坡上的鹅卵石，是风景中微不足道的部分。类似地，一个长期阴郁的人，在坠入爱河之后，可能突然像更为快乐的人一样开看待世界。

上的角度来看，你看起来挺高的"。"我感到肃然起敬"可能意味着"相较于我所做的事情或者我认为我能做的事情，他太令人敬畏了"。敬畏、热爱、愤怒和忌妒，讲述了一个自我面对一种情境 31 的感受。当我们反省自己的情感时，我们其实是在反省"从我所在之处而来"的这种感觉。[1]

"客观的"（objective）一词，根据《兰登书屋词典》，意思是"不受个人情感的影响"。具有讽刺意味的是，为了对外部的或"客观的"世界做出反应，我们需要情感。将情感视为线索，然后再予以校正，或许是我们追求客观性的最好尝试。就像听或看，情感在辨别何者为真上提供了一套有用的线索。其他人所显示的情感，对我们来说也是颇有意味的，因为它可能反映了潜藏的视角，可能为该人会如何行动提供线索。

在公共生活中，情感的表达往往制造新闻。例如，一位运动新闻电视主播注意到："作为一种商业体育运动，网球已经度过了生存挣扎的阶段。现在我们已经超越了这个阶段！女子网球队也

1　我们将情感视为证据，并从这种证据中推论出人们的观点。于是，我们会通过我们自己的（现在修订过的）意象，来描绘世界。我们也许会说，"如果我不'向低处看'（Seeing Low）的话，那么世界就是这个样子的，因为我现在是如此沮丧"。

我们"真正想要"什么、我们"真正期望"什么或所处情境"对我们来说究竟如何"，往往是很难弄清楚。我们只能根据自己最好的预感前行，在浓雾中艰苦跋涉，估计地形。而这些估计经常既在一定程度上以各种内在线索（我的感受）为基础，又在一定程度上以各种外在线索（他人是如何看待某种情境的）为基础，参见谢弗（Shaver, 1975）。内在线索与外部线索所说的越是"同一回事"，我们对于发生了什么的估计就越是感到确定。我们的推测既可能是直接的——某种突然的直觉，也可能是长期思考的结果。在后一种情况下，内在线索实际上是我们对某种感受的记忆，在此，文化也许会影响我们如何记忆。有些人倾向于在回顾中提升其感受，其记忆中的感受要比当时的实际感受更为幸福，但也有人会在回顾中降低其感受。

当我们将我们的感受作为认识外在现实的线索时，我们似乎预先假定了特定事情，也即认为，情感提供了我们所期待和欲求的信息，提供了我们将什么视为或想象为一种新现实的信息。于是，情感的功能就像是一个棱镜，我们可以通过它来重构我们经常看不见的或无意识的东西——也即，在某种情境中，我们必然会希望什么、期望什么、看或想象什么为真实。从棱镜的颜色中，我们就可以推断出它背后和里面的东西。"我不知道她的顾虑如此之深"和"我不知道情况是如此之糟"，便是我们从感受中推断出来的现实。

是如此。这些女子是真正严肃的选手。当她们打出一个落网球，她们真的气疯了。我要说，她们甚至比男选手还要疯狂！"[1] 他刚刚看到一位女子网球运动员失误了一球（是一个落网球），满脸通红，用力跺脚，用球拍击打球网。从上述行为中，他推断出这位女运动员"真的想赢"。因为想赢，所以她是一位"认真的"选手——一位职业选手。作为职业选手，她会被期待把网球比赛视作职业声誉和未来财务状态所依赖的事情。更有甚者，从她打破通常冷静的场面而爆发出短暂的愤怒，这位解说员推测出她真的非常在意——她是"认真的"。他还推测出她在打出落网球之前她内心的渴望和期待，以及刚刚发生的现实——一个失误——会让她产生何种感受。他试图找出她的哪个部分深深地介入了看球的过程。一个失误，如果你真想赢的话，确实会让人抓狂。

从解说员的词语和语调，电视观众能够推断出他的观点。他是根据一个职业网球选手一般如何看待、感受和表现以及女性一般如何表现的先入之见，来评判这位女运动员的愤怒。他的潜台词是，在失误之后，女子网球职业选手不会像非职业女子选手那样抱歉地微笑。他说，她们以职业选手该有的恰当方式来感受这种失误。事实上，作为新手，她们表现得过于遵从这种角色要求了。"她们甚至比男选手还要疯狂！"由此，观众不难探测出这位体育主播的心理定势以及女性在其中的角色。

以同样的方式，从他人所呈现的情感中我们能够推测出他们的观点，通过反思我们对日常事件的感受我们可以判定自己到底是怎样的人。比如，可以看看一位 19 岁的年轻男子的如下陈述：

32

---

1   六点新闻（Six o'clock news），频道四（Channel 4），旧金山（San Francisco），1977 年 9 月 12 日。

我已经同意跟一个年轻女孩一起举办一场派对，她是我的一个老朋友了。随着时间的逼近，我越来越明白，虽然我喜欢她，但我却不想要这种行动［共同主办派对］将会带来的别人对她跟我的关系的认定……我试着向她解释，但徒劳无功。起初，我下定决心按照社交上可以接受的方式来做——即便不情愿，也把派对办了。但就在预定日子的前一天，我知道自己实在办不到，因此就取消了派对。我的朋友不理解，而且处在一个非常尴尬的境地……但我无论怎样努力，就是不能感到羞愧。那时，我所感受到的一切，就是如释重负，解脱了，而且到现在，这还是主要的反应……这件事上，我表现得非常自私，而且自己也完全明白。我猜想可能这段友谊对我不是特别重要吧。

　　这位年轻人从自己内疚感或羞愧感的缺失，从他所体验到的如释重负感，倒推出了自己的结论。（他还可以得出这样的结论："我已经向自己表明，我属于那种在没有尽到义务的情况下仍然能够感到心安理得的家伙。我经得住内疚感。对我来说，我尝试过感到羞愧就足够了。"）

　　对这位解说员和这位年轻人来说，感受被当成了一种信号。对旁观者，就和对当事人一样，这是指向潜在真相的一条线索，而且这是一种需要挖掘出来或者推断出来的真相，关于自我面对一种情境的真相。这位解说员将女子网球选手的愤怒，当作她多么认真对待网球比赛的线索；这位对朋友食言的年轻人将自己的解脱感和缺乏歉疚感，作为他对这段"旧友谊"并不认真对待的线索。

33

　　感受可以用来作为正在发挥作用的真相的线索，但无论在私人生活中还是工作岗位上，可能发生两种复杂的情况。一种情况存在于感受的线索与对线索的解释之间。我们可能掩饰我们所感受到的，可能假装感受到我们并未感受到的——这是在进行表层扮演（surface acting）。线索之箱是隐藏的，但并未被改变。第二种复杂情况出现在刺激与反应之间更为根本的关系中，也就是上面所说的落网球与挫折感之间，辜负他人与内疚感之间，被"易怒者"向公司举报与愤怒回击之间。在这种情况下，线索可能被深层扮演（deep acting）而消解掉。这种表演，从某种观点看，涉及自我欺骗和欺骗他人。在表层扮演中，我们在真实的感受上欺骗他人，但我们没有欺骗自己。外交官和演员，最擅此道了，而稚童在这方面最为拙劣了（这也是他们的可爱处）。

在深层扮演中，我们通过让假装变得不必要而使假装更加容易。在达美公司，深层扮演的技巧跟社会工程的原则结合了起来。空乘人员能否抑制住对一位侮辱她的乘客的愤怒？达美航空公司可以教给她怎样做到这一点——如果她通过以明显可见的友好态度来开始并努力胜任此项工作的话。她可能暂时失去了她本该感受到的感觉，如果她没有竭尽全力去感受另外的东西。通过接管感受产生的杠杆，通过深层的伪装，她改变了她自己。

正如任何优秀的复训教官所知道的，深层扮演总是要比简单的假装更有令人信服的力量。在需要跟公众打交道的工作岗位上，雇主非常聪明地希望雇员要表现诚恳，不能仅仅只是露出"被涂上去"的微笑。负责丰田公司 1980 年秋季所有广告活动的格雷格·斯耐泽利（Gregg Snazelle），在给广告学员上第一堂课的时候，就教他们"永远要诚实"。[1] 在最有效的表演背后，是适合这种表 ³⁴

1　《旧金山纪事报》（San Francisco Chronicle），1980 年 8 月 8 日。格雷格·斯耐泽利为胸怀远大抱负的广告商所开设的课程本身提供了很好的例子，可以说明如何通过一个人的真诚来建立客户的信任。你要建立你的"动机凭证"（motivational credentials）。他这样做的方式是，他对人们说，他"不是为了赚钱而授课"，他只

51

演的感受，而这种感受是可以整饰的。

作为劳动者，社会工程越是严重地影响我们的行为和情感，我们越是强烈地需要澄清一个新的模糊之处，即到底是谁在掌控着它们（是我还是公司）？作为消费者，我们越是充分认识到社会工程，越是需要花费更多的精力，以分辨个人真实情感的姿态与公司政策导致的姿态。对于商业行为接管了情感的信号功能，我们已有实际的认识。我们也以惯常的方式采取了弥补措施：无论是作为劳动者还是消费者，我们都试图矫正社会工程对情感的操控。[1]在心理上，我们从真诚感受到的全部表演模式中，扣除了带有商业意图的情感。在解释一个微笑时，我们会试着剔除社会工程所掺入其中的成分，而只接纳仅对我们展示的部分。我们会说，"友善是她工作的要求"，或者"为了能够卖出去，他们必须相信他们的产品就是那样"。

最终，我们似乎形成了一种我们的"真实自我"的观念，真实自我犹如内在的宝石，是我们独有的资产，而不管我们背后粘贴的是谁的广告，或者我们脸上浮现的是谁的微笑。我们不断地将这种"真实自我"推往内心深处，不让外界能够触碰得到。通过降低我们情感机能中落入商业之手的那些部分的可信性，我们转而在其他剩余部分中探寻我们的"真实所是"。在我们人格的表层，曾几何时是袒露无遗的，我们现在则披上了一件斗篷，以抵御商业元素的侵蚀。

是收费而已，而这是因为收费可以使人们更加认真地对待课程。他授课是因为"他相信他有话可说……"。

[1] 并不只是在商业世界我们会不由自主地认为缺乏诚意。政治记者通常不仅表明一位官员或候选人希望给人传达怎样的感受，而且还会表明他或她在多大程度上成功地传达了这种感受。一般都假定，读者至少需要这种揭示。

第三章　整饰情感

> 一个总是戴着善人面具的人，最终必定获得一种友善气质的力量，离开这种力量，友善的表达本身也将是不可能的——久而久之，友善气质支配了他——他成为慈善之人。
>
> ——尼采[1]

> "诚挚"对一个人的工作是有害的，直到推销和商业的原则成为这个人本身"真挚的"观念。
>
> ——C. 赖特·米尔斯[2]

我们都在进行着一定程度的演戏。但我们可能以两种方式来演戏。第一种方式，是我们试图改变外观上的模样。就欧文·戈夫曼所观察的人而言，这种演戏体现在肢体语言上，比如做作的冷笑、装模作样的耸肩、克制的叹息。这都是表层扮演。[3] 另一种

35

---

[1]　尼采（F. W. Nietzsche, 1874），转引自盖尔霍恩（Gellhorn, 1964）。

[2]　米尔斯（C. Wright Mills），《白领》（*White Collar*），第 183 页。

[3]　如《日常生活中的自我呈现》一书中对海滩上的"普里迪"（Preedy）所给予的

方式是深层扮演，在此所表现出来的则是设法改变情感之后的自然后果。表演者不是试图显得快乐或悲伤，而是发自内心地流露出来，正如俄罗斯导演康斯坦丁·斯坦尼斯拉夫斯基（Constantin Stanislavski）所主张的，这是一种自身诱导的真实情感。斯坦尼斯拉夫斯基以他自己的切身体验作为例证：

有天晚上，在朋友家举办的一次聚会上，我们大玩各种噱头，作为玩笑，他们决定给我动手术。几张桌子被搬了进来，一张做手术台用，其他则当作放置外科手术工具的台子。周围挂上了床单，绷带、盆子和各种容器也被带了进来。

"外科医生"们穿上了白大褂，我也被套上了医院的病号服。他们把我平放在手术台上，并蒙上了我的眼睛。让我颇感不安的，是医生们极度关切的态度，他们待我就好像我已经处在一种令人绝望的状态，因而他们极其认真地做着每一件事。突然之间，一个念头闪入我的脑海："假如他们真的切开我怎么办？！"

一只大盆不时地发出一阵阵的嗡嗡轰鸣声，仿佛敲响了丧钟。

"动手吧！"有人低语道。

有人牢牢地抓住了我的右手腕。我感受到了一阵钝痛，然后是三次尖锐的刺痛。我不由自主地颤抖起来。某种粗糙而尖小的东西，在我手腕上摩擦着，然后又把

36

描述所表明的，戈夫曼的著作总是充满对表层扮演鲜明生动而恰到好处的刻画。但是，第二种表演方法，也即深层扮演，在其例证中则并不那么显著，因而对其给予的理论论述也相对较弱。戈夫曼假定自我能够进行表层扮演，但却缺乏深层扮演能力。有关戈夫曼的进一步讨论，可参见附录 A。

手腕包扎了起来。周围的人，急促而沙沙作响地忙着给外科医生递东西。

　　最终，在漫长的一段停顿之后，他们开始大声说话，他们笑着祝贺我。蒙在我眼睛上的布条也解开了，在我的左手臂，躺着一个用我的右手做出来的新生婴儿，裹在一个纱布襁褓里。在我的手背上，他们画了一张傻呵呵的婴儿脸庞。[1]

　　上面这位"病人"，不是装着在"手术"中感到害怕。他并不是试图去戏弄别人。他是真的被吓到了。通过深层扮演，他成功地吓唬到了自己。无论是在深层扮演还是表层扮演中，情感都不会自发地或自动地突然生发出来。在这两种情况下，扮演者都学会了干预——要么是创造一种情感的内在形状，要么是形塑情感的外在表现。

　　在表层扮演中，脸上的表情或身体的姿态，都会感觉到"做作"，并非"我的一部分"。在深层扮演中，我有意识的心理活动——比如，努力去想象一位身材高大的外科医生俯身在我上方——使得浮现在脑海中的感觉，也不是出于"我自己"的一部分。因此，无论哪种方式，扮演者都要将所扮演的内容跟核心的自我观念区分开来。

　　但是，"我"跟我的面部表情之间或者"我"跟我的情感之间的分离，是否算作疏离（estrangement），则要取决于其他的因素——外部的情境。在戏剧世界中，舞台表演里最大限度地使用记忆和情感的资源，是一种可贵的艺术。在私人生活中，同样的资源也

37

1　斯坦尼斯拉夫斯基（Stanislavski, 1965），第268页。

可以用来取得优势，尽管程度上稍逊一筹。但当我们进入财务报表的世界，当情感劳动的心理代价不被公司承认的时候，我们原本可以视作颇为有用的"我"跟我的表情和我的情感之间的分离，可能带来潜在的疏离。

表层扮演

通过表层扮演来展示哈姆雷特（Hamlet）或奥菲莉娅（Ophelia）的情感，演员会调动无数的肌肉来塑造外在的姿态。此时，动用的主要工具是身体而不是灵魂。演员的身体在观众的灵魂中诱发出激情，但演员只是装着仿佛也有同样的情感。斯坦尼斯拉夫斯基，作为一种截然不同的表演类型——称之为"方法派表演"（method acting）——的创始人，对表层扮演大肆抨击，如此说道：

> ［这位演员扮演］一位身居要职的将军，碰巧独自在家，无所事事。出于无聊，他把所有的椅子排成队列，仿佛接受检阅的士兵。然后把所有桌子上的东西，堆放整齐。接着，他似乎想起了什么下流粗俗的东西；再然后，面对着一摞子业务函件，神情惊骇。他签署了几份信件，根本就没有阅读内容，打着哈欠，伸着懒腰，接着又开始了他那可笑的排兵布阵。
>
> 在整个过程中［这位演员］异常清晰地说出了独白的脚本，是关于位高权重的人的高贵以及其他人的极度无知。他以一种冷漠、毫无个人色彩的方式，表明了这一场景的外在形式，而没有赋予它以任何的生命或深度。

在有些地方，他以娴熟的技巧让文本显得抑扬顿挫，在有些地方，他或则强调自己的造型、姿态和表演，或则强调他在角色刻画上的若干特殊细节。与此同时，他又以眼角观察着观众，想要知道自己的表演是否打动了他们。[1]

这就是表层扮演——一种这里眉毛一扬、那里上唇一抿的艺术。这位演员并未真正从位高权重的将军的视角来体验所置身的世界，而仅仅人为地假装是如此。这位演员心中真正在意的是什么？不是他下令排队立正的椅子，而是观众，他们是最靠近他自身外观的镜子。

斯坦尼斯拉夫斯基将表层扮演的局限刻画如下：

> ［科奎琳学派的］这种类型的艺术，比美丽还要缺乏深度。诚然，它比真正有力量的表演更有直接效果，它的形式也比它的内容更为有趣。它更多是对你的听觉和视觉而非你的灵魂起作用。结果，它更有可能是逗乐你，而不是感动你。通过这种艺术，你或许得到伟大的印象，但它既不能温暖你的灵魂，也不能深深地穿透你的灵魂。它们的效果是尖锐的，但不可能是持久的。在你身上所唤起的是惊奇，而不是信念。通过出人意表的戏剧之美或绘声绘色的哀婉之情，最终所能体现的，也都囿于这种艺术的界限之内。但精深微妙的人类情感，并不服从于这种技巧。它们需要自然的情感，方可栩栩如生地呈

1　同上，第196页。

现在你面前。它们需要自然本身的直接合作！[1]

深层扮演

存在着两种进行深层扮演的方式。一种是直接催生情感，另一种是间接利用受过训练的想象力。[2] 只有第二种，才是真正的"方法派表演"。不过，斯坦尼斯拉夫斯基认为，无论哪种情况，激情的表演都应该置身于激情之中而生发出来。

人们有时谈论他们试图感受到情感的努力（即便这种努力失败了），就跟他们应对已有情感一样。[3] 我曾经让学生简单描述一个他们在其中体验到深厚情感的事件，学生的回答中就夹杂着诸如此类的短语："我在心理上做好了准备，我压下了自己的怒气，我尽量让自己不感到失望，我强迫自己开心一点，我鼓起了一些感激之情，我抑制住了对她的爱恋之情，我从沮丧中摆脱了出来。"[4] 在体验之流中，意志的古怪身影时隐时现——唤起的意志，压抑

1 　同上，第22页。

2 　实际上，还可区分出另一种深层扮演方式——也即通过积极地改变身体来改变意识到的感受。这种从表层到中心（surface-to-center）的方式不同于表层扮演。表层扮演是运用身体来展现（show）感受。而这种类型的深层扮演则是运用身体来激发（inspire）感受。当放松痛苦的表情或松开紧握的拳头时，我们可能就是在让自己少一点愤怒（Ibid., p. 93）。这一洞见有时会在生物反馈治疗中得到运用（Brown 1974, p. 50）。

3 　认识情感工作的直接方法不是通过结果（Peto, 1968），而是通过努力达到结果而被人们意识到的。任何既定行动的结果都是难以辨识的。但是，假如我们要通过其结果来辨识情感工作，那我们就会处于某种奇怪的困境之中。我们也许可以说，"冷静下来的愤怒"是努力减少愤怒的结果。但是，这时，我们就不得不假定，如果个体不能管理好其愤怒，我们也拥有某些基础可以使我们认识到愤怒"可能是怎样的"。如果我们只是将情感管理/整饰界定为针对（addressed to）感受所采取的一系列行动，那我们在理论上就会更稳固。（有关不同于其效果的某个意志行动 [an act of will] 的性质，可参见 Campbell 编著《皮亚杰选集》[Piaget Sampler, 1976]。）

4 　在每种情况下，个体都表明他们是在自觉地影响自己的情感。消极地对待情感的例子，也有不少："我发现自己内心充满了自豪"，"我胃里不由自主地翻江倒海"。

58

的意志，容许一种情感出现的意志，譬如"最终我让自己对此感到悲伤"。[1]

有时，只是因为心中存在着一种社会习俗，就像一个人在葬礼上认为应该感到悲伤。但在另外的时候，只是因为想要避免痛苦的强烈内在欲望。赫伯特·戈尔德（Herbert Gold）描述了一位男士如何竭力避免对已逝去的妻子仍有爱恋：

> 他对抗爱，他对抗悲痛，他对抗愤怒。它们又都纠缠在一起。当他触摸、移动、被她的影像和气息笼罩的时候，或者当有一丝影像或气息让他想起她的时候，或者经过他们的旧居的时候，或者在吃他们共同食用过的食物的时候，或者漫步在当年他们共同走过的街道的时候，他都提醒自己，不要想她，不要这样去做，不要这样感受！起初，在这种内心挣扎中，他成功地将她排除了出去……他失去了他的爱。他也失去了他的愤怒。她变成了一个有限的念头，就如报纸上的一则讣告。他还没有完全失去她，但在一块一块地剥离。当夜深人静的时候，他在不停地提醒自己：不要不要不要，不要想她，也不要感受……然后欣然入梦。[2]

---

1 根据定义，每种情感工作的方法都是积极主动的，但究竟如何积极主动，则各不相同。在连续统的积极主动一端，我们会扭曲现实，掌控身体过程，就像紧紧抓住汽车方向盘一样。但在连续统的消极被动一端，我们则可能只是对某一行动采取行动——比如故意放松紧绷着的控制或"让"我们自己感到悲伤。（关于自主性训练中的被动性注意力集中与主动性注意力集中的讨论，可参见沃尔夫冈·鲁特［Wolfgang Luthe］，转引自佩尔蒂埃［Pelletier, 1977］，第237页。）此外，我们在努力感到愉快中，也许会"从容胜过"（ride over）某种感受（比如令人烦心的沮丧感）。当我们遇到某种内在抵抗时，我们会"上演"欢呼声。但当我们没有遇到某种内在抵抗时，我们会扩大某种感受：我们"放它出来"。

2 戈尔德（Gold, 1979），第129页。

59

上述做法，就好比对一匹不听话的马在下命令（喔，驾，吁），试图来劝诫情感，仿佛跟情感说话时，情感能够听懂一样。[1]有时，确实如此。但这种训导，只是针对躲避相关信号、回避唤起感情的处境的能力[2]，而没有真正直捣意象之源（home of the imagery），即能够赋予一种景象、一种声音或一种气息以力量的东西。它还没有涉及更为深层的重新训练想象力的工作。

归根结底，对情感的直接触碰，并不基于一种对情感是如何运作的深入观察。正是因为如此，斯坦尼斯拉夫斯基劝告演员们不要那么去做，"在舞台上，无论如何，都不可能有直接源于自发情感的唤起的表演……永远不要去寻找自发的忌妒，不要自己去萌生爱恋，或者自我受苦。所有这些情感，都是此前发生的事情的结果。对于此前发生的事情，你应该竭尽所能地去想象。而对

1　其中也预设了想要感受的渴望。这位竭力去对抗爱的男士，希望在他感受到对前妻的爱的时候，他的前妻也一样地感受到爱他。如果他对她而言，只是一个有限的念头，他也希望她对他是同样如此。一位有宫廷气派的 12 世纪法国情人，或者一个 14 岁的美国女摇滚乐迷，他们可能倾向于更加渴望单向的爱恋，而且希望如此。深层扮演，跟我们所渴望感受到的内容有关，跟社会背景有关。

2　斯坦尼斯拉夫斯基（Stanislavski, 1965），第 38 页。实际上，额外的努力不是聚焦于内容，而是尝试着去努力感受。相反，关键是聚焦于如何看待情境。科力亚特等人（Koriat et al., 1972）在一项实验室实验中阐明了这里的第二种方式，该实验让大学生观看模拟切割木材事故的影像。在第一个影像中，一个人伤到了自己的指尖；在第二个影像中，一位木工切到了自己的中指；在第三个影像中，一个工人因为锯木时一块木头穿过其腹部而死亡。实验要求被试者在初次观看影像时尽量超然于外，而在再次观看时，则尽量投入其中。为了消除影像的效果，观看者努力提醒自己，这些不过是影像而已，经常聚焦于影像制作的技术层面，以便强化这种不现实感。其他人则试着想，影像中的工人因为疏忽而受伤，因而应该为自己负责。在人们使他人受害的情况下，通常都会使用这些超然技术（Latane and Darby 1970）。为了强化这些影像的效果，观看者报告说，他们会努力想象性地认为，事故就发生在他们身上或他们认识的人身上，或者想象这些事故类似于他们此前经历的或看到过的经历；有些人会努力考虑和夸大事故的后果。科力亚特等人将这些强化策略或弱化策略视为采取"回应"（coping response）前的评估方式。也许还可以将这些策略视为调整"假定性推测"（if supposition）和利用斯坦尼斯拉夫斯基所描述之"情感记忆"（emotional memory）的心理活动。

于结果来说，它自会发生"。[1]

斯坦尼斯拉夫斯基用以替代直接触碰情感的方案，是方法派表演。不只是肢体语言，也不只是直接可以调动的情感，而是整个想象的世界，带着潜意识和半意识的记忆，这才是弥足珍贵的资源。[2]

如果由斯坦尼斯拉夫斯基来掌控的话，那位想要击退对前妻之爱的男士，将会以截然不同的方式来达到目的。首先，他会使用"情感记忆"：他应当记起因妻子不体贴或残忍而让他怒不可遏的所有时刻。他应当聚焦于其中最让人恼怒的一次经历，细想所有的情节。或许是她忘记了他的生日，根本就没有花费心思去记，在事后也没有觉得难过。然后，他会使用"假定性"推测（"if" supposition）来对自己说："如果她真是这个样子，我对她的感觉又将如何呢?"他不会给自己提示不要去感受到爱，相反，他会让忘记生日这件事的残酷情节保持得栩栩如生，"假定性"推测一直存续下去。当然，他不会自动地从爱中摆脱出来。他会通过深层扮演，积极主动地让自己从爱中走出来。

职业演员为了艺术的目的，会将这一过程更加深入地推进一步。他的目标是积累"情感记忆"——可以唤起情感的记忆——的丰富沉淀。因此，斯坦尼斯拉夫斯基解释道，演员必须重新学习如何记忆：

41

---

1   斯坦尼斯拉夫斯基（Stanislavski, 1965），第57页。

2   在《演员的自我修养》中，斯坦尼斯拉夫斯基指出了一个明显的矛盾："我们理当在灵感的刺激下进行创作，而唯有我们的潜意识赋予我们以灵感；但很明显地，唯有通过意识我们才能使用这一潜意识，而意识会破坏潜意识"（1965，第13页）。这个问题的解决方案，就是间接方法：诱导潜意识。正如斯坦尼斯拉夫斯基注意到的："演员潜心准备的目的，就是要跨过潜意识的门槛。预先，我们已有'似乎真实的情感'，之后即可产生'真挚的情感'。就此而言，起初是有限幻想的朴素性，接着是更大想象的朴素性，创作的过程每次都不一样。"（第267页）

　　　　两位旅行者因为快速涨潮而被困在了礁石上。在获救以后，他们叙述了自己的印象。一个人记得自己所做过的任何细小的事情：他怎么来的，为何来的，到过哪些地方，从哪儿爬上来的，又从哪儿爬下去的，在哪儿往上跳的，在哪儿往下跳的。另一个人则对到过的地方毫无印象，只记得自己感受过的情绪，依次是高兴，担忧，害怕，希望，疑虑，最后到恐慌。[1]

　　为了储存丰富的情感记忆，演员必须以带有情感的方式来记忆自己的体验。但为了带有情感地记忆体验，他或她首先必须也要以这种方式来经历这种体验，或许还指望着日后利用这种情感。[2]因此，将情感记忆视为一种名词，仿佛一个人所拥有的东西，也就导致将记忆和自发体验本身视为也带有可资利用的、名词一样的事物的性质。情感——无论是当时，或是回忆，抑或是日后在表演中唤起——是一种客体／对象（object）。它也许是值得孜孜以求的一个有价值的客体，但它终究就是一种客体。

42　　有些情感比起其他情感，是更有价值的客体，因为它们与其他值得记忆的事件具有更加丰富的联系。一次可怕的火车旅行，

1　　同上，第 163 页。

2　　心智就仿佛一块磁铁，吸附可以再次使用的情感。斯坦尼斯拉夫斯基建议演员："想象一下，你曾经在大庭广众受到侮辱，也许是被人抽了一个耳光，此后任何时候，只要你一想起来，就让你脸颊发烫。内在的震惊是如此之大，以至于清除了这一粗暴事件的所有细节。但是，一些琐碎的事情，可能立即唤起有关这一侮辱的记忆，而且情感加倍强烈地重现。你的脸颊变红，或者脸色转白而心脏怦怦乱跳。如果你拥有这种尖锐而容易唤起的情绪素材，你就能很容易地将之转移到舞台之上，扮演出跟你真实生活中给你留下震惊印象的体验相类似的场景。在这种情况下，你不需要任何技巧。一切都是自然而然地扮演下去，因为本性会从中相助。"（1965 年，第 176 页）

可能让人回忆起童年一次跌倒的经历或者一个噩梦。例如，斯坦尼斯拉夫斯基回忆曾经看到一个乞丐被有轨电车撞死，但他说，关于这一事件的记忆，对于他作为演员而言，比起另外一件事来说，价值就小多了：

> 那是很久以前了——我在人行道上偶然遇到了一个意大利人，正俯身望着一只死去的猴子。他一边哭泣，一边将一块橘子皮硬塞到这头动物嘴里。这一场景，似乎比乞丐之死，更能引发我的情感，并深深地刻在我的记忆之中。我想，如果让我在舞台上演出街头意外的话，我可能会在有关意大利人与死猴的场景记忆中搜寻情感素材，而不是在悲剧本身中找灵感。[1]

但是仅有情感记忆是不够的。记忆，就跟任何浮现在脑海的意象一样，必须在此刻显得真实。演员必须相信，一个想象的事件现在正在真实地发生。为达此目的，演员编造一个"假定"，一个假如。他主动地搁置通常的现实验证，就跟一个孩子在玩耍一样，容许一种假装的情境显得是真实的。通常，在一个幻想的所有要素中，演员只能控制一个不确定的信念，并将之分解成更为确实的微小细节，于是一个接着一个使人更加容易相信："假定我置身于一场可怕的暴风雨之中"被切割成"假定我的眉毛打湿了和假定我的鞋子湿透了"。一个大的假如被分成了许多小的假如。[2]

1　同上，第127页。
2　斯坦尼斯拉夫斯基一度如此告诫他的演员："你没有掌握这个练习，因为……你急于相信我放入情节中的所有恐怖事情。但是，决不能立刻就这么做；而是要一点一点地推进，逐渐用各种微小的事实来帮助你自己。如果每个微小的辅助行动完

实体舞台的道具——一张马鬃直椅,一根靠在墙上的教鞭——都是用来支持演员的假定。它们的目的,不是像在表层扮演中那样去影响观众,而是为了有助于让正在进行深层扮演的人确信假定的事件正在真实地发生。

日常的深层扮演

在我们的日常生活,也就是舞台内部,我们也在为我们所扮演的角色而开发情感。面对着厨房餐桌或办公区洗手间的镜子之类普通的小道具,在尝试着去感受我们觉得我们应该感受到的或者想要感受到的情感时,我们也会使用深层扮演、情感记忆和"假定这是真实的"的感觉。通常,我们对此并不在意,我们也不会去命名其中涉及的瞬间表演。只有当我们的感受跟情境不符合,并且我们感觉到这是一个问题,我们才会将注意力转向想象的内在之镜,并询问我们是否在演戏或者应不应该演戏。

作为例证,我们来看看一位年轻人在听到亲密朋友遭遇精神崩溃的消息时的反应:

> 我感到震惊,但出于说不清的原因,我总觉得自己的情绪没有对这个糟糕的消息做出准确的反应。我的室友就比我显得震惊多了。我觉得我应当比当时自己的反应更为沮丧才对啊。一想到这种矛盾,我马上意识到,我之所以出现这种情绪状态的一个原因,是把我跟我朋友分隔开来的空间距离,他在数百英里之外的医院呢……

成得都令人深信不疑,那么,整个表演就会正确地进行。"(同上,第126页)

于是我在心中开始想象我朋友当时的模样。

这位年轻人在觉察到自己未曾受到应有的震惊，他尝试着去想象他朋友的样子——或许穿着灰色的宽大睡衣，正被冷漠的看护带到电击室。通过将这种生动的画面注入大脑中，他或许会接着回想他自己生活中一些细微的私下崩溃，从而引发出悲伤和同情的情感。在丝毫没有想到演戏，在绝对的私底下，也没有观众或舞台，这位年轻人通过深层扮演，表达了对他一位朋友情感上的敬意。

有时我们试图激起一种我们希望自己会有的情感，有时我们又试图抑制或削弱一种我们希望自己不曾产生的情感。看看这位年轻女孩的报告，她试图抑制自己的爱恋之情：

去年夏天，我跟一个男孩频繁约会，我开始对他产生强烈感觉了。尽管我知道一年前他跟一个女孩分手了，就是因为那个女孩太认真了，太在乎他了，所以我害怕表露出自己的任何感情。我也害怕受到伤害，因此我试着改变自己的情感。我跟自己说不要太在乎他——但我必须承认，这种做法持续不了多久。为了维持这种感觉，我不得不虚构出关于他不好的事情，并将注意力集中在此类事情上，或者继续告诉我自己他并不在乎。我得说，这是一种情感的淬炼，要让人硬起心肠。这很费功夫，而且颇不愉快，因为我必须专心去找任何我能找到的他让人恼火的事情。

在这场挣扎中，她偶然发现了深层扮演的一些技巧。"虚构出

44

关于他不好的事情，并将注意力集中在此类事情上"，就是要编造出一个她能够真诚地做出回应的世界。她可以告诉自己，"如果他是自私的，那他就是不可爱的，而假如他是不可爱的——此刻我相信是如此，那么我就不会爱他"。就像斯坦尼斯拉夫斯基在假想的"手术"中一样，她摇摆于相信和怀疑之间，但她努力在自己身上寻找内在感受的征兆。对于所爱之人的"缺陷"，她也是将信将疑。但她为防止自己坠入爱河所做的短暂努力，也有利于等待他回报以同样感情的更大目标。所以，在一定意义上，她自己所认为的暂时的克制举动，是在为他们爱情的未来作牺牲。

我们一般也会通过个人道具设置个人舞台，并非是为了对我们的观众施加影响，而是为了帮助我们自己相信我们所想象的场景。同台演出的伙伴——激励我们的情感朝着所希望的方向发展的朋友或熟人，经常也是充当着道具。因此，一位试着不爱一个男人的年轻女性，就如希腊戏剧中的合唱队一样，利用了同台演出的朋友们的支持："有关他，我只能讲可怕的事情。因为这个，我的朋友们都认为他是可怕的，并加强了我对他的不喜欢的情感。"

有时，舞台设置能够成为情感的令人惊愕的决定性力量。看看一位年轻女士有关她对一位年长 40 岁的牧师的矛盾情感的描述："起初我试着让自己喜欢他，以符合整个情境。当我跟他在一起时，我确实喜欢他，但之后回到家里，我又在日记里写自己是多么忍受不了他。我的感觉不停地在变。"一个起居室，两杯下午茶，在此类道具营造出的氛围里，她面对着牧师所感受到的情感，当她离开这个背景时，一切就消失了。回到家里，对着日记，她不再觉得她有通过试着喜欢追求者而取悦于他的义务了。此刻，她感受到了另外一种义务——在她的日记中要诚实。在茶会与日记两个部分之间发生改变的，是她关于哪种感受是真实的感觉。

她的真实感，似乎随着舞台设置而令人不安地发生转移，仿佛她喜欢这位牧师的这一情感，依随着背景的改变，一会儿显得真实，一会儿又变得虚幻。

有时，一种情感的真实性，随着时间的流逝而加倍变得摇摆不定。一个爱情故事，一旦遭到怀疑，也就是遭到重写；坠入爱河，似乎变成了相互确证这是真正的爱情的工作。一个19岁的天主教学院学生回忆道：

> 因为我们都有点儿渴望亲密的男女关系，也因为我们又是经常被搁在一起（我们就住在隔壁，而且当时正是夏天），我想我们都确信我们是爱着对方的。尽管我从未真正想要跟他睡觉，但为了跟他上床提供"正当"理由，我必须向自己证明我是爱他的。结果我们同居了，理由当然是因为我们"爱"对方。不过，我得说，我们这样做，其实是出于另外的理由，只是对此我们谁也不愿承认。对我来说，假装爱他，所导致的是秘密的精神崩溃。

这种双重的假装——向他和向她自己假装她爱他——对反思和自发情感造成了两重障碍。首先，面对相反的事实，她试图感受到自己正在恋爱之中——亲昵的、刻骨铭心的、敏感而脆弱的；其次，她试着不让自己感到愤怒、厌倦和转身离开的欲望。借由这种努力来精心协调感受——让有些情感处于意识之上，让有些情感处于意识之下，并且在日常生活中消除内在的抗拒——她试图压抑现实检验。她既培养了一种有关她的恋人的幻象，又怀疑这一幻象的真实性。正是这种努力带来的紧张，导致了她"秘密

46

的精神崩溃"。

在剧院里，演员所创造的幻象，事先就被演员和观众视为幻象了。但在真实生活中，我们更为常见的是参与到幻象之中。我们将之融入自我中，而这跟我们日常理解事物的方式相矛盾。在生活中，幻象是微妙的，捉摸不定的，难以明确地界定，而且它们对于我们是否神志清醒来说，又至关紧要。

事情的另外一面，则是忍受破灭的幻象，但又想继续维持这种幻象。一个幻象，一旦被清楚地界定为幻象，就变为一个谎言。那么，维持幻象的工作，实际上也就重新被界定为对自己撒谎，这样一来，一个人就自我污名化为撒谎者。这种进退两难，在一个绝望的妻子同时也是两个孩子的母亲的描述中，可见一斑：

> 我正在拼命地把自己"陷入"婚姻牢笼中的感觉，转变为自愿跟我丈夫继续生活在一起的感觉。有时我认为自己成功了，有时我知道我其实并没有成功。这意味着我必须对自己撒谎，并且知道我在撒谎。这意味着我非常讨厌我自己。这也让我怀疑自己是不是有一点受虐狂。我觉得要对孩子的未来负责，也要为丈夫的未来负责，还有习以为常的自我牺牲综合征。我知道自己在做什么。我只是不知道我还能坚持多久。

在舞台上，从事方法派表演的女演员试着去迷惑她自己；她越是出于自愿，谎言的细节越是丰富详尽，则效果越好。没有人会认为她真是奥菲莉娅，甚至也没有人认为她正在假装是奥菲莉娅。她只是借用了奥菲莉娅的真实性，或者是从自身个人生活中借用了与之类似的某些东西。她正在试着迷惑自己，让自己沉浸其中，为观众创造一种幻象，而观众也将之作为礼物接受下来。在日常生活中，也存在着幻象，但是如何界定幻象，却是久拖不决而弄不清楚的。这个问题需要经常性的关注，需要持续不断的质疑和检验。在表演中，幻象从一开始就是幻象。在日常生活中，这种界定总是一种可能性，从来不会非常确切。在舞台上，幻象随着幕布的开合而到来或离去。在舞台之外，幕布也会关闭，但却不是根据我们的要求，也不是在我们期待的时候，经常还会让我们灰心丧气。在舞台上，幻象是一种美德。但在真实生活中，对自己撒谎是人性弱点的迹象，是不诚实的标记。发现我们愚弄了自己，要远比发现我们愚弄了别人，更加让人不安。

这是因为，对于专业演员来说，幻象唯有跟专业角色联系起来的时候方有意义，而在真实生活中，幻象是参照活生生的人来获得意义。在私人生活中，当我们识别出一种我们曾经持有的幻象的时候，我们就会以不同的眼光来看待我们曾经的自己，跟自己形成不同的关系。我们会变得不相信自己关于何为真实的感觉，只要这是透过感受来认识和判断的。如果我们的情感欺骗了我们，它们就不可能是我们良善的、值得信赖的、"真实的"自我的一部分。换言之，我们可能认识到我们扭曲了现实，我们否认或压制了真相，但我们依赖于一个警觉的自我，来评判这些发生在我们身上的无意识过程，并撇开它们去发现真实发生的事情。

与此同时，日常生活明确地要求我们从事深层扮演。我们必须弄明白什么是我们想要的感觉，以及为了诱发这种感觉什么是我们必须做的。譬如，看看这位年轻人如何努力去对抗他所害怕的一种冷漠：

高中时，我曾是踢中卫的足球明星。[但在我高年级

69

时〕比赛之前我感受不到肾上腺素的汹涌——一句话，我兴奋不起来。这要归咎于当时我所体验到的情绪困扰，其实至今仍在体验着呢。还有，我原来一直是 A 等生，但那时成绩却在下滑。因为在过去，我是一个狂热的、容易激动的、热情的球员——一个"得分手"，教练也把我看作是一个勤奋努力的选手，一个野心勃勃的球员——这种缺乏激情的状态让人非常沮丧。我千方百计想要让自己"振作起来"。我试着为自己大声叫好，试着让自己害怕对手——用尽办法要让肾上腺素涌动起来。我试着在赛前看起来紧张和热烈，这样至少教练不会觉察什么……事实上，当我觉得很是无聊，或者在任何事情中"兴致不高"时，我都会这么做。还记得有一次比赛前，我特别希望自己在看台上观看我堂兄为他的学校比赛。

这位年轻人感觉到了一种真实感的滑动。他很清楚，他"基本上"感到了厌倦，并没有"真正地"兴奋起来。对他来说，同样也显得真实的是这种感觉，即他应当感受到去赢得胜利的冲动，而且他希望自己真有这种感觉。在他的事后回想中，同样让他感到真实的，是他努力要在教练跟前表现得就像优秀选手一样（表层扮演），以及他努力让自己害怕对手（深层扮演）。

当我们回首往事的时候，我们可能交替于两种有关"到底真正发生了什么"的理解之中。根据一种理解，我们的感觉是真实的和自发的。根据另外一种理解，感觉似乎是真实的和自发的，但事实上暗中已被整饰了。在疑虑于究竟哪种理解最终而言才是合乎情理时，直接导致我们质疑自己现在的感受："我现在是在演戏吗？我如何知道?"剧院的基本魅力之一，就在于舞台为我们裁定了这个问题：我们当然知道谁在演戏。

总之，剧院区别于生活的地方，不在它们都拥有、需要和使用的幻象。将它们区别开来的，是赋予幻象的名誉，辨别一个幻象是幻象时的容易程度，以及将之用于制造情感的后果。在剧院里，当幕布落下时，幻象也随之而逝，对此观众十分清楚。在私人生活中，其后果则难以预测，甚或可能是灾难性的：一场爱情被扼杀了，追求者被拒绝了，躺倒住进了医院。

制度化的情感管理

专业的女演员对于舞台如何布置，道具如何选择，其他角色如何定位，都有一种适度的说法，正如对她自身在戏剧中的形象也有一种说法一样。在私人生活中，也是如此。无论哪种情况，⁴⁹个人都是表演过程的核心所在。

但一旦牵涉到制度，更多的事情就卷入进来，因为在制度里面，表演的各种要素就被从个体身上带走，而代之以制度化的机制。表演的核心场所，情感管理的核心场所，上移到制度层面。许多的人和物，根据制度性的规则和惯例来予以安排，共同完成了表演。公司、监狱、学校和教会——事实上可以是任何的制度——都充当了导演的若干功能，并改变了演员与导演的关系。当制度机构中的官员建立起能在员工中培养出所想要的情感的幻象，当他们在员工的情感记忆周围设置了界限，或者为员工使用"假定"确定了范围，他们相信自己做出了正确的事情。这并不是员工被允许以他们所喜欢的方式去看去想，但被要求只以制度所赞同的方式来显示情感（表层扮演）的问题。如果到此为止，事情就简单多了，也没有那么令人担忧了。但不是这样！不少制度已经形成了非常复杂的深层扮演的技巧，它们会暗示员工如何去想象，从而如何去感受。

正如农夫给驮马戴上眼罩以指引它前行的方向一样，制度管理我们如何去感受。[1] 它们从事这项工作的方式之一，就是预先安排好员工所能看到的一切。例如，一家教学医院为医学生设计了首次面对尸体解剖的舞台。看着死者的眼睛，或许会让人想起所爱的人甚或自己；看到这一器官被一把解剖刀冷冰冰地切开，可能导致学生晕倒，或者吓得逃跑，或者迟早放弃医学。但这很少发生。在他们有关医学训练的研究中，李夫（Lief）和福克斯（Fox）如此报告：

> 整洁而明亮的手术室，认真而专业的行为要求，促成并维护了对待死亡的一种不带个人色彩的临床态度。身体的某些部分覆盖起来了，特别是脸部和生殖器官，还有双手，它们都带有强烈的人类色彩和个性品质，是从不拿来解剖的。一旦重要器官被取出来了，尸体便被移出手术室，解剖也进入了器官层面，它们就更加容易去人性化了。解剖员灵敏的触觉、技巧和专业的态度，使原本可能不堪入目的程序显得优雅而不血腥，而这增加了学术兴趣，并让人能够以科学的态度而不是情绪化的方式来处理整个事情。学生们似乎避免谈论尸体解剖，

1　我们通常假定当个人控制失效时，才会诉诸制度：那些不能控制他们情感的人，被送进精神病院、失调儿童看护所或监狱。但当我们以这种方式来看问题的时候，我们可能忽视了以下事实，即个人控制的失败，经常意味着先前制度在情感塑造上的失败。相反，我们或许可以追问，哪种类型的教会、学校或家庭影响，对于制度化病人的父母来说是不可实现的，他们显然试着让他们的孩子成为恰当的情感管理者。

而当他们确实谈论的时候,这种讨论也是非个人性的和
程式化的。最后,虽然在实验室解剖中,幽默似乎是一
种广泛使用且颇为有效的情绪控制手段,但在尸体解剖
室里,则见不到幽默的身影,或许这是因为死亡太过接
近的缘故,诉诸幽默,将显得太过不近人情。[1]

覆盖尸体的面部和生殖器官,避免触碰双手,随后快速移走
尸体,穿着白色制服,程式化的交谈——此类惯例,都是用以管
理可能威胁秩序的人类情感。[2]

制度会规制它们的前台布置。他们引导着我们看待事物的方
式,以及我们很有可能自发地感受到的东西。看看必不可少的机
构大厅,特别是靠近来人等待区的地方。在医院、学校和公司的
环境布置中,我们经常会在墙上发现一排我们应当完全信任的人
物的照片或画像。艾伦·惠利斯(Allen Wheelis)对一个精神病 51
学家挂在候诊室的照片的描述,可为例证:

> 双腿交叉,你在表示轻松和宁静……一切都在掌控
> 之中。肩膀挺直,你在主张尊严和地位。无论发生什么,
> 这个家伙都无所畏惧,沉着冷静,他对自己的价值和能
> 力十分肯定。脑袋明显转向左侧,你在表明有人正在寻
> 求他的注意。毫无疑问,成百上千的人渴望这个家伙的

1　李夫和福克斯(Lief and Fox, 1963),转引自拉扎勒斯(Lazarus, 1975),第55页。
2　科学写作,就像科学讨论一样,具有类似于覆盖面部和生殖器官的功能。这是
对情感的制度性控制的延伸。被动语态动词形式的过度使用、避免提到"我"、偏爱
拉丁名称、更为喜欢抽象而不是具体,都是让读者跟论题保持距离以及限制情绪的
惯例。为显得科学,作者遵循抑制情感卷入的传统习惯。在这种"拙劣的"写作中,
其实是有特殊用意的。

关注。他正全神贯注于他的书本，但是现在他被打断了。那么，他在读什么书呢?《花花公子》?《阁楼》? 娱乐性的报纸? 哦，不! 他在读严肃沉重的东西。我们不能看到书名，但我们知道这是极为重要的著作……通常会是奥斯勒（Osler）的《医学原理与实践》。而他的手指所在之处，正是他读到的地方? 何以这么说? 他是如此专注地阅读，如此勤奋，已经读完了大半。而另外一只手，如此轻柔地如此优雅地放在书上。这幅形象显示了聪明、经验和精湛。他不是在抓耳挠头绞尽脑汁地试着弄明白作者到底想要表达什么……任何时候，你敲开这个家伙的门，你都会发现他神情自若，衣着奢华，紧系着领结，整洁的西服，专心沉浸于厚重的书卷。[1]

当然，专业人士自己的办公室，应该以令人愉快但又非个人性的风格来装饰，不能太凌乱，也不能色彩太丰富，但也不能毫无装饰而显得过于冷酷。它应该恰到好处地显示出医生、律师或银行家自身应当显示的专业热情。家，则小心地跟办公室区别开来，个人品味也要区别于专业技能。这种舞台布置，意在鼓起我们的信心，即这种服务毕竟是值得多付钱的。

航空公司似乎是仿照日间电视连续剧中所看到的起居室的场景来进行舞台设置。背景音乐，电视和电影屏幕，微笑的空姐奉上饮料，这一切都是经过精心布置，以让你"宾至如归"，就像在自己家里一样。甚至同行的乘客，也被认为是舞台的一部分。例如，在达美航空公司，空乘人员在受训时都被忠告，他们可以

1　惠利斯（Wheelis, 1980），第7页。

阻止某些类型的乘客——比如带有"严重的脸部伤疤"的乘客——登机。教官对此予以了解释："你知道,其他乘客可能由此联想到他们曾经读到的坠机事件。"也就是说,"严重的脸部伤疤"携带者,注定就不是一个好的道具。他或她对其他付钱的乘客的情感记忆,可能完全是负面的影响。[1]

52

有时,道具的重要性比不上有影响的导演。制度性机构授权给了舞台导演来训练受雇的演员班底来进行深层扮演。因为受到高级官员的授权支持或者因为拥有专业的学位,导演所提出的建议,经常被低层员工理解成命令。

导演的角色可能简单而直接,正如艾伯特·科恩(Albert Cohen)所研究的一个案例所显示的,这是关于一群接受临床医学训练的大学生的研究,他们当时在一个情绪困扰儿童活动营地里协助工作。作为初级人员,这些学生面对情绪困扰儿童的疯狂行为,起初并不知道他们应当做何感想。但在导演的位置上坐着资深的咨询师,他们建议学生们该如何看待此类儿童:"他们被期待把此类儿童视为不可控制的冲动的受害者,这种冲动跟他们严酷而匮乏的成长背景不无联系,而为了打破他们对成人世界憎恨和敌对的印象,需要大量的友善和宽容。"[2]

学生们还被教导如何恰当地去感受他们:"临床医生绝不能做出愤怒的反应,或者带有惩罚的意图,尽管有时为了防止情绪困扰儿童伤害自己或相互伤害,可能不得不制止甚或隔离他们。最重要的是,全体工作人员都被期待要让人感到温馨而富有爱心,

---

1　我是在 1980 年 2 月 19 日的课堂上听到对这一公司规定的原理阐释的(在培训手册中也有说明)。至于它是不是曾经被执行,以及后果如何,我就不知道了。
2　科恩(Cohen, 1966),第 105 页。

时刻要以‘临床态度’约束自己。”[1] 要温馨而富有爱心地对待一个踢你、吼你、骂你的孩子——孩子的毛病就是让人无法去爱——需要情感工作。这种情感工作的艺术，是从资深咨询师传到初级
53 咨询师，而在其他背景下，则是从法官传到法官助理，从教授传到研究生，从老板传到不断上升的下属。

专业的工作者不会赞成情感记忆的某些用法。捣乱儿童的资深咨询师不会允许让自己产生这种看法：“汤米让我想起了 13 岁时不得不临时照料的那个可怕的熊孩子，如果他真是那样，我会讨厌他。”相反，她应该以另外的方式来重新看待汤米：“汤米真像我 14 岁时经常照看的另外一个孩子，他很难相处，但我必须喜欢他，因此，我希望自己会喜欢汤米，尽管他总是满怀猜疑地将我推开。”

大家都知道，以恰当的方式来体验孩子之所感受，而不仅仅是以恰当的方式来对孩子产生感觉，是此项工作的一部分。科恩报告中提到这群年轻的照料者令人敬佩地做到了：“以超乎预料的程度，他们达到了诸如此类的期待，而且我相信，其中包括这种期待，即尽管他们的照料对象表现出野兽般的行为，但他们仍然满怀同情、充满柔情和富有爱心地予以对待。这群大学生学会以这种方式行事的速度，很难根据渐进学习即通过缓慢的‘内化’过程来进行解释。”[2]

支撑一个机构的正式规则，也以更加曲折的方式，对所有相关情感的可能性设定了限制。譬如，看看指导信息传送路径的规则。任何内部带有等级的机构，都必须在一定程度上抑制民主，因而必须设法抑制来自底层的忌妒和怨恨。通常，实施一种保密

1　同上。

2　同上。

的等级制即可达成目的。有关薪酬保密的习惯性原则就是一个例证：身处底层的人几乎绝对不被允许知道位居高层的人每月拿了多少钱，也尽最大可能地不让他们知道高层所享有的特权。同样处于保密状态的，是组织中决定一个人何时可能晋升或降职到何种层级的审议协商。正如加利福尼亚大学的一份行政备忘录所解释的：“关于终身教职评定的处理文件，将会予以保密，以防有关人士对做出不利于他们的评判的人产生恶意或心怀怨恨。”在这种情况下，泄露可能导致恐慌，上层就有赖于特殊的保护，以免于来自中层和底层的——备忘录中所指的“有关人士”——情绪反应。[1]

最后，各种类型的药物可以用于刺激或抑制情绪，而公司并不例外，也在精明地安排药物的使用。就像犁替代了人力一样，在有些报道出来的案例中，药物使用似乎也正在替代情绪劳动。有些员工已经发现，用以抵挡工作中的压力和无聊的劳动，可以由达尔丰（Darvon）[2]和安定（Valium）[3]来完成。例如，美国电话电报公司的员工发现，医务部门的护士不需要处方且免费发放安定、达尔丰、可待因（codeine）[4]和其他药物。有许多办法，其中有些是公司资助的，可以使工作时“过得愉快”，它们本身也是工作的一部分。[5]

1　大多数机构在从事解雇、降职、惩罚等令人讨厌的工作的同时，还保证对于那些被解雇、降职和惩罚之人的任何私人谴责都是不合法的。因而，将解雇这样一种“非私人行动”解释为私人行动时，比如说，“你这个杂种，竟然这么对待我”，就是不合法的。参见沃尔夫（Wolff, 1950），第345—378页。

2　一种止痛药的商标名称。——译注

3　一种精神药物的商标名称。——译注

4　一种镇痛药。——译注

5　参见 Robert Howard, "Drugged, Bugged, and Coming Unplugged," *Mother Jones*, August 1981。

77

对待情感的工具性立场

舞台演员将情感的发现和表达，作为自己主要的专业任务。按照斯坦尼斯拉夫斯基的类比，演员是带着勘探者对贵重金属的渴望而全身心投入其中。演员将情感视为艰苦卓绝的内心世界采矿的对象，一旦找到了，就像对待黄金一样来予以加工。就在剧院的情形而言，这种情感使用被认为是令人激动且光荣可敬的。但是，当深层扮演和表层扮演成为日常工作的一部分，成为我们为换回一天的薪酬而出卖给雇主的劳动的一部分，将会发生什么呢？当我们的情感被当作原矿石来处理的时候，又将发生什么呢？

在达美航空公司为有经验的空乘人员开设的复训课程中，我观察到从各种类型的表演中借鉴来的演戏技巧。这在学员们的各种回答中不难发现，当时教官问他们如何试着停止对乘客感到愤怒和憎恨：

> 如果我假装自己真的感到高兴，有时我实际上也真的高兴了。乘客对我的反应，仿佛是我非常友好的，然后我也会更加友好地回应他们［表层扮演］。
>
> 有时我有意识地深呼吸。我试着放松我的颈部肌肉［以身体来进行深层扮演］。
>
> 我可能只是告诉我自己："小心留神！别让他影响到你。别让他影响到你。别让他影响到你。"我会跟同伴说起这事儿，她也会告诉我同样的话。不一会儿，愤怒就会过去了［深层扮演，自我激励］。
>
> 我会试着记住他好像是喝多了，他可能害怕飞行。我会让自己这么想："他就像一个小孩子。"真的，他就

55

78

是这个样子。当我以这种方式来看待他的时候，我就不会因为他冲我吼叫而生气了。那时，他就像一个冲我吼叫的孩子［深层扮演，方法派表演］。

跟戏剧、私人生活或治疗背景下的扮演不同，商业背景下的表层和深层扮演，使一个人的面部和情感带上了资源的特性。但这不是戏剧中用于艺术目的的资源，也不是治疗中用于自我发现的资源，或是日常生活中用于追求满足的资源。这是一种用于挣钱的资源。在斯坦尼斯拉夫斯基的客厅之外，就在美国的市场之中，这位演员也许醒来时发现自己正被做着手术呢。

第四章 感受规则

当我们接近 30 岁时，一股焦躁不安的生命力就会日
益涌现。

——盖尔·西莉（Gail Sheehy）[1]

当衡量跟医生所建立的某种规范模式相抵触的体验
时，人们将会因为偏离规范而深感困扰，犹如他们为［盖
尔·西莉所说的］"可预见性危机"（predictable crises）
本身所困扰一样，而与体验相抵触的各种医学规范正是
为了使人安心。

——克里斯托弗·拉什（Christopher Lasch）[2]

56　　由于感受是某种形式的预备行动（pre-action），因而对它所
采取的某种脚本或道德立场，就是文化对行动发挥指导作用的一
种最强有力的工具。[3] 我们如何意识到这些脚本或我所谓的感受规

1　Gail Sheehy, *Passages: Predictable Crises of Adult Life*, p. 138.

2　Christopher Lasch, *New York Review of Books*, September 30, 1976.

3　感受规则并非各种社会因素渗入感受之中的唯一渠道（参见附录 A）。很多社

则？在本章中，我们将讨论我们所有人辨识出某种感受规则的各种方式，以及我们发现我们自己与其相脱节的各种方式——包括注意到某种感受的持续性、强度、时机、处置的各种方式。我们将探索这些私人规则所适用的喜爱、憎恨、悲伤、嫉妒等领域。

这一努力的目的是要揭示出某种私人情感系统（private emotion system）的大致轮廓。正如我们在第三章所看到的，该系统涉及情感工作（深层扮演）。各种感受规则通过确立支配着情感交换的权利感或义务感（sense of entitlement or obligation），而对情感工作起到指导作用。这种系统在私下运作，经常不会被人观察到。它是既深入又私密的各种团结关系（deep private bonds）的一个重要层面，同时也提供了一种谈论它们的方式。它描述了⁵⁷人们——作为父母与子女、妻子与丈夫、朋友与爱人——如何为了形塑各种感受而对其进行干预。

何为感受规则？我们如何知道它们的存在？它们如何对深层扮演产生影响？我们或许可以通过聚焦于"我真实感受到的"跟"我应该感受到的"之间的紧张，来回答这些问题，因为正是在这一点上，我们可以获得看待情感惯例（emotional convention）的

会科学家虽然并未运用感受规则这一术语，但却曾经讨论过相关内容。在早期的经典大家中，涂尔干在《宗教生活的基本形式》中给出了某种一般性论述："就个体而言……如果他强烈地依恋于他作为一名成员所归属的社会，他就会感到他在道德上必须参与到集体的悲伤和喜悦之中；如果他对此毫无兴趣，就等于割断了将他与群体连接起来的纽带；这将意味着宣布放弃对群体的任何要求，并陷入自我矛盾之中。"（1965：446）遵循涂尔干的道路，玛丽·道格拉斯在其《自然符号》（1973：63）一书中运用了这一概念，犹如查尔斯·伯朗德尔（Charles Blondel, 1952）提及"集体命令"（collective imperatives）时所做的那样。弗洛伊德也论及感受规则，尽管他的主要兴趣在于，感受规则如何会成为各种内心模式（intrapsychic patterns）的一部分，而各种内心模式又是超我的一部分。身处弗洛伊德传统的创造性边缘，莱恩（R. D. Laing）在他的重要论文"家庭政治"（The Politics of the Family, 1971）中阐述了感受规则这一观念，犹如大卫·里斯曼在《孤独的人群》（1952、1953）一书中对脸色（faces）所做的极其敏锐的解释一样。理查德·桑内特（Richard Sennett）将感受规则运用到了愤怒这一情感上（1973：134），帕森斯则对"情感性"（affectivity）给予某种一般性讨论（Parsons et al., 1953: 60；Parsons,1951: 384–385）。

最佳角度。下面这些人们陷入情感偏差瞬间（也就是人们公然违背惯例的时刻）的快照，并不完全是快速抓拍，因为人们即使在自我坦白时也会摆弄姿势。但这些快照清楚地表明了，人们是如何联系情感惯例，来看待他们自己的各种行动的。正如我们有可能从有意识的情感工作中推断出情感工作的无意识形式一样，我们或许也可以推断出无意识的感受规则，虽然很难到达那里，但它很可能就在那里。[1]

我们如何辨识出某种感受规则？我们往往通过检查我们如何评估自己的感受，他人如何评估我们的情感展演，以及根据我们自己和他人所给予的认可／惩罚（sanctions），来辨识感受规则。[2]

---

[1]　无疑，对于自己的感受，有些人无疑比其他人会思考得少一些。但在任何一种情况下，若一个人没有觉得"其感受不当"，那肯定是由于下述三种状况中的一种：（1）他或她已经完全内在化了其所处情境中的感受规则，因而不能意识到它们的存在；（2）他或她并未违背感受规则，因而没有意识到它们的存在；（3）感受规则实际上是脆弱不堪或压根不存在的。

[2]　人们对其感受的评估，就好像是将这些标准运用到其感受上一样。这些评估行动是对于其感受所做出的第二反应。从第二反应到感受，我们也许会将感受规则的存在视为理所当然之事。感受规则这一概念可使我们理解各种稳定模式，我们的很多评估行动正是以这些稳定模式为标准的。于是，某种评估同时也是某种更一般性规则的"运用"。我们也许可以利用很多碎片化的评估资料，开始拼凑出一套更为一般性的、指导我们进行深层扮演的规则，这套规则会随着社会的不同和历史的发展而变化。感受规则跟我们所看到的、支配着我们行动的其他礼节规范（rules of etiquette）有一些共性。就像各种礼节规范一样，我们并不认为某套特定的感受规则，对于任何道德标准都是普遍适用的或客观有效的。相反，它们是具有文化相对性的交往规则。但是，它们支配着人们的内在领域。它们是事先预定的交往礼节，或者说是"深层礼节"（deep etiquette）。

就像礼节规范一样，我们常常会违背它，并因此而感到愧疚。至少，我们承认这样一种规则或规范。比如，"我正在读《全国讽刺周刊》（National Lampoon），看到了罗德里格斯（Rodriguez）的漫画部分，题为'雇用残疾人'。它是在取笑残疾人，我发现它很有趣，我从未看到过这么有趣的连环漫画。我觉得这不是应该被我们取笑的事情，我们应该对这种事情感到同情，而不是好笑。尽管如此，但我仍然感到好笑，因为它真的太有趣了。从恰当的角度看，悲剧往往会很好笑"。就像行为准则一样，感受规则划定了各种区域。在某个特定区域内，我们获得准许，不必担忧、愧疚或羞耻。每种分区措施都会划出一条界线——划定地板和天花板（上限与下限），让人们在二者之间的空间中活动和游戏。上面的读者对于自己在讽刺漫画中体验到的暂时喜悦，感到舒心自在；但是，如果他的欢乐更加强烈或更加持久，以至于超过了某个特定的界限，那么，他也许会体验到各种边界迹象——担忧、愧疚或羞耻。"我究竟怎么了，竟然会觉得这很欢乐？难道我是个虐待狂吗？我对这个跛足之人不同的社会群体可能会用各不相同的特殊方式，来辨识各种感受规则和给予各种规则提示，各种规则本身可能也会因群体而异。[1]总体上，我估计，跟男性、天主教徒、底层相比，女性、新教教徒和中产阶层更可能会培育出抑制其感受的习惯。我们的文化要求女性比男性更加关注感受，而不是行动；要求新教徒沉浸到跟上帝的内在对话之中，而不是看重教会、圣餐或告罪作为中介结构（intermediary structure）的好处；要求从事中产阶层职业的人们，在各种服务工作中管理好自己的感受。就它所做的这些事情而言，可以说，我们认识感受规则的各种特定方式，反映了我们在社会图景（social landscape）中所站立的位置。

我们如何辨识出某个规则提示呢？我们可以将其体验为私下里对着自己喃喃自语，将其视为我们行动与感受舞台一侧的一个警觉的合唱团的声音。[2]我们还会接收到他人给予我们的规则提示，他们会让我们解释我们的感受。[3]一个朋友也许会问你：“你为何会感到心情低落呢？你可是刚刚赢得你一直追求的奖项啊！”当我

是认同太少？还是太多？”

　　对感受进行评估的行动，可能会跟感受本身几乎同时发生。比如，我们可能感到愤怒，但几乎与此同时，我们也知道，我们没有任何权利感到愤怒。我们在事实发生之后可能会更加全面地聚焦于自我否定（self-disapproval），但当正在火头上时，我们却主要是从外围来感受它。

1　感受规则的重要性可能会因文化而异。情感整饰的视角本身会使我们提出其跨文化界限的问题。此外，在我们真实感受到的与我们期望感受的之间，在我们期望感受到的与我们想要感受的之间，在我们应该感受到的与我们期望感受到的之间，各种不同类型的张力的形成，可能会存在跨文化差异。

2　我们也许还认为在既定情况下不应该有某种感受规则。比如，一个父亲说：“杰弗瑞很小的时候，有天早上，他不停地大喊大叫——我感觉自己很想把他扔到地板上。我被自己的愤怒吓了一跳。但我告诉自己，感到愤怒没有关系。糟糕的是听凭愤怒采取行动。”

3　参见莱曼和斯科特（Lyman and Scott，1970）。诸如乔治·赫伯特·米德（1934）等学者，主要聚焦于内在对话，因而更关注私人性的规则提示。其他学者，比如戈夫曼，则聚焦于外在对话。在社会和道德层面上，戈夫曼笔下的人物似乎仅仅生活在各种社会互动之中，而米德笔下的人物则只是生活在个人独白之中。

83

们的感受符合他们对我们的期待，当各种事件显而易见地说明了我们的感受时，这些朋友往往会保持沉默。要求做出解释意味着情感惯例没有得到严格遵循，因而会激发出人们的修复意识——或者，至少在惯例虚弱（weak conventions）的情况下，会激发人们的检查意识。一个眼色或讽刺语调也许就会改变某种规则提示的精神。这些姿态会添加某种元陈述（meta-statement）："好吧，这就是感受规则，但我们并不看重它，难道不是吗？"在此，我们被他人提示感受规则的方式，是他人要求我们别看重它。

我们还会通过他人对我们如何看待我们的感受所做出的反应，来认识各种感受规则。这些外部反应或"要求"（claims）——无论是它们的最初意图还是对它们的解释——在直接性或强度上各不相同。有些要求既直接又强烈："你应该为你自己感到羞耻！""当我们同意开放式婚姻时，你没有任何权利感到嫉妒！"其他的一些要求则也许会假借反问形式提出来，比如说，"难道你不为伊芙琳的消息而深感激动吗？"这种问题实际上可能意味着或可以理解为某种要求，它是对他人期待的某种陈述。如："嘿，这不是很棒的音乐吗？""这不是一个极好的派对吗？"这样的反问在向我们提示着世界对于个体心灵的期待。规则提示还会伪装成关于我们通常应有的真实感受的陈述，比如说"你非常高兴，我知道的"。

社会舞台上常见的各种惩罚——哄骗、责骂、戏弄、斥责、回避——经常会以嘲弄或鼓励的形式来发挥作用，这些形式会稍微纠正人们的感受，使其符合惯例。它大体上是一种可使某种感受回归正途的温和而善意的姿态。比如，一位女士回忆道："当我得知我父亲去世的消息时，我发现，我不能因为自己丧失亲人而哭泣。每个人当然都期待着我的哭泣，是诸如'没关系，想哭就哭吧'

这样的建议性的话，才使我哭出来。"[1]

精神病学家通过"不当的情感"（inappropriate affect）这一观念，而对各种感受规则进行了很多讨论。对他们来说，"不当的情感"意味着人们所预期的情感的缺席，他们由此而推断病人会以某种无法预期的方式对某个事件做出反应。当一个病人"对事件具有某种独特的概念化"时，精神病学家将会检查病人的其他各种体验，尤其是童年体验，以便找出也许可以用来解释病人感受的某些东西。[2]

一直被人们视为理所当然的是，存在各种规则或规范，可以它们为标准来判断各种感受是否适合于各种相伴的事件。[3] 就跟我们普通人一样，精神病学家运用的也是适当性的文化衡量标准。而我们则跟他们一样，想要为那些与众不同、看似奇怪的感受寻找理由。

但是，精神病学家和社会学家对不符合惯例的各种感受（这些惯例正是为这些感受所构建出来的），持有不同的观点。为了理解这一差异，我们可以比较一位精神病学家和一位社会学家可

1　如果给予的许可（比如"没关系，哭吧"）并未得到恰当的接受，那么，交往也许并不会按照"其应该的方式"继续下去。如果不处于需要他人许可的那种心理状态，那么，这将可能冒着冒犯他人的危险。安慰者也许不会因为她的安慰无效而感到冒犯，但她却可能感到，她有感到自己被冒犯的轻微权利。个体越是能够对她的各种感受负有责任（她越是抗拒自己的病人角色），情况就越是如此。

2　参见贝克（Beck, 1971），第 495 页。正如谢弗（Schafer）所指出的，"安娜·弗洛伊德……指出，在对儿童进行的心理分析工作中，由于不能运用自由联想法，分析师可以将预期情感（expected affect）的缺席视为特定的各种无意识冲突的标志。在很多情况下，对成年人进行治疗的精神分析师也是在解释本应到来的情感的缺席"。

3　莱恩（R. D. Laing）通过质疑有关恰当情感的各种背景假设，在理论上为我们向前推进了一步。以各种"制造疯狂"的情境中的病人为例，在这些情境下，"疯狂"反应似乎是合理的，莱恩将我们的注意力转到了情境和医生的期待上面。米尔斯以同样的口吻指出："很少有人从规范本身的角度来解释偏离规范的各种情况，也没有人去严肃地面对，社会转型将会导致规范及其偏差的改变这一事实所具有的重要意涵。"（1963：43）

能会如何分析一位新娘的下述谈话内容：

> 我们的婚礼仪式混乱不堪，不太真实，跟我想象的样子完全不同。不幸的是，我们在婚礼当天早上八点进行了彩排。我想每个人都会知道该做什么，但实际上他们都不知道。这使我十分紧张。我的姐姐没有帮助我穿戴好或让我开心，在我没有提出要求之前，没有人来化妆间帮我。我非常失落。我原想我们的婚庆日会多么高兴。我从未想过有人会在他们的婚礼上哭泣。这可是一个人一生中最快乐的一天啊！我简直难以置信，我的一些好朋友竟然不来参加我的婚礼。所以，当我出发去教堂的时候，我一直以为绝不会在我的婚礼上发生的那些小事情，统统在我脑海中浮现出来。我崩溃了——我是哭着去参加婚礼的。我想，"要为了朋友、亲人和礼物而高兴"。但最后，我在心中对自己说："嘿，结婚的不是他们，而是你呀！"从长长的过道上，我们望着彼此的眼睛。从那时起，他对我的爱改变了我的整个存在。当我们手挽着手时，我感到如释重负。紧张心情消失了。从那时起，它是美丽的。它是难以形容的。

一名精神病学家也许会对此做出如下大致回应："面对婚礼，这个年轻的女人似乎有些焦虑。对于身处焦虑中的她来说，这些规则似乎被过于全神贯注了（她太过于看重了）。她焦虑的原因也许在于她对待婚姻的矛盾态度，而这种态度可能跟她儿童时期对其父母婚姻形成的印象有关，或者跟婚姻的性方面有关。我需要知道更多，才能完全确定其状况。"

而社会学家则会从完全不同的另一种视角来看待婚礼。首先，他或她会将婚礼视为某种仪式事件，无论对于聚集到婚礼现场的所有见证人，还是对于新娘和新郎来说，该仪式事件都具有重要意义。于是，一对新人会将注意力转向各个亲人和朋友就座的地方，以及每个人看似在多大程度上参与了进来。但是，社会学家还会关注各种内在感受与外在的各个仪式事件之间的领域——也即感受规则和情感整饰的领域。在准备和参与婚礼仪式的过程中，新娘假定自己有权利和义务去体验某种特定的视觉关注和兴高采烈。各种权利和义务还适用于她对于快乐心情和容光焕发的外在展演。[1] 根据她对新娘应该如何考虑、感受和表现的一般规则的理解，她将自己装扮成新娘的样子。她像一个新娘一样表演／行动（act）。当一切进展顺利时，她会体验到事件（婚礼）、看待婚礼的恰当方式（严肃地看待它）、感受婚礼的恰当方式（日益增强的幸福、兴奋）之间保持着某种协调性。这种协调发生之时，仪式便开始运作。

61

但是，就这位新娘来说，其婚礼仪式几乎失败了。正如她自己所说，她感到应该感觉自己美丽漂亮，但事实上她没有这种感觉。她应该感到幸福快乐，但事实上她感到失落和沮丧。"应当具有的"感受与"实际具有的"感受处于相互斗争之中。她所持有的关于新娘对婚礼应有的看待方式和对婚礼应有的感受方式，一度跟她作为新娘的实际角色相脱节，跟婚礼现场相分离。她想象或希望自己可能具有的婚礼体验（"一生中最幸福的日子"），使她私下

1　这就提出了展演和展演规则问题。又进一步提出了某种感受的"虚假"（falseness）问题，而不是"错误"（wrongness）问题。错误指的是"我真实的感受和想法"与"我应该有的感受和想法"之间的不一致。而虚假指的是"我真实的感受和想法"与"我表现出的感受和想法"之间的不一致。比如，新娘可能会面带勉强的微笑说"我太高兴了"，而其微笑勉强得似乎让他人感到有些虚假。婚礼上的展演规则之一便是新娘看起来应该自然而然、毫无勉强。

里感到十分难受。

　　几乎任何情感惯例都会为失误和偏差留出一定空间。于是，新娘虽然渴望在通过过道的最重要时刻，感到以自我为焦点、美丽漂亮和幸福快乐，但她通常还是会容忍暂时的焦虑和矛盾情绪，并对此感觉不错。事实上，有些焦虑是注定的，因为这表明她看待婚礼的态度是多么地严肃认真。

　　尽管感觉到理想的感受与她所容忍的实际感受之间存在某种鸿沟，但新娘还是努力使自己"高兴一些"。[1]虽然暂时不太稳定，但却并无虚假，这似乎是有效的运作；她的情感工作引发其情感。她可能很少会考虑她当时的感受是否恰当，或者她私下里的感受规则是否跟某些公开共享的准则相匹配。她只是不喜欢她当时的实际感受。作为一件私人和个体事务，她想要有其他的不同感受。如果她承认拥有感受规则的话，她很可能会说这些规则是她自己编造出来的；毕竟，这是她自己的婚礼。然而，在某种意义上，这又不只是她的婚礼。抛掷大米是中世纪的一个生育仪式；穿白色婚纱始于维多利亚时代；父亲而不是母亲、去送女儿而不是儿子源自撒克逊时代，因为当时的父亲可能会出卖具有劳动能力的女儿。（只是在十字军东征以后，当女性人数超过男性时，父亲才开始"把她送走"。）之所以说这是她的婚礼，是因为这是她从文化中借来的，也是从关于她应该在内心如何体验这一天的公众观念中借来的。[2]

62

1　在这一舞台和这一场合中，人们所期待的体验和所希望的体验存在某种特定的分析性分离。但是，在美国中产阶层中可能存在某种"乐观主义规范"（optimism norm），因而跟其他阶层和其他文化相比，美国中产阶层的现实期待跟他们所保持的理想要更为接近。

2　因而，她的体验中可能会有某种同意（consent）的成分。在评论原始宗教群体时，涂尔干曾表达过类似观点："当基督徒在参加纪念耶稣受难仪式的时候，犹太人在每年纪念耶路撒冷沦陷的时候，都要斋戒和禁欲，这并不是因为他们自发地感到悲为了阐明情感整饰的视角，我们忽略了将社会生活组织起来的其他两项原则。首先是精神病学家最为看重的避免痛苦原则。新娘可能会努力从失落沮丧中走出来，这不是因为快乐是适当的，而是因为她想要避免失落沮丧所带来的难以言说的痛苦。第二是在社会场合中寻求优势的原则，戈夫曼和其他社会学家最为看重这一点。新娘之所以努力快乐起来，可能是为了赢得其婆婆的喜爱，为了吸引她的那些未婚女友的嫉妒，或者为了激发以前追求者的嫉妒。作为原则，避免痛苦和寻求优势可以解释各种情感整饰模式；但是，重要的是，要注意到，这两项原则都是在感受规则的脉络下运作的。

聚焦于感受规则的好处在于，它所提出的各种问题。例如，感受规则的变化如何改变了新娘体验婚礼的方式？在一个离婚率不断攀升、人们对婚姻承诺观念（idea of marital commitment）日益感到偶发性的社会中，新娘可能会不经意地从朋友那里得到提醒，对婚礼要采取一种毫不在乎的态度，要像在非正式派对上一样行为随意。如果她对婚礼场合的宗教庄重有任何感受的话，她也许会让自己将其藏在内心；而实际上，如果她表明她跟她的那些现代朋友们持有同样的感受规则的话，那么，她将不得不努力表达出一定程度的羞耻感，也即因自己以某种更为古老方式来体验婚礼而感到羞耻。即使避免痛苦和寻求优势成为情感生活的固

63

伤。在这样的环境中，信仰者的内心状态与他们所遵从的严格禁欲之间并不是完全对应的。如果他感到悲伤，那主要是因为他同意去感到悲伤，而他同意感到悲伤的目的是为了确认他的信仰。"（1965：446）现在，一位基督徒同意感到悲伤，也就是他个人的一份单独授权的同意。但是，这种授权受到了教会、宗教信仰（有关奖励和惩罚等事情）和生活社区的影响。这位年轻新娘的感受规则虽然是个人所有，但也跟基督徒一样，受到外在影响。况且，她的各种整饰行动很可能是为了符合有关婚礼的某种公共准则，而这种公共准则是跟她具有同样性别、年龄、宗教信仰、族裔归属、职业、社会阶层及地理位置的他人所共同分享的。

定原则，各种感受规则仍然会发生变化。

不适当的感受

一种感受本身，而不仅仅是它在脸上和身上的展现／展演方式，可以令人惊讶的多种多样的方式，被我们体验为不适合某种情境。我们可以通过考虑一个人在葬礼上可能如何感受，来指出其中的一些不适合方式。

葬礼就像婚礼一样，象征着进入某段关系，为个体提供了一种仅限于特定时间内的角色。犹如新娘这一角色一样，送葬者角色也是存在于仪式之前，并在仪式之后继续存在。但是，关于仪式期间如何感受的规则，却跟人们对仪式本身的某种理解和对仪式所纪念的关系纽带的某种理解有关。

葬礼最适合引出人们自发的伤心和悲痛。这是因为该仪式通常会提醒死者家属死亡的命定性，而在使他们认识到这一点的同时，又会提供给他们某种安全感和抚慰感。[1] 作为回应，丧亲者通常会感到，这是感到悲伤的最适当时机和最适当场所，而不是在其他任何时候和地点。然而，一个悲伤之人可能会以各种各样的令人惊讶的方式，没有感到适当的悲伤。

其中一种方式是可能根本不感到悲伤，如下面这位现年 31 岁的女性对葬礼的回忆：

1　在对于居住在印度南部的科塔人（Kotas）的研究中，曼德尔鲍姆（Mandelbaum）指出了葬礼的双重性质："葬礼并不是要增强哀悼者的悲伤程度或扩大其悲伤范围，而是给予死者家属某种正式机会，以便完全沉浸到悲伤之中；同时也是为了努力减少他们的悲痛，通过让跳舞的人们高兴快乐，来转移他们的注意力"（1959：191）。曼德尔鲍姆还注意到，由于种姓更高的印度教村民的实践，对科塔人的影响越来越大，所以，他们对于在葬礼上跳舞是否恰当这一问题越来越感到不太确定。（有关悲伤，参见 Lindemann，1944；Glick et al.,1974；Lewis，1961；Lofland，1982）

当我 9 岁或 10 岁左右的时候，我 14 个月大的妹妹去世了。我还有其他的姐妹——一个大我 3 岁的姐姐。我记得，告诉别人我的小妹妹去世了，让我感觉很重要；因为我很享受这种受人关注。在葬礼上，我们的直系亲属坐在一个特殊的侧房里，与其他客人坐的房间隔着一面透明的窗帘。就在拉比拉开窗帘的时候，全家人同时抽泣起来。我觉得这很好笑，就笑了出来，不过我马上伪装成哭泣的样子。当我的钢琴老师 [她来我们家给我上课] 问我，为何要将镜子遮住（一种犹太习俗），我漫不经心地告诉她，我的小妹妹去世了，这时她突然歇斯底里地跑去向我妈妈表达她的悲痛。当然，我意识到我应该感到伤心和悲痛……但是我的父母是如此地悲痛和全神贯注，以至于我只是被带到了 [葬礼上]，而没有得到单独照顾。我作为家里最小孩子的地位又重新恢复了，父母对我的关注也更多了，而我的小妹妹还尚未养成良好的性格，所以也没有什么可失去的。虽然回头去看，我也理解处境的变化，但我仍然感到有点内疚，就好像我做错了什么事情，我暴露了自己没有感到应有的悲伤。事实上，这时，我真的觉得有一个小妹妹会让我很高兴。

这个孩子因自己变得更为重要而感到高兴，这既是因为她跟一个影响了很多人的事件离得很近，也是因为她少了一个竞争对手来跟她抢夺父母的关心。在这种情况下，只有当她后来从成人的角度来重新解释这一事件时，她因为对小妹妹去世感到高兴而产生的羞愧感，才跟其童年的各种感受联系起来。当然，在其他情况中，拥有感受与认识到该感受不符合不成文惯例，二者之间并不存在时间的间隔。

当我们过于悲伤或不够悲伤时，当我们对悲伤过于整饰或整饰不够时，我们就会违背某种感受规则。比如，一个 19 岁的姑娘回忆道："几个月前，当我的外祖父去世时，我感到非常沮丧和悲伤。我的悲伤主要是为了我妈妈和我的外祖母，但也是为了我自己。我始终觉得我不应该这么难过，因为我跟外祖父关系并不亲近，我也没有那么爱他。"在评估自己的感受时，这位年轻的姑娘似乎需要在两种规则之间做出选择，一种规则适用于她非常爱她外祖父的情况，另一种规则则适用于她并不"那么爱他"的情况。

即使我们非常爱某个即将去世或已经去世之人，那么，在特定的情境中，多大程度的、何种类型的坚忍才是恰当的？这可能是个问题，就像两位社会学家对其子女因患白血病或肿瘤而住院并预料到其子女将会去世的父母进行研究时所发现的那样：

> 医务人员经常将患病子女的父母描述为坚强之人，尽管这种行为有时会被解释为，反映了他们的"冷淡态度"或缺乏真正的关心。父母们也经常会意识到他们的情感和感受的缺乏，经常将其解释为，他们在孩子或医生面前"不能崩溃"。然而，父母有时也会表达出他们的困惑，甚至为没有感受更糟而心生愧疚。[1]

通常，我们期待丧亲者对于亲人的去世感到震惊和惊讶；我们不应该期待死亡的来临，至少不会那么信心满满。然而，很多

1　弗里德曼等人（Friedman et al., 1963），第 617 页。

死亡——因为癌症、中风或其他不治之症——都是逐渐发生的，最终也就不足为奇了。不会感到震惊和惊讶也许表明，甚至一个人在身体尚未死亡之前，他或她在社会意义上就已经死去了。在这种情况下，亲人和朋友经常允许彼此感到宽慰，接受他们可能"过早地"对某个真正损失表示了哀悼这一事实。

对死亡感到不适的另一种方式是，对死者带给亲人的劳动付出和过多牺牲感到不满。在坟墓之外，埋怨死者是不合适的。一位48岁的女性回忆道：

> 我父亲的去世，既让我悲伤，也令我宽慰。为了照顾他和我的母亲，我需要把他们从老家搬出来，租一个公寓，开始为他们干家务，而我自己的家庭、我的丈夫和三个年幼的孩子还住在自己家。这是我跟丈夫和孩子第一次分开这么久。我的神经很乱；我父亲似乎只有在白天才会睡觉，而我唯一的睡觉时间则是在晚上。我没有怎么想过我应该如何感受，但我感到很糟糕，既因为感到宽慰而内疚，同时又感到歉意。我只是通过请求亡父的原谅、请他接受我很脆弱这一事实，来处理我的感受。

在绝大多数情况下，都是女性在照顾年迈的父母，她们对自己做出的牺牲感到不满，从而对父母的去世持有相互矛盾的态度，并因此而产生更多的心理负担。

感受似乎不适合于某一情境的另一种方式是感受的时机。事实上，很多"感受不当"（misfeeling）的时刻都体现了某个个人的时钟与某种文化时钟之间的不一致。有时，时机方面的某个问题会导致其他人得出出乎你意料的结论。比如，一位中年女性回忆道：

> 当我丈夫去世时，我想我应该感到巨大的失落和悲伤。然而，我却感到某种自由的感觉，我可以随心所欲地做自己喜欢的事情，无须咨询他的意见决定自己的生活，当我不听从他的话时也无须面对他的愤怒或者伤害。对此，我深感内疚；于是，我将跟我丈夫有关的所有情感都搁置起来，就好像他在某些模糊的记忆中存在着。事实上，对于我们一起度过的十一年时光，我几乎一点事情都记不起来。我无法告诉任何人我的感受，但是我开始为自己而过一种新的生活，结交新的朋友，参与新的活动，经历新的体验。当然，我的老朋友都不能理解这一点，并且将其视为我不曾爱他的证据。
>
> 一年多以后，我搬到了一个新的地方，逐渐投入到了一系列我愿意投身其中的关系之中；最后，我终于能够接受我对我丈夫的感情和回忆。于是，我感受到了我此前无法感受到的悲伤，我开始能够跟我的孩子们一样感到悲伤。

有时候，需要有恰当的环境减轻各种压抑带来的压力后，人们才会感到悲伤。如果这种环境并未很快出现，家人和朋友也许会认为，悲伤来得有些太晚了。有时候，丧亲者会被"各种周年纪念反应"（anniversary reactions）所攫住，因为周期性的悲伤和沮丧正是亲人去世的周年纪念日所造成的。对于那些对周年纪念反应毫无所知的人来说，突然的沮丧似乎会令她们感到不解和惊

恐。然而，那些熟悉这种综合征的人，会临时期待其结果，并能
够以某种方式将悲伤界定为"按时而来"的事情。犹如何为过多、
何为过少一样，何为太早、何为太迟，也是深刻的社会事务。

有关时机的各种礼节，都有其公共的层面；有时候，社
会学家可以自己来确立这种礼节。比如，罗伯特·维斯医生
（Dr. Robert Weiss）跟他在社区精神病学实验室（Laboratory of
Community Psychiatry）一起工作的同事们，开展了一次"针对丧
亲者的研讨班"。他写道：

> 对于为丧亲者安排一次聚会这件事，我们有些犹豫
> 不决；因为我们认为，他们中的很多人都觉得自己仍处
> 于哀悼期，不适合参与任何喜庆活动。但是，我们……
> 惊讶地发现，参会者（为聚会）带来某种兴奋感；人们
> 对此有很多迫切的计划；有些女性穿着正式装束参加了
> 聚会。回顾性地来看，人们或许可以猜测，他们将聚会
> 视为一次机会，以便确立他们重新回到社会世界的权利，
> 但我们从未猜到这才是聚会的意义所在。[1]

除了时机问题之外，还有场所问题。在适当的场所感到悲伤，
意味着某个观众的在场，该观众将会接收你表达的感情。一个人
是被悲伤的阿姨和叔叔包围，还是被好奇的六年级学生包围，二
者之间存在着巨大的差异：

> 在我上七年级的时候，我的祖父去世了。我记得，

1　维斯（Weiss, 1975），第 25 页。

我被叫到了学校的办公室，我妈妈从纽约打电话到老师
办公室（我当时在加州）。她告诉我发生了什么，而我
的全部回答只是说"哦"。我回到课上，一个朋友问我
发生了什么，我说"没什么事"。我记得，我非常想哭
出来，然后告诉所有人发生了什么。但一个六年级的男
生却因为怕被人视为娘娘腔，而不愿意哭出来。所以，
我就当作什么都没发生一样，尽管在内心深处，我十分
伤心且充满了泪水。

男性也许尤其需要等到仪式性的允许之后，才会去感受，并
表达出其感受。即使在仪式性的场合，当男性哭泣的时候，他们
可能还是会感到自己受到更多约束，不能公开哭泣。[1]就此而言，
男性比女性要更加需要各种仪式；因为在任何情况下，女性几乎
都可以哭泣，而不会失去他人的尊敬；但根据社会施加给男性的
各种标准，男性的哭泣则往往会令他们失去他人的尊敬。

在上述每一种情况下，从哀悼者的角度看，同样的葬礼事件
都是不当的体验。在每种情况下，该事件似乎都预定了各种内在
感受及其相应外在展现的"恰当"范围。理想的悲伤会因葬礼类
型而异，因葬礼所依凭的人们对悲伤的不同文化理解而异。于是，
在很多方面，人们会通过私下改造各种常规性的矛盾态度，以便
使其符合那些我们很少注意到的社会规则。[2]人们感到自己悲伤

1　这可能不限于盎格鲁－撒克逊文化。曼德尔鲍姆对印度科塔人的观察指出："在
葬礼的第一天早上，一群乐师……会演奏一首哀乐……丧亲的女性会突然停下。
她们心中会充满一阵悲伤；她们在原地坐下来，用肩头的衣服遮住自己的头，在这
一天和第二天的大部分时间里都是哀哭和啜泣。丧亲的男性则需要做很多事情，以
为葬礼做准备，不会像丧亲的女性那样，丢下一切事情去大声痛哭。"（1959：193；
还可参见 Gorer, 1977）
2　现在，精神分析理论通常处理的是过于受到罪疚感激发以至难以承受，并因而

的方式是多么地贫乏而拙劣，这表明恰当地感到悲伤，而不违背源自我们的文化并施加到我们的感受之上的各种令人惊讶的准则，是一件多么了不起的成就。

误解的关系和不当的感受

一位新娘或一位哀悼者扮演的角色，仅限于特定的场合。然而，在那些更为长久、更为深刻的角色中，心灵的成就会更为超凡卓越。父母和孩子、丈夫和妻子、爱人和好友都期望拥有更多自由，减轻感受规则的束缚，减少情感工作的需要；然而，在现实中，将矛盾态度置于可接受的内心深处这种地下工作，对于他们来说，要更为重要。事实上，关系越是深入，越是需要情感工作，我们的情感工作就越是无意识。在最为私人性的亲密关系中，情感工作可能是最为强烈的。在另一个极端，令人惊讶的是，我们在收账员和空乘人员身上也可以发现情感工作，而且不只是假装出来的。但我们确实发现如此，因为他们跟顾客的接触不是那么深入，他们的情感工作更容易上升到意识的表层，而在意识表层，人们更可能看到并谈论情感工作。我们也许可以首先探寻最容易看到情感工作的地方，以便推测情感工作在最私人化的各种关系中的什么地方会最为强烈。

家庭经常被视为远离工作压力的一块"放松地带"（relief zone），一个人在家里可以完全自由随意。它也许确实是一个避难所，可以使人们避开上班所要求的情感工作，但它却悄悄地强

69

被压抑起来的各种无意识感受。比如，在死亡的例子中，一个人也许会无意识地认为，"我真高兴那不是我"。霍洛维茨（Horowitz，1970）讨论了，当面对某种意外死亡创伤时，各种不同类型的人格在认知模式方面会具有的不同特征。

加给人们各种家庭自身的情感义务。其中，父母照顾孩子的情感义务或许是最为清楚明确的。在这里而非在别的什么地方，我们会说爱是"自然的"。文化也许支配着情感的表达，心理学也许可以解释情感的运作，但我们将父母的感情本身视为"自然的"。我们认为，它不需要任何规范保护和感受规则，因为自然为我们从事着某惯例性的工作。然而，事实上，我们在此的确需要各种惯例——不是因为父母的爱是不自然的，而是因为它对心灵安全感是如此重要，而有时却很难得到维持。

父母跟孩子的关系，在三个基本方面不同于其他亲密关系。首先，亲子关系会始终持续下去。尤其在孩子幼小的时候，我们会觉得，父母不应该在情感上"离开"其孩子。第二，亲子关系是极为紧密的，因为在一开始，一个孩子几乎什么都依赖于它。第三，亲子关系通常会嵌入更广泛的亲友网络之中。任何类似亲子关系这样的亲密关系，都会受制于矛盾态度及约束着这种态度的各种规范。孩子对父母是既爱又恨，父母对孩子也是爱恨交织。但在每种情况下，各种文化规范都预先规定好了哪些感受的混合是可以接受的。这些规则或规范逐渐作为各种道德禁令进入我们的意识之中——我们"应该"或"不应该"这么感受，我们"有权利"或"没有权利"那么感受。

父母的爱需要经受各种考验。父母可能会习惯性地对孩子撒谎或发怒，而不会给予任何解释。比如，当孩子不能获得其父亲应该给予的爱和同情时，可能就会感到愤怒，而不受权利之盾（shield of entitlement）的保护：

　　　两年前，我父亲辞去了他的工作；在此过程中，他住进了兰利·波特精神病院，治疗一种后来被诊断为躁狂抑郁症的精神病。出院后，他向家人承认，在过去十年中，他在我们背后做了很多残忍的和欺骗性的事情。我还记得那时我在想，现在我应该比此前任何时候都更多地向他表达我的爱，我应该原谅这个可怜的人，他已经失去了妻子、同事、朋友和子女们的尊敬，尤其是失去了他自己对自己的尊敬。但是，我所感到的全部都是对其欺骗行径的愤怒，对他曾经的各种"可笑"行为怪癖感到愤怒，现在这些行为突然成为关注焦点。我在与爱的义务做斗争，因为我需要的是恨。在我能够关心他之前，我首先必须解决我自己的感情问题。

这个儿子真的想原谅他的父亲，并回应父亲对自尊的迫切需要；他还觉得自己不得不感到对父亲的原谅。然而，由于他自己感到被骗，并对被骗感到愤怒，所以，他无法像他想要感受的那样去感受，无法像他应该的那样去看待这些事。他无法将其父亲的活动视为"怪癖"；他无法承受的是，仅仅将其视为怪癖，然后好像就体验到了他父亲的爱。相反，这些活动让他感到的是被骗。由于严重的欺骗事实，男孩感到极其愤怒。他不能修正他感到他亏欠其父亲的东西——忠诚和爱。他不承认他此前对父亲的爱是超额的。他不认为他父亲有任何感情债。相反，规则并未改变，他仍然在"与爱的义务做斗争"，因为他需要的是恨。他不是要改变感受规则，而是强烈地想要去违背它。

对于这些事情的不同解读，往往会使亲子关系产生各种问题。在下面这个例子中，对于值得同情和理解的单亲家庭来说，母亲可能认为某件事是一段艰难生活的插曲，但其女儿则将其视为不可原谅的自私。作为女儿，一位 20 岁的大学生这样写道：

99

我跟我妈妈住在一起，她一直都很不开心，使我们两人的生活都有些悲惨。部分原因在于，她讨厌我们居住的房子，在这个特殊的晚上，她的厌恶尤其深重。她在自己的房间里——哭泣、叫喊、乱砸东西、愤怒地提到我爸爸和姐姐，以及在一定程度上还提到我自己。我知道我是唯一一个与她的憎恨无关的人——我觉得我应该为她感到难过，去安慰她，打电话给那些可能帮得上忙的人。然而，我却对她感到强烈的愤怒；如果她恨我们的家庭的话，我也想成为她憎恨的人，我想让她不要再让我们的生活这么悲惨，不管她是否能够控制住自己的情感。我不知道该如何做，我只有独自哭泣，想要完全摆脱这种处境。我只是不想再跟这件事有任何关系。

就像前面那位骗人的父亲一样，这位心烦意乱的母亲也在考验着其女儿的爱，她的存在标志着一个人应该爱其父母的规范似乎暂时是令人难以忍受的。那位父亲是怪异的、可原谅的、值得爱的，还是骗人的、不可原谅的、不值得爱的？那位母亲是无法控制自己、想要得到帮助、基本上出于好意，还是在残忍地操纵、利用情感敲诈在家庭战争中赢得一位盟友？对此，一个孩子应该如何感受？在每种情况下，都很难做出抉择；这不仅因为孩子在两种反应之间被激烈地撕扯着，还因为"应该"支持的是某种反应而不是另一种反应。正如那个女儿所说："我觉得我应该为她感到难过，去安慰她。"

难以控制愤怒，不愿说出真话，未能履行性契约（sexual agreements），无法保住工作，这些是所有人都存在的缺陷；在一定程度上，我们也许会尽量忽视或原谅这些缺陷，尽管我们也可以批评它们。另一方面，智力迟钝却并非任何人的错误，但它却会导致同样的情感困境："我唯一的妹妹患有严重的智力迟钝症状。尽管她身体的发育几乎完全正常，但她却没有智力。我经常会觉得，我应该爱她，但我实际上却不爱她。她没有什么是我喜爱的——她是我妹妹这一事实不足以使我爱她。我对自己的感受感到内疚，但我对自己很满意，至少我对自己很诚实。"这位哥哥为自己没有对"智力不足"的妹妹感到爱意，而心生内疚。他面对的困境是，他既"应该"（should）爱其妹妹，但他为了感到诚实又必须拒绝这一"应该"。

72

就像亲子关系一样，夫妻关系也可能在认可／惩罚与感受之间的斗争中变得日趋紧张。弗洛伊德在其题为"现代性道德与现代神经质"（Modern Sexual Morality and Modern Nervousness）的一篇文章中，很好地描述了这一问题：

> 比如，我们经常看到一个女人不爱她的丈夫，因为他们的关系状况和她的婚姻经历使她完全找不出任何爱他的理由；然而，她却很想爱他，因为这样才会符合她从小到大所接受的理想婚姻生活。于是，她将会压抑那些可能暴露出真相的所有本能，努力消除她为理想所做的努力。她会特别小心翼翼地表现得像一个可爱的、温柔的、体贴的妻子。[1]

1　弗洛伊德的兴趣在于，她"从小就将什么内化为自己的理想"，这一点尤其体现在他的下一句中："在努力的自我压抑之后，各种神经质困扰很快就会接踵而至；这种神经症很快就会对她不爱的丈夫施加报复，它带给他的不快和悲伤，不亚于他知道真相后的痛苦（如果他知道的话）。"（1931：47）

"很想爱他"是因文化而不同的众多线索之一。在一场包办婚姻中，一个14岁的印度女孩嫁给了一个年届六十的富裕男人，她也许需要服侍他（甚至也可能会感到有义务去努力爱他），但她在内心里可能会更自由地选择不喜欢他；她并不为选择这样一个丈夫负有任何责任。另一方面，自由市场交换中的"爱情伦理"却对婚姻体验提出了更为严格的标准。如果配偶之间的各种实际感受不能达到理想状态，那么，应该谴责的不是婚姻制度，而是一个人对伴侣的糟糕选择。[1]

人们通常认为，在夫妻之间或恋人之间，性嫉妒和爱情都是连在一起的。但是，社会学家金斯利·戴维斯（Kingsley Davis）却指出，伴侣之间的性嫉妒不是自然存在的，往往是丈夫和妻子对彼此提出的所有权要求，使通奸会激发出嫉妒之情。[2]

正是遵循这一逻辑，有些夫妻努力使自己摆脱一夫一妻制的束缚，从而也就消除了嫉妒的权利。跟婚外之人做爱，不是被视为通奸，而是被视为"分享你的爱"。因为一夫一妻制是体现情感承诺的一种常见方式，于是，表现该承诺的其他方式就变得更为重要。但是，如果这些其他方式也都失败了，那么，至少会有一方有被拒绝的感受。可以思考一下如下这位女性所说的情况：

1　大卫·梅斯（David Mace）和薇拉·梅斯（Vera Mace）在他们的《婚姻，东方与西方》（*Marriage, East and West*, 1960）一书中指出，印度女孩"从小就被培养得要爱"那个给她"安排"的丈夫，而她们也确实是这么做的。参见 William Goode（1964）。

2　正如金斯利·戴维斯所言："当某个地方将对某个人的全部爱的排他性占有视为习惯时，嫉妒就会要求这种排他性。当根据某些方案将爱区分开来时，嫉妒就会强化这种区分……尽管家庭史学家韦斯特马克（Westermarck）可能认为通奸会导致嫉妒，而嫉妒会导致一夫一妻制，但我们仍然坚持认为，正是因为我们的一夫一妻制导致人们对通奸的憎恨，才催生了嫉妒之情。"（1936：400、403）对于戴维斯来说，嫉妒还包含着另一种感受，也即恐惧——害怕失去已经拥有、有权拥有或想要拥有的东西（395）。这一章的这部分讨论很大程度上吸收了弗里达·阿姆斯特朗（Frieda Armstrong）的一篇尚未发表的论文，题为"迈向一种嫉妒社会学"（Toward a Sociology of Jealousy，1975）。

大概四年前，当我住在南方的时候，我经常和一群人、一群朋友在一起。下班或放学后的多数夜晚，我们都是一起度过的。我们会吸食很多毒品、迷幻药、可卡因，或者只是吸一点大麻；我们的信念是，我们都是共同分享的，我们会尽力分享一切——衣服、金钱、食物等等。我跟一个男人开始交往，我想我是"爱上"了他。而他也告诉我，我对他非常重要。不管怎样，我曾经的一个闺蜜，却同时跟这个男人发生了性关系，他们大概以为我并不知情。不过，我知道了，并且对此充满各种复杂的感受。在理智上，我对这个男人没有任何权利要求，任何人都不应该试图占有他人。我还认为这不关我的事情，他们之间的关系跟我与他们中任何一人的关系完全没有任何关系。我还是坚信应该分享一切。然而，我却受到了可怕的伤害，我感到孤独和沮丧，我无法摆脱自己的沮丧。在所有这些感受之上，我还感受到的是，因为拥有这些占有性的嫉妒感受而心生内疚。所以，我每天晚上仍然继续跟这些人交往，并努力压抑我的感受。我的自我被击碎了。甚至，我几乎无法在他们面前笑出来。于是，我最后质问了我的这些朋友们，然后离开，跟新朋友一起去度假和旅游。我后来才意识到这是一个多么沉重的局面，我用了很长时间才将破碎的自我重新整合起来，重新感受到一个完整的自我。

　　她在反文化感受规则（countercultural feeling rule）下所获得的感受跟她所感到的伤害和嫉妒之间所体验到的相互冲突，犹如　　74

她个人的一场噩梦。然而,这种冲突和痛苦却有其深刻的社会根源,因为正是通过各种社会制度,有关性接触的某种基本观点才会得到阐述,某种道德准则才会得到发扬。这就是为何各种制度或亚文化会发展出一套体系,对嫉妒行为进行惩罚,对不嫉妒行为给予奖励,从而可能对消除嫉妒起到促进作用。如两位社会学家对一个共同生活的实验所给予的评论:

> 在弗吉尼亚州的孪生橡树社区(Twin Oaks),性自由是其社群规范,因而嫉妒是一个常见问题。创始人之一凯特·金卡德(Cat Kincade)……描述了该社区如何管理人们的嫉妒之情:"防止嫉妒的最大保障是我们社区对它的强烈反对……没有人会因为感受到或表达了嫉妒而得到群体的支持。令人惊讶的是,只是由于这一事实本身,嫉妒就被消灭了……当我们拥有坏情绪时,我们这里的大多数人都不会支持我们的坏情绪。正如一个具备清教徒良知的人,经常可以通过他的信仰来控制他的性冲动一样,那么,一个拥有社群良知的人也能够通过提醒自己他的原则究竟是什么,来控制他的那些压抑性冲动。" [1]

1　参见 Clanton and Smith(1977:67)。随着意识形态的转变逐渐渗透到专家身上,倾听专家意见的情感偏差者的队伍也发生了变化。因为某种社会变迁要更为深入、触及基层、保持长久,它就必须将某种变化视为其标志之一,在此种变化中,有人似乎感到"跟不上变化"了。而有些曾经将其情感秘密隐藏起来和感到内疚的人,现在开始在新的情感惯例的保护伞下舒适地生活,而那些曾经受到旧的情感惯例保护的人则开始受到怀疑、感到内疚。各种情境跟人们对各种情境所做出的解释和感受之间的深层联系,发生了变化。在这种深刻变化之外,则只是个人态度的时尚(attitudinal fashion)而已。

如果前述那位年轻女性的朋友和邻居们，能够更多地关心她以强化她的社群主义观点，更为密切地支持她的情感工作，那么，可以想象，她的故事或许将会有不同的结局。

在一定程度上，某种社会角色——比如新娘、妻子或母亲，就是一种描述方式，它描述了人们认为哪些感受是应该的（owed）和预期的（owing）。每种角色都会为何种感受适合于特定的一系列事件，确定一条基线。当角色发生变化时，如何感受和解读事件的各种规则也会相应发生改变。不断攀升的离婚率，不断攀升的再婚率，不断下降的出生率，越来越多的职业女性，越来越合法化的同性恋，这些都是各种角色在发生转变的外在迹象。当女性到外面工作时，何为妻子？当其他人而非父母在照顾孩子时，何为父母？以及，这时，何为孩子？当婚姻可以轻易解除时，何为爱人，何为朋友？在所有文化都提供的各种标准中，究竟根据何种标准，来判断我们的感受是否符合某个情境？如果快速变化时期导致人们的地位焦虑（status anxiety），那么，它们也会导致关于感受规则到底是什么的焦虑。[1]

在不确定的时代，专家的名声日趋大振。指导人们应该如何看待某种情境的权威，同时也是指导我们应该如何感受的权威。那些必须跨越社会流沙的人所感觉到的对外在指导的需要，只是增加了一个更根本原则的重要性：在如何感受的问题上，社会底层通常会寻求社会顶层的指导。与权威相伴而生的，是对于感受规则所具有的特定指导权。一名父亲或母亲也许会向其孩子表明，应该对街区上新来的猎犬感到多大程度的恐惧。一位英国文学教

75

1　事实上，我们最有可能感到一种感受规则作为感受规则、深层扮演作为深层扮演的时刻，不是我们强烈地依恋于某种文化之时，而是当我们从一种文化转到另一种文化或从一种角色转到另一种角色之时。当我们处于各种工作之间、各种婚姻状态之间或各种文化之间时，我们最有可能拥有跟以前感受规则不一致的感受。

授也许会向学生建议，他们应该对里尔克的第一首《杜伊诺哀歌》产生何种强烈的感受。当秘书跟主管说"先生，这是您的信件"时，这位主管可能会对秘书欢快而纤薄的穿着发表评论。一般来说，这些权威正是各种感受规则的监护人。[1] 因此，当盖尔·西莉这样的权威告诉我们，"当我们接近 30 岁时，一股焦躁不安的生命力就会日益涌现"，正如克里斯托弗·拉什所指出的，这会成为而立之人的生活体验的一部分，以此来应对"焦躁不安的生命力"准则。同样，这也可以成为服侍乘客、收取账单这种体验的一部分，以此应对那些规定我们做这些事情时应该如何感受的官方观念。

---

1 在私人领域中有效的感受规则，同样也适用于公共领域。作为公民，我们既会在如何解读新闻方面寻求指导，也会在如何感受新闻方面（如何合法地、恰当地、理性地感受新闻）寻求指导。政府是一个应该在这方面给予我们帮助的意见领袖。1978 年 1 月 25 日，《旧金山纪事报》（*San Francisco Chronicle*）的通栏标题是"苏联核间谍卫星在加拿大上空解体"。该报道继续写道："无论华盛顿还是其他各国首都都对此表示严重关切，因为放射性碎片可能会在沿途散播数百公里。早在 12 月 19 日，美国政府就已经知道卫星上搭载的是核反应堆，并且知道这卫星正在神秘地发生衰变，但却对外保密；用白宫安全顾问的话说，这是因为'我们正在努力阻止水星剧院的娱乐活动。'这里提及的是 1938 年奥森·威尔斯（Orson Welles）的水星剧院的一个著名广播节目，该节目当时报道，火星人将会降落在新泽西州格洛弗的米尔小镇（Glover's Mill）。结果，很多美国人几乎都变得歇斯底里，他们没有认识到万圣节广播纯粹是虚构出来的。"

　　在此，隐含的感受规则是，当出现紧急状况时，我们应该相信美国政府会告诉我们实情。在这个例子中，公众对潜在的核灾难的恐惧，被视为对某个虚构事件的歇斯底里反应，而这个虚构事件只是人们在 1938 年玩的一种愚蠢而又滑稽的把戏。将真实的核灾难的迫近与一个虚构事件相提并论，将二者完全等同了起来。于是，恰当的警报与不恰当的警报、理性的情感与不理性的情感之间的区分，也许最终仅仅取决于舆论领袖是否选择将真实事件视为虚构之事。在一个时代中"过度履行职能"（overexercised）的人，也许会有同样的机会在下一个时代成为一名先知。

第五章　以情致敬：礼物交换

　　上寄宿学校那阵，我们的舍监名叫麦龙小姐。她在宗教方面极端狂热，甚至会跟孩子们讲他们的父母会下地狱。由于林林总总的事情，她被开除了。我们宿舍所有的女孩子听到这个消息的时候一直都哭个不停。按理我该感到很大的损失并且感到伤心。实际上，我感到极大的快乐和自由。但是，我装得和其他人一样不高兴。通过悄悄地盯着明亮的光线看，我迫使自己挤出眼泪，并且伴以恰当的呜咽。后来，当我一个人在游乐场上的时候，我高兴地四处奔跑和蹦蹦跳跳。

　　　　　　　　　　　　　　　　　　　——一名女大学生

　　我们所有人都会试着去感受，以及假装去感受，但是，当我们独处时，却很少这么做。当与其他人交换情感姿态（gestures）和情感信号的时候，我们才会最为频繁地这么做。情感工作、感受规则以及人际交换共同构成了我们的私人情感系统（private emotional system）。我们相互鞠躬，不仅是腰部有所动作，而且也是在表达内心的感受。感受规则规定了人们在各种姿态的交换

76

中亏欠了什么。在生活中，它们使我们能够评判外在眼泪与内心里想要为麦龙小姐感到悲哀所具有的价值。盯着明亮的光线让自己泪光闪烁，是一个致敬的标记，一种向那些声称我们亏欠其悲哀的人致敬的方式。更一般地说，它是一种对我们该如何偿付敬意的规则表示敬意的方式。

在心理上"致敬"时，感受规则为交换提供了基准（baseline）。存在两种交换类型——直接的（straight）与即兴的（improvisational）的交换。在直接交换中，我们只是利用规则表示内心的尊敬（inward bow），我们不会玩弄规则。在即兴交换中，如同即兴音乐表演，我们预设了规则，并且玩弄它们，用于讽刺和幽默。但是，在这两种类型中，我们的交换与结账都在感受规则的背景之下展开。

看看下边彼得·布劳（Peter Blau）所讨论过的直接交换。一个社保办公室的新手从一位更加有经验的人——一位"专家"——那里寻求建议。布劳评论说：

> 给予建议本身就是一种社会交换，在其中，被给予建议的普通劳动者承认了自身比专家的地位低，而同时专家收到了提升自我价值感的敬重作为回报，他要花费工作时间去帮助他的同事。双方都获得了好处。但是，如果超出了一定的临界点，专家在时间上的进一步牺牲，对自己而言，就会比起初的牺牲成本大，因为自己的工作也将受到损害，而且，进一步认可他的高地位比一开始得到的回报要少。他会变得不大情愿去给出建议，除非敬重和感激变得越来越异乎寻常。简言之，它能提升

价值。[1]

建议寻求者亏欠建议给出者的是感激之情。但是，亏欠感激之情意味着什么？准确地说，被亏欠的感受是什么样的？

貌似被亏欠的是"真诚的展现"——一个点头致意、一个开怀大笑、一个延续片刻的注视以及诸如"谢谢，查理，我真的很感激。我知道您很忙"这样的话。面部表情、遣词造句以及声音语调就是偿还。

一个人向他的建议者所能提供的，只是将自己扮演成一个真诚感激之人，或者他可能真的认为或是感到感激，于是用金币而不是银币来偿还他的欠债。同样地，建议给予者或许会觉得："我应该得到的是真诚的感激，而不是虚情假意。"

当给予者和接受者就亏欠了多少真诚享有共同预期时，姿态可以被用来判断偿付少了还是多了。因此，当人情的接受者的回应不如预期那么慷慨时，给予者可能会直截了当地说："这就是我该得到的感谢吗？"或者，他可能会以一种冷淡或是怨恨的态度来回应感谢，这说明他拒绝了这份感谢，认为对方仍然欠他人情。相反地，给予者或许提供了更多，当他通过将礼物重新定义为一份自愿的愉快行为时，就会认为对方的谢意并不是非常重要："哦，不用，没什么可以谢的。阅读你的手稿是我的荣幸。"这样一种陈

78

1　引自辛普森（Simpson，1972），第 2 页。社会交换理论极为需要从它的行为主义模式中分离出来。行为主义模式只是片面地论述了所交换的内容，片面地论述了改变值得交换的内容的规范和价值。辛格曼（Singlemann，1972）和亚伯汉森（Abrahamsson，1970）建议将社会交换理论与符号互动论结合起来。但是，既然关于情感和情感工作的概念在这两大理论中都是缺失的，那么，将它们整合起来并不能帮助我们全面论述社会交换。欧文·戈夫曼将交换理论拓展至表情互动，但是，他也没有将其拓展到情感管理。关于社会交换理论的更多内容，参见霍曼斯（Homans，1961）和布劳（Blau，1964），以及梯鲍特（Thibaut）和凯利（Kelley）1959 年的著作。

述中的真诚，以及需要维系它可能所付出的努力，就是礼物之外的另一项礼物。这份礼物根本没有将前一个礼物看作是什么值得感激的东西，因为这的确也是送出礼物者为人值得称道的地方。

在多大程度上展现出真诚或者着力感到真正的诚意（同时也着力隐藏为之做出的努力）对我们是否合适，取决于我们之间关系的深浅。在微不足道的交换中，深厚的关系不存在，往复传递的债也少，品质、行动和物品的施与受范围也窄。在更为深入的关系案例中——夫妻、爱人或挚友之间——存在着偿付欠债的很多方式，情感工作就是其一。

多数时候，感激来得自然而然、不假思索和毫不费力。只有当它来得有点困难的时候，我们才意识到其中有什么一直是真实的：我们会不断记录一笔心理账，记下"拖欠"和"收到"的感激、喜爱、愤怒、愧疚以及其他感情。通常情况下，我们不会意识到这一点；事实上，有意识地记录这样一个账目的想法是令人厌恶的。然而，"不适当的情感"瞬间，可能常常能够追溯到此前感觉什么被亏欠过或者仍在亏欠的潜在想法。经常地，感受规则不是共享的。"沟通不畅"和误解有时候会激起人们关于在感情上亏欠他人什么的冲突性看法。不同意美元与比索之间的汇率是一个在心理学上的类比。如，丈夫可能隐隐约约觉着他与妻子共同承担了家务，应该得到比妻子现在所给他的更多的感激，得到比他为她做同样事情更多的感激。

在直接交换中，焦点是做出遵守一项规则的姿态，而非遵守规则本身。在即兴交换中，规则本身是受到质疑或者是遭到玩弄的。看一看下边的这个交换，是在旧金山国际机场观察到的。

两位机票票务人员正在柜台后边忙碌着；一位资历深，一位刚入职。新手面临一个票务难题：这张票需要以更低的价格重改

110

日期，但是，额外的钱已经计入了航空旅行卡的账户中。他的资历深的同伴和指导者刚好不在。他花了10分钟处理这个难题，这时面前排了一个大长队，人们焦躁不安地调整姿势，怒目瞪视着他。当资历深的同事回来后，新手说："我正在等你。你是我的指导者。"这位指导者讽刺地回答道："天，太对不住了。我真的感到太糟糕。"于是，两个人一起笑了。

资历深的人并不真的是因为他没有在现场帮助新手而感到抱歉。然而，他表面上不适当的感情并没有使他陷入情感债务中，因为更为一般性的感受规则——"我们应该一起严肃对待这事"——是值得取笑的。他的意思是这样的："不要把我为没有及时赶回来而感到的愧疚和遗憾太当真。因为这是一份糟糕的工作，我们没有人真的想待在这儿，你明白我真的很感激能够离开10分钟。"

所嘲讽的是这些观念——现在是我的，现在是你的，现在是公司的。这是人类交换的爵士乐演出。如同在即兴音乐中，为了玩弄一些观念，其他人必须在本质上理解并且有时认可这些观念。这就是为什么幽默和讥讽常常是为熟悉情况的人抖包袱而存在的，因为他们对于他们的游戏所基于的深层纽带是承认的。

有时候，即兴交换本身会固化为习俗。我的一位来自韩国的毕业生送给我两幅目光极其愉快、开怀大笑的面具。她解释道：这些面具，是韩国农民在特定场合面见地主时使用的；戴上这些带笑的面具，他们可以自由地冒犯地主并且做出辛辣的抱怨。这些面具偿付了农民应当给予地主的恭敬，让他们能够随心所欲地去表达和感受。

80

111

由衷的致敬方式

直接交换和即兴交换双双预设了一系列偿付心理欠债的方式。如，我们可能会简单地伪装出亏欠他人的感情，有时候也不求能够成功；或者，我们可能会提供更贵重的礼物，力图进一步放大我们已经切实感受到的真情实感；或者我们会竭力重新框定（reframe）一个事件，并且通过成功的深层扮演将我们奉献给这个重构的时刻。根据这些可能性，自发情感本身就成为一个做出何种姿态的选择。[1]

同样，拒绝偿付也有很多形式。如，下边是一位年轻女人接受一个摇滚音乐聚会邀约后的反应：

> 和我在一起的人一直说，"这难道不是很棒吗?"似乎我就该对这种所谓新奇的感受感觉很棒。并且会有真正绝妙的体验一样。实际上，我感到很沮丧，根本不想跟着吵闹的摇滚乐跳舞。我处理这种情况的办法是，只是听音乐（以一种相当直接的方式），并不会假装出陶醉的样子。如果要硬去扮演一个我真的演不了的角色，我会觉得尴尬的。

81

通过拒绝摇头、不愿用脚打拍子，或者不愿敲击手指，这位年轻女士告诉同伴她并不假装喜欢这个音乐舞会，更不用说试着去感受它了。她是在冒着让他担心她过得不那么开心，以及被看作是个让人扫兴的人的风险。此外，她没有向他解释自己内心从

1　这是对戈夫曼观点的发展。戈夫曼写道，自发感情在人们的相互回应中，"发挥着策略的功能"（function as moves）。（1967 年，第 23 页）

这个场景撤离的原因。这是最低限度的心理致敬。她只是简单承认这个观点——他希望她能够提供一些付出。[1]

有时候拒绝偿付会演变为反对偿付。当一个人不仅拒绝营造出预期的感受，或者进行貌似可信的表演，而且也根本不做任何努力去防止相反感受出现的时候，就会出现这种情况。看一下一位年轻人在圣诞节——一个给予和接受的时刻——的反应：

> 圣诞节期间，一个人应该感到快乐和爱意。但是对我而言，却充满了愤怒、辛酸和沮丧。我觉得生活的大门正在关上，我的反应是憎恨——不仅憎恨圣诞节的仪式，而且憎恨与之关联的虚情假意（pseudo-feeling）。圣诞节强化了我关于这一年所有失败事情的愤怒。我无法乐观地看待新年，仍旧对其不抱希望和感到愤怒。总而言之，圣诞季肯定向我提供了一种精神宣泄，因为一年中除了这个特殊时刻之外，我从不发泄情感。

如果按照债务偿付的说法，这位年轻的吝啬鬼朝向"虚情假意"的猛击，比那位摇滚乐聚会中的年轻女士的反应要弱一些，那么，下边这个年轻人对他的受诫礼（Bar Mitzvah）的反应则要更强一些。

> 对任何一名年满 13 岁的犹太孩子来说，接受受诫礼应当是一个令人高兴的时刻。在我记忆中，我的受诫礼

1　在拥挤的人群中，一个人可能觉得不会引人注意，因此"玩得开心"的责任感会被冲淡，不会直接指向任何一个具体的人。说来也奇怪，然而情况往往并非就是这样。

并没有让我感到高兴。我只是在执行一项任务。我所有的朋友在他们的受诫礼上都很开心；但是，我仅仅能记得处于一种迎接重大事件前的眩晕状态。我感到更像是围观者而非参与者。我怎么应对这个呢？我猜我担心我没有感到开心那完全是自己的错。

如果我们不能努力快乐或是感到感激，我们可能至少要努力因为没有享受他人提供的快乐而感到内疚。愧疚和担心可能发挥了欠票（promissory note）的作用。愧疚由内向外地支持了感受规则：它是对尚未偿付的心理债务的内在认可。甚至"我该感到内疚"也是对愧疚的点头认可，是一个对所欠债务的微弱确认。

我们通常能够意识到，当我们想要显得有礼貌时，我们会假装去感受一些东西。假装是一种顺从他人的状态，是一种付出。看一看这位年轻女性怎样描述她的大学毕业感受吧：

> 在我的父母和朋友们看来，毕业真的是件大事，特别是我的父母，因为我是家里最大的孩子。由于一些原因，我还是不能为毕业感到兴奋。大学时光很愉快，我知道自己要准备离开这里。同样，我们已经彩排了很多遍毕业典礼，在我看来它已经丧失了意义。我开始演戏，尽力带着真情实感地行动、拥抱朋友、哭泣，但是，我内心知道，我真的不喜欢这样做。

拥抱和哭泣——操纵表情，是这名女子向父母致敬的方式。

我们可能也会试图避免流露出矛盾的情感（ambivalent feelings）。如，这个女人爱着她的丈夫，也认同他，但是，同样

嫉妒他:

> 无论什么时候我的丈夫出门旅行,所有人都会笑着对我说,"你难道不感到兴奋吗?"我的丈夫是位体操运动员,去年全国排名很靠前。最近他去了日本——男子体操运动的中心。为他出发做准备,觉得自己被抛到了后面,让我不感到兴奋也不觉得开心,经常沮丧不已。他可以自由自在地去那么多令人兴奋的地方,而我却被困住在这里,日复一日做着同样的事。当他去了日本后,我感到沮丧,觉得被抛弃了,而所有人都认为我该感到开心和兴奋。我想我应该也感到兴奋,因此,有时候我也表现出兴奋和开心;但是在其他时候我会无缘无故地哭泣,并且给他找碴。

在这个表层扮演案例中,她避免妒忌的努力,是她为婚姻做出的一项付出,一种奉献。[1]

我们伪装出一种感受,是为了向别人提供一个行动证据,让他相信我们正在这样的思考与感受。在拙劣的表演中,他人看到的是正在进行表演的努力——这同样也是表示敬意的姿态,尽管,它的效果最低。

最终,我们可能会慷慨地表示致敬,以至于这种做法实际上转变了我们的情绪(mood)和想法,从而与其他人所乐见的完全

---

[1] 在熟人间,竞争问题会更为清晰地表现出来,因为婚姻是一种帮助我们将竞争从深爱的人身上引向外面世界陌生人身上的制度设计。在正常的竞争状况中,关于"良好的运动精神"(good sport)会解决竞争规则(我们终究应该投入竞赛并且要想着获胜)与更为基础的规则(我们应该更多地考量维持良好精神和社会团结)之间的冲突。良好的运动精神要求同情其他选手,但是要把握好度,也不能让他/她放弃竞争,竞争是乐趣的重要来源之一。

一致。如，一位来自意大利外省的女人，自从她 19 岁的时候，她的叔叔阿姨们就把她看作老处女，在单身迎来 32 岁生日的时候，这样说："按我的想法，我会让自己发一天呆。事实上，我试着感到冰激凌和气球就是要让你感到生日就是这样子的。我真心感激那些在我有麻烦的时候过来让我振作的朋友。它确实有效。我想方设法让自己能有一段真正快乐的时光。"这是一个慷慨的致敬。同意她的朋友引导她感到快乐，可以说是这次交换中的最高致敬。

总之，展演与情感工作绝非偶然之事。它们来来去去地进入生活发挥作用。它们意味着潜在的欠债已经偿付和尚未偿付。"不适当的感情"会被理解为对欠债的拒绝偿付或者偿付不得当，它表明我们没有以正确的方式看待事情。高兴不起来的受诚礼、强化愤怒的圣诞节、乏味的聚会、毫无意义的葬礼、让人感到孤独的性交、不被母亲或者朋友喜爱的时光，所有这些时刻，都是缺乏合宜情感的时刻，都是没有从内心表示敬意的时刻。

为维持相互间的互惠关系，除了在心理上表达敬意之外，人们会做很多事情。心理上的致敬，反过来可能会成为一种表达更加深厚、更加普遍的关系纽带的方式。如，婚姻，通常包含了一些外在的服务交换：我通常修理汽车、修剪草坪，以及清洗衣服；你外出购物，给我擦背，做好吃的饭菜。但是，婚姻伴侣明显交换了更多潜藏的喜好。"如果你对我的脂肪视而不见，那么我也会忽视你的穷困；如果你帮助我停止试探我的底线，我会帮助你平息你的冒险恐惧。"更为隐秘的交换可能近似融合。"如果你做我的坚强后盾，那么我就是你的温暖所在。"纽带越是深入，那么礼物交换就越发重要而隐蔽，一个人在另一个领域的欠缺就越是可能在这个领域得到补偿。通过情感礼物交换这一媒介，这样的补偿就能得以实现。

地位平等、关系稳定的人们之间的交换通常是同一水平线的。在长期的关系中，我们认为我们会对等地回报对方以刻意激发的喜悦、伪装出的兴趣或者抑制对某些事情的沮丧。日积月累，欠债方产生债务，存立借据，说服他人相信自己将来会有所偿还。

然而，当一个人的地位高于另外一个人的时候，双方都会接受地位低的人要付出更多这一看法。事实上，社会地位越高，对回报的要求也越强有力，包括情感上的回报。同样，也具备以更强有力的手段去落实其要求。仆佣和妇女的顺从行为——令人感到鼓舞的微笑、专注的聆听、感激的笑声、肯定的评论、崇拜或者关注，是通过人为的力量才变得看上去自然而然，甚至融入了人格之中，而非社会地位较低的阶层在这类日常交换中与生俱来就是这样的。然而，微笑、感激的笑声、崇拜或关注状态的缺席，却被认为是男子汉气质中有吸引力的地方。无论在情感展现方面还是在维系它的深层扮演方面，互补性通常都掩盖了我们所预先假定的亏欠关系的不平等。

85

情感是一种体现了现实的自我关联性（self-relevance of reality）的感觉。从中我们推论出我们注定想要的、预期的东西，或者推论出我们如何理解这个世界。情感是一种发现看待事物的隐蔽视角的途径。特别是当其他的能够帮助我们进行自我定位的途径处于待修复状态的时候，情感就显得尤为重要。我们将情感用于私人用途。通过深层扮演，我们在交换中分享它、提供它。我们坚持不懈地尽力将那些面临崩解威胁的事情——处境、观察与感知它的恰当方式、我们自身真实的想法和感受——整合起来。有关情感的类型、强度、持续时间、时间选择和位置确定的规则，受制于社会的引导，由看不见的导演所促成。舞台、道具以及演出团队里的同伴帮助我们在内心中将用于自由交换的各种礼物组装起来。

　　在私人生活中，我们自由地质疑现行的兑换率，并且可以自由地协商出一个新的兑换率。如果我们感到不满意，可以选择离开；许多友谊和婚姻因为不平等而枯萎。[1]但是在公共的劳动世界（world of work）中，接受不平等的交换、被客户不尊重或被怒冲冲地对待，同时始终将自己想要对他人愤怒给予的回击密封到幻想之中常常是个人工作的一部分。当顾客是上帝的时候，不平等交换就司空见惯，从一开始顾客和客户被假定了不同的感受权利和展现感受的权利。这份心理账户最终可能通过工资来实现平衡。

　　在本书的第一部分，我试着描述了在正常的私人生活中情感系统的运作方式。在第二部分，我会试着表明，当礼物变成商品，而商品就是感受的时候，会发生什么。

1　私人生活中的性别关系存在一个基础，这个基础就是由一个更大的社会在两性之间做出的居于主导地位的安排。在一个女性整体上处于从属地位的社会中，奉行平等观念的夫妻，也不能在最基本的情感交换上实现平等。例如，挣得很多的女律师，会得到和她丈夫一样的尊重，她的丈夫也接受这一事实，可能仍旧会发现她应该对他持有如此自由的观点和平等参与家务而对他抱有更多的感激。她的欠债通常会很高，而他的则低一些。更加广大的备选者劳动市场的存在，可以让他免于家务劳动，却不能让她免除这一责任。依照更加宽广的社会背景来看，能得到他是她的荣幸。因而，她在对不得不感到的感激进行整饰时，通常会具有比其丈夫更重的负担。

第二部分

公共生活

第六章　情感整饰：从私人用途到商业用途

假如他们能把我们每个人都变成像罗斯琳·卡特那样安静、甜美，拥有天鹅绒般嗓音的南方美人，那他们肯定会想着在组装线上批量生产。

　　　　　　　　——一位达美航空公司的空乘人员

在太平洋南方航空的航班上
我们的微笑并不是漆上去的
所以，尽情微笑吧
从洛杉矶
一路到旧金山
　　　　　　——太平洋南方航空公司的广播短片

当你看见她们笑容灿烂地迎接乘客时，我并不认为这意味着什么。她们不得不如此，这是她们工作的一部分。但是，如果当你和一名空乘人员交谈的话，噢……不……，我猜她们也不得不这样做。

　　　　　　　　　　　　——航班乘客

当如何感受与如何表达感受的规则由管理层设定，当劳动者被要求表现得谦恭有礼而顾客却不需要，当深层扮演与表层扮演变成有待出售的劳动形式，当个人的共情能力和热情为公司所用，那么一个人跟她的各种感受和面部表情发生关联的方式会发生何种变化？当人为激发的热情变成为服务工作的工具，一个人能从她的各种感受中对自身产生何种认识？一旦劳动者摒弃她的工作性微笑，她的微笑和她的自我之间还会有何种联系？

展演即出售，但是，长此以往，展演将会逐渐与感受形成某种特定关联。正如开明的管理层所发现的那样，展演与感受的分离在长时间内难以维系。这时，类似于认知失调的情感失调（emotive dissonance）原则，就会发挥作用。长时期维持感受与假装之间的差异必将导致压力。我们会试着将感受与假装合为一体，或是通过改变我们的感受、我们假装的内容来减缓这种压力。当工作要求展示，通常就要感受做出让步；环境会使我们与我们的表情疏离，有时候也会让我们的感受与我们疏离。

以空乘人员为例，航空公司的逻辑在竞争、市场拓展、广告宣传、提升乘客对于热情服务的预期，以及公司要求空乘人员表演方面，创造出了一系列联系。一旦各种条件容许这一逻辑发生作用，其结果便是私人情感系统出现我们已经提到的成功转变。情感交换的旧有要素——感受规则、表层扮演、深层扮演——现在以截然不同的方式重新组合起来。斯坦尼斯拉夫斯基的假定（if）从舞台上被移植到机舱里（"表演吧，想象机舱就是你的起居室。"），就像演员借助情感记忆进行演出。情感的私人用途让道于公司用途。

航空业在20世纪50年代和60年代成功地实现了这一显著转

变。但是，本章稍后提到的一些潮流，使这一转变在 70 年代早期遭遇了失败。行业的上升期与强大的工会联手限制了航空公司的主张，削弱了这一转变。服务业工人可以"缓口气"。人为激发的热情被表面假装的微笑取代。那些真心想做出更深的情感付出的人发现，她们不能够这样做，而那些觉得自我遭到公司侵入的雇员觉得有权利从中解脱出来。工作对于劳动者的压迫放松了。当这一转变顺利实施时，劳动者被要求为自己的情感变成一个工具而感到骄傲。当这一转变崩溃时，劳动者开始意识到自己的情感作为工具受到滥用、没有得到充足的认可，而且易于遭到损害。

表演需求的背后

"情感劳动市场"并非公司职员所用的术语。管理高层讨论占据民航的最佳市场份额。广告策划人员谈论如何达到该市场份额，飞行服务督导谈论让空乘人员有"积极态度"，提供"专业服务"，而空乘人员则反过来讨论如何"应对顾客的盛怒"。不过，这四个群体的努力共同促进了情感劳动的销售。

营利是达美航空的目标。为了营利，达美就得在客运市场展开竞争。在战后的那些年里，例如，达美航空就与美国东方航空在它们共同运营的航线上展开竞争。（目前，达美航空有 80% 的航线与美国东方航空重合。）[1] 成立于 1938 年的美国民用航空局（CAB）认识到国内航空运输的重要性以及垄断的威胁，经过授权后开始去控制市场份额和价格。1978 年之前，它为航空机票统一定价，并且通过提供平行线路奖项来加剧竞争。在提供更多航班、

1　关于达美航空与东方航空在战后竞争的详细景象，请参见吉尔与贝茨（Gill and Bates，1949），第 235 页。

更多座位、快速飞行（经停更少）以及最为重要的——更好的服务方面，各航空公司展开竞争。1978 年后，航空监管取消，价格战得到允许。[1]1981 年短暂的价格战，引发另一轮实力较弱公司的出局，随之而来的是价格的普遍上涨。如同在放松监管之前那样，服务再度成为竞争的主战场。当价格竞争出局时，服务竞争便登场了。[2]

在航空公司的竞争中，服务越是变得重要，越多的劳动者便需要去做公关工作以提升销售业绩。雇员们会被谆谆教导要以身为达美航空的代言人为荣。所有员工一度在收到工资条的时候，会收到总裁和董事会主席的来信，要求他们把达美的保险杠贴纸贴在他们的车上。达美慢跑俱乐部（有两个副总裁是其会员）曾经参加了一个广为人知的从德克萨斯州的达拉斯到密西西比州的杰克逊，长达 414 英里的马拉松，去庆祝达美航空的一个商业航班的开通。事实上，每个员工都被要求"参与销售"。

但是，在航空公司的所有员工中，空乘人员与乘客接触最频繁，对提升销售业绩帮助最大。当乘客想起服务时，不大会想起行李托运处的工作人员、航空运输坡道服务员、机舱保洁人员、失物招领处的人员，或是在机场小餐店卖鸡肉浇汁餐食的工作人员。但他们会想到空乘人员。如同达美航空的官员解释说："空乘人员提

1　《航空监管解除法案》，1978 年 10 月由国会通过，要求在将美国民用航空局的部分职能移交其他机构之后，在 1985 年之前取消美国民用航空局。在 1981 年，美国民用航空局失去了对所有新进入国内航空市场的航空承运人的监管权力。

2　尽管在一些领域竞争剧烈，航空公司之间还是会相互合作。在航空公司看来，飞行是安全的，但是，实际上，飞机有时会坠毁。当这种情况出现时，它们的公关人员就会进行表层扮演，有时候通过制造幻象来消除边界。例如，达美航空的公关官员在我拜访期间接到了一个电话。"一架航班在墨西哥坠毁了？73 人罹难？航班的型号也是 DC-10 吗？"放下电话后，他转过身对我说，"自从上一次东方航空的飞机坠毁后，我每天会接到 150 个电话。谢天谢地，我们没有 DC-10 机型。但是，我一直在媒体前面为东方航空解围。我说，'别提那些机型了'。当我们出了漏子时，东方航空也会同样为我们这么做。"

供的每小时服务里，就有来自机舱服务、票据、运维等部门的10.5个小时的支持服务。总计起来，在每个航班上，我们在每个乘客上的时间投入多达100个小时。然而，乘客却只与空乘人员有着持续接触。"

从20世纪30年代至70年代，竞争不断增强，航空公司扩大了这一可见的角色。在整个20世纪50年代和60年代里，空乘人员成了航空广告宣传的主要对象，是市场扩张中的排头兵。[1] 在所有潜在的候选人中，他们所选取的形象，是外貌美丽、穿着得体的南方白人女性。她们就是优雅举止和热情服务当仁不让的典范。[2]

由于广告提升了人们的预期，它们便巧妙重写了工作职责、重新界定了工作角色。甚至全行业的航班晚点率在10%—50%之间时，它们也许诺准点服务。机舱内座位半空的照片，许诺了宽敞的空间和从容的服务，这事实上很难实现（也是航空公司所不乐见的）。即便是航空业的快速发展降低了工作的满意度，它们还是许诺提供来自快乐工作员工的服务。通过创造出许诺与现实之间的不一致，航空公司迫使员工竭尽所能去应对乘客落空的预期。

广告所许诺的服务是"人性化"和个人化。无所不在的微笑意味着，首先，空乘人员是友好的，乐于助人和有求必应的。然而，一旦广告词被加进去，微笑则被性欲化了，诸如"我们真的会摆

93

1　当一家公司占据市场垄断地位时，它的行事方式就变得像政府企业，不再需要依靠宣传友好的空乘人员来争夺旅客。许多空乘人员跟我讲，她们的汉莎航空同行（德国的国有航空公司），甚至是以色列国家航空公司（EL AL）与俄航（Aeroflot）的同行，就以缺少殷勤的服务著称。

2　一位于20世纪70年代受雇的黑人空乘人员，在达美航空公司面临平权诉讼时，大声质疑为什么黑人的照片没有出现在乔治亚的当地广告中。她由此得出结论："他们想要那个市场，那个市场不包括黑人。于是他们就那么做了。"尽管，达美航空的中部办公地点位于亚特兰大，那里黑人众多，但是很少有黑人以任何方式为达美航空工作。

动尾巴／屁股（tails）[1]让您的每个愿望成真"（大陆航空），或者"让我飞起来，您会喜欢的"（美国国家航空）。这样的暗示会在飞行时让传统的幻想具备力量，任何事都可能发生。如同一位空乘人员指出的那样："你在飞机上会碰到已经养了三个孩子的已婚男人，这个男人突然觉得自己可以为所欲为。好像现实被他们留在了地面上，你得像一些艺妓一样去迎合他的幻想。这种事情一再发生。"

94 　　于是，性意味化的广告让空乘人员背上另一项工作重担，不仅要提供有效的帮助与有求必应，她还得回应乘客的性幻想。她必须竭力感觉并依此行动，即好像调情和挑逗是"我的吸引力和你性感的符号"，她必须想办法去抑制这样的感觉，即这种行为是侵犯性和令人感到屈辱的。还有一些人将这些额外的心理任务看作公司的计谋。曾经积极从事空乘人员女性权利活动的一位空乘人员评论道："公司想让机舱里的空气性感起来。它们想让男人们那样想，因为它们认为男人们真的想避免飞行恐惧。于是，它们搞出性唤起将有助于人们的注意力远离飞行的这个招数。这可是一个关乎美元的事……大多数乘客都是男性，所有大公司的合同交易都是男人在负责。"[2]

　　一家航空公司的广告许诺也会重新界定其他航空公司的工作。于是，尽管达美航空的广告千方百计地避免将角色明显性欲化，但是，达美航空的空乘人员还是必须应对被其他航空公司施加在空乘人员身上的夸张形象。在这些广告的性暗示中，同样有一种经济模式：经济上处于市场边缘位置的航空公司似乎瞄准了市场中最富有的群体——男性商业人士，发起性感宣传行动计划。美

1　这里是北美俚语，等同于 buttocks——译注
2　所有的工作人员都把乘客分为两类人：需要安静、高效和不引人注意服务的严肃生意人；以及想要花花公子俱乐部气氛的"玩家"（sport）。

国联合航空，1979 年的营收排名第一，不会将这些暗示性词句与女性的微笑关联起来；但是美国大陆航空，排名第十，还有国家航空，排名十一，肯定会这样做。然而，在任何情况下，一旦多丽丝·莱辛称之为"轻松易得且毫无愧疚的性"幻想一旦受到航空公司的推崇，那么它最终就会与一般意义的空中旅行发生关系。

随着航空业急速发展和工会压力减少了美国公司承诺和提供的深层扮演那些 20 世纪 50 年代在美国达到低谷的类似公司逻辑，当前正在海外露出苗头。《财富》杂志中一篇关于新加坡国际航空 95 公司的题名为"一家魅力四射的航空公司"（1979 年 6 月 18 日）的文章，这样写道：

> ［新加坡国际航空公司的］广告攻势将客舱内的女主人宣传为有魅力的"新加坡女孩"。……为了传递出这种诗意特性的愉悦飞行观念，大多数新加坡国际航空的广告主要都是各种空姐的巨幅柔焦彩色照片。在一条电台商业广告中，一位嗓音低沉的男歌手这样唱道："新加坡女孩，看上去如此美丽，我彻夜未眠想永远和你在一起。"［新加坡国际航空公司的主席说道］"我们很幸运能够拥有接受过西方教育、能说英语，并对服务持有亚洲理念的年轻人。"

这也许就是"逃跑商店"（runaway shop）在服务领域中的翻版，不仅包括逃跑商店的劳动者（"对服务持有亚洲人的态度"），而且"逃跑"这一形象就值得在广告中大书特书。

我们也许需要强调，广告式微笑的首要的、没有性含义的意涵本身——尤其是友善和共情，也能推高乘客的预期，因而强化他们感到失望的权利。寻常的友善已不足够；毕竟，乘客不是已经为空乘人员的彬彬有礼额外埋过单了吗？每个空乘人员都心知肚明，一旦她的表情机器失效，或者更糟糕的是，擦枪走火，她将会面临着何种令人震惊的强烈愤慨。

表演供给的背后：挑选

甚至在申请者接受空乘人员面试前，她就已被告知游戏规则了。成功与否部分地取决于，她是否具有识别这些规则并把它们当回事的本领。在得到录用之前，申请者已被要求去阅读面试预备手册了。在1979—1980年的《空乘人员职业指南》中，有一个部分题为"面试"。在其二级标题为"外表"的章节之下，手册建议面部表情应当"真诚"和"自然"。一个人应当拥有"谦恭但友好的微笑"以及"通常状态下反应机敏、细心殷勤，不能流露咄咄逼人的迹象，但是，也不能沉默寡言"。在"礼貌"部分，在其二级标题为"友善"的章节之下，手册建议一个成功的候选人必须"外向但是不易冲动"，"热情却不失之镇定自若"，及"活泼却不轻浮"。手册还指出："保持与面试官的目光接触，展示真诚与自信，但过犹不及。避免冷淡或者不间断的注视。"看上去，训练在招募之前就已经开始了。

如同公司的手册一样，招募人员时而会就应聘人员该如何表现提出建议。他们通常假定应聘者有装装样子的打算；但问题是哪一个在装。在他们提供的制胜秘诀中，招募人员常常会以一种就事论事的态度谈论表演，就像伪装即便不是高尚的行为但也是可以接受的。一名招募人员指出："我不得不给正在找工作的人一堆建议，不只是在泛美航空……我告诉他们获得一份工作的秘诀就是，想象自己就是公司想要雇用的那种人，然后在面试中变成这样的人。让你信奉的理论、你如何诚实正直以及其他那些东西统统都去见鬼吧。得到工作后，你再把它们付诸实践吧。"

大多数公司里，在申请人通过最初的筛选（体重、外形、牙齿齐整、肤色、面容匀称、年龄）后，他／她会得到邀请去参加一个小组面试，接受"活力测试"。

在泛美航空的一个面试部分中，面试官（一位女性）将一个由三名男性和三名女性组成的面试组叫进来。她对所有人微笑致意，然后说道："在我翻阅你们档案的时候，我很想请你们转向与你相邻的人，了解一下他／她的情况。我们有三四分钟的时间做这个事情，然后我会回来找你们。"立刻，嗡嗡的交谈声响起了，组员们点头、舒展四肢，传来彼起此伏的笑声（"真的吗？我的小姨子也住在得梅因！""哦，哇呜，你是怎么迷上斯库巴潜水的？"）尽管面试官只是让每个申请人转向她的近邻，事实上，所有的女性申请人都转向离她最近的男性，"让他出来表现"（此时，在其他时候的优势——成为谈话中的关注对象，对男性来说就成为一项劣势，因为，此时此刻的任务是展现让别人"出来表现"的技巧）。三分钟后，面试官放下手中申请人的档案，召集面试小组。顷刻间鸦雀无声。六名申请人满怀期待地望着面试官：他们在活力测试中的表现如何呢？

面试官所要筛出的是外向性中产阶层社交力的某种特定类型。有时，面试官在字面上明确地将友善解读为一个行动。亚利根尼航空公司，就是一个范例，据称，为了获得雇用，申请人被期待在面试中"投射出温和的人格"。用大陆航空的话讲，就是"要找到能够传递出热情精神的人"。达美航空就是要罗致"拥有友善人格和高尚道德特征"的申请人。

不同的公司青睐不同的社交理想型（ideal type of sociability）。经验老到的雇员讨论起不同公司的人格特性时，所用的就事论事的态度，就像是在讨论不同款式的制服和鞋子。联合航空（空乘人员的特点），公认的看法是，"邻家女孩"，即邻家碧玉初长成。泛美航空则是高端路线，世故却不失之优雅。太平洋西南航空公司走的则是俗艳、风趣与性感路线。一些空乘人员能够清楚意识到，自己需要投射出的人格特征与公司想要吸引的市场人群之间的联系。联合航空的一位工作人员这样解读："联合航空希望我们能吸引像科图老妈和老爸（Ma and Pa Kettle）[1]那样的乘客，所以公司招这种类型的白人女孩——老妈会觉得她不会美得让她觉着胖，老爸会觉得她不会朴素得让他感到不满。面向老妈、老爸级别顾客的市场正在增长，这就是它们利用邻家女孩的形象去吸引那个消费群的原因。你知道，就是友好天空（Friendly Skies）呗。它们向家庭主妇和孩子提供打折机票。它们不用性感女人的形象，在它们看来，她们的形象不相符。"

招募人员清楚他们所要找的到底是"达美的特定人格"，还是"泛美的类型"。通行的基础条件是具备团队工作能力（"我们想要印第安人，我们不需要酋长"）、对别人感兴趣、敏感有洞察力以及有情绪耐力。培训师有时提及的长线研究显示，成功的申请人多来自大家庭，父亲享受他的工作，上学期间做过社会志愿者。总之，招募人员要找的是，机灵却又能和迟钝的人合作，能在紧急情况下给予安全指令，又能对付那些不愿意女人对他们发

1　科图老妈和老爸，是环球影业在 20 世纪 40 年代末 50 年代初创造的大获成功的漫画人物形象。科图老妈和老爸是一对养了 15 个孩子的乡下夫妇，当他们在一场未来模范家庭宣传口号竞赛中获奖后，他们的生活发生了天翻地覆的变化。在他们的农场面临废弃的时候，科图夫妇搬进了得奖赢来与他们之前乡下风格迥异的新家。之后，他们遭遇到前所未遇的情况。——译注

号施令的人，能够自然而然地感受到别人的情绪，但又不会因为公司持续不断地利用她／他的这种能力而变得麻木的人。从另一个方面来看，接受培训者认为她们之所以被公司选中，是因为她们富于冒险精神和不甘平庸。（"我们不满足于只做个秘书，"正如一个相当典型的受训者说，"我所有在孟菲斯的闺蜜们都在相夫教子。她们认为我算是从中解脱出来了。"）

在我看来，这些受训者之所以被选出来，就是因为她们具备根据舞台指导去"投射"形象的能力。她们被选中是因为她们有能力进行优秀的表演——那就是，做起来毫不费力。她们在舞台上必须能够像居家中那样表现。

达美航空的培训是艰苦卓绝的，在一定程度上，让受训者感到吃惊并且激发了她们的尊敬之情。在大多数培训日子里，她们从早上8点半直到下午4点半坐在桌子边听讲师授课。她们认真学习以期能够通过每天傍晚的考试，然后周日在航班上进行实习。在早上开始上课前有一个清晨演讲。一天早上7点45分，我和123名受训者坐在达美空乘人员培训中心，聆听一位员工代表的演讲，这位空乘人员的常规工作是就投诉的分类和归档与管理层进行沟通，并且把管理层的反馈意见给员工。她的角色在培训过程中是迥然不同的，然而，她的演讲主要围绕的是职工对公司的责任：

> 达美无意干涉空乘人员的个人生活。但是希望空乘人员能够高举达美的相关行事标准。首先，对你们首要的要求是保证财务良好。不要让你们的账单爆掉。不要过度开支。其次，当身穿制服或是进入酒吧时不要饮酒。在航班起飞前的24小时里不要饮酒。如果你违反了这一

131

条，会有相应的纪律处分，严重的话会被开除。在航班上工作时，我们不希望你在个人的闲暇时间从事编织、阅读以及睡觉这类事情。不准接受礼物。可以吸烟但仅限于你在座位上时。

演讲者停顿了一下，整个屋子立刻陷入一片寂静。稍后，像是做出回应，她环顾四周，总结道"就是这样"。受训者中响起了一阵如释重负的笑声：原来公司所说的关于私人生活的全部要求就只是这些。

当然，这绝非公司想要陈述的。接下来的培训中，会将公司对于个人私人领域的一系列要求和盘托出。首先，无论如何，培训已经做好让受训者接受这些要求的准备。这基于她们面临被解雇的脆弱性，及对公司的依赖之上。接受培训者每天都被提醒：她们可能被更加热切的竞争者轻易取代。我听到过培训者关于"其他人会填补你位子"的谈话。正如一位受训者说的那样："他们在强调，外边有5000个姑娘随时想干你的工作。如果不够格，那你就出局了。"

除了觉得自身无足轻重外，还有一种面临外部世界时的处境脆弱感。招募多在机场进行，在为期四周的培训期间，受训者不能回家，只能在宿舍里睡觉。与此同时，她们被要求去适应这样的一个事实，即，家只是一个概念，没有实际所指。被招募人员在下个月、下一年将会生活在哪里？休斯顿？达拉斯？新奥尔良？芝加哥？纽约？正如一位机长建议的那样："不要扎下根。你可能会不断地搬来搬去直到你得到高的职位。确保你能和室友处得来。"

虽然地位低下、易被取代，但是员工还是准备着认同达美航空。达美被描述为，在财务上取得光彩夺目的成功（的确如此），在航空公司中以善待员工著称（在大多数方面也是事实），拥有"人性化服务"的历史。在有导向性的谈话中，公司被描绘为在20世纪20年代，以家族企业起家的企业，那时候，创始人克里特·乌尔曼曾为每一名新入职当地空乘人员用别针在身上别一朵兰花。空乘人员的工作就是成为公司自豪的代言人，的确，认同公司会让她们的工作变得容易些。

培训就是要塑造出这样一种感觉，即公司是值得依靠的。这些当下的无根者，被激励着去相信她们和公司的36000名员工一道使这个"家庭"得以运转。培训中心的负责人，是一位温和、睿智和有权威的、年过半百的人物，每天早上都会在礼堂中露面；她是"妈妈"，一个能应对一天又一天麻烦事的真正权威。她在公司的上级，一个略微年轻点的男人，看上去像"爸爸"。其他的上级则被当作这些初训者父母辈人物的延伸。（受训者中绝大多数人在19—22岁间）。正如一位演讲者告诉被招募人员："你的上级就是你的朋友。你可以找她谈论任何事情。我是说任何事情。"受训者被划分更小的组。一个123个人的班（包括3名男性和9名黑人）被细分为4个小组，每一个小组内部建立了更加团结的亲密纽带，这会成为日后在工作中协作的最初原型。

一幅家庭图景，有妈妈、爸爸，还有兄弟姐妹，并不是要让大多数受训者不再认为达美航空是一家航空公司。相反地，它在提醒，无视其庞大的体量，达美仍想在商业领域中保留旧式的家族企业精神，在这里上下级关系从不是压迫性的，每个人都可以说出自己的不满。所以，尽管被招募者觉得微不足道、没有根基，但是却得到了一个新家庭的善意照看。感激是忠诚的基础。

训练的目的，是灌输公司的要求并使之得到接受，被招募人员自然而然地想知道，她们的哪些感情和行为会落入公司的掌控

101

中。飞行训练的负责人这样回答了她们含蓄的问题：

> 是的，我们的确有一些非常严格的规矩。酗酒、吸毒，你会被要求离开。我们也有住宿的规矩，那就是你要在宿舍里过夜。没有宵禁，但是你要在宿舍里过夜，如果你彻夜不归，那就要走人。我们的空乘人员有体重标准。如果超出标准，那你就要请辞。我们要求测试平均成绩要在90分以上；如果达不到标准，那就要请你辞职。今后当我们进入不可触知的领域后，这就是做出判断的依据。

站在被招募者的立场上，这个回答简要地明确了航空公司对于"公司控制"的看法。实际上，控制的程度也预设了许多尚未提到的服从行为——例如体重。在培训办公室中靠近体重计的地方，伴随着"天啦，我晚饭吃了什么"的笑话，经常会听到笑声。但是，控制住体重本身就是要做的例行工作，就如其他一些事情一样。这样做的理由是无须解释的，更不用提在法庭上关于体重要求那些热火朝天的辩论（绝大多数以工会的失败而告终）。一位空乘人员评论道："乘客无须控制体重，飞行员无须控制体重，飞行督导也一样。我们则是唯一需要控制体重的。你不能跟我说，就是因为我们是女人，所以要控制体重吧。"显而易见，讨论这个问题会削弱公司对于雇员要控制体重的主张。培训者只会就事论事地谈体重超标者会面临什么。如果空乘人员的体重超出标准上限一磅，这个事实就会在个人履历中"记录在案"。三个月后，如果这个犯规者还超标一磅，她就会收到一封谴责信；如果再过三个月还没有改观，就会停薪停职。有人可能实际上也会因为体重超了一磅被开除。出了培训教室，有大量在飞行前忍饥挨饿的地下歌谣流传，飞行后暴饮暴食，故意让体重在限制线附近徘徊去挑战这个系统，或者声称"骨架大"或者"胸很大"作为超重的理由。（传说，有人机智地建议让胸部单独过磅。）然而，依据公司规定，体重控制只是一个例行程序。

航空公司的假定（presumption）得到了几方面的事实支持。在1981年的时候，很难找到好的工作，更别提像空乘人员这样的职位了。就历史与现实而言，相比其他航空公司，达美航空的规章制度实际上并不是特别严格。公司并不像泛美航空那样，要求空乘人员穿紧身衣，并做所谓的"紧身衣检查"。更不用提，像联合航空那样，一度要求空乘人员必须穿白色内衣。而且，达美航空对头发的长度也没有要求，更不用提所谓的"假发检查"（检查员工假发之下的头发是否合规），这些规则在1960年代曾为多家航空公司采用。也没有像泛美航空一度的规定，眼影要与蓝色制服的深浅一致。也没有定期的大腿测量——太平洋西南航空公司的空乘人员现在依然需要接受这项检查，也没有太平洋西南航空公司开启早期线路时的胸－腰－臀－腿测试。在一个以个人外表的标准化著称的职业中，达美航空的要求貌似合理。公司可以说，事实上，"你已经够幸运了，因为我们外表准则并不是很严格"。在更加严格的准则下，那些被判定有点胖或是有点矮，有点高或是有点土的空乘人员，肯定会倍感压力，需要通过更加努力的工作、表现得比其他人更好来弥补形体上的缺憾。一些有经验的劳动者甚至认为（尽管并非是共识），公司故意雇用一些比官方理想类型要略微平庸一些的人员，进而激励她们因为不够美丽而"做出弥补"。

公司控制劳动者外表的主张，得到了必须表现出"专业性"这一参考规定的长期支持。就其原本的含义，专业人士是指一个职业性群体，其在成员的招募、培训和监管方面有着独一无二的权威。回顾历史，只有医学、法律和学术界符合这一描述。当然，空乘人员并不符合这一定义。如同其他许多行业中的劳动者一样，她们自称为"专业人士"是因为她们已经掌握了一整套知识并且希望由此得到尊重。航空公司也使用"专业性"来指涉这一套知识，但是还有其他含义。在航空公司看来，一名"专业的"空乘人员，是指完全接受了标准化准则的人员。最合乎外表准则理想型的空乘人员就是这一领域中"最专业的"。通过打通标准化、荣誉以及自治建议之间的关系后，航空公司似乎可以向公众说，我们控制了人们外表的这一方面以及人格的那一方面——这成为大多数公司努力兜售的卖点。

在另外的极端情况下，劳动者可以保持宗教和政治信仰自由。如同达美航空的经验老到的空乘人员指出的："他们想让我看起来像 20 岁的罗斯琳·卡特，但并不在乎我是否喜欢她。我在公司里对任何人都没有影响力，所以他们不在乎我的人生哲学。我喜欢这样。"[1]

在身体容貌和深植的信仰之间，存在着一个中间区域——情感整饰的区域。诚如航空培训部门的负责人提到的那样，它在此尤其指"我们进入的不可触知领域"。公司对于情感劳动的主张，主要是以个例方式旁敲侧击地实现。作为工作精神恰如其分的生动展示，培训师无视漫长、艰辛的工作日程，会持续保持高昂的热情。万圣节那一天，一些老师通过把自己打扮成孕妇、贪心不足的人以及醉鬼乘客的样子，引发无数笑声。所有的培训师都很

1　达美航空官方强调"良好的道德品质"，一些工作人员在谈论她们不想让公司知道的事情时会压低声音。她们一致同意认为，报告与已婚男人有染的事情是有风险的，也有人说她不会冒险用公司的医疗保险去堕胎。

相像。通过他们经久不衰的加油鼓劲，他们使那些以后面向乘客做类似工作的人保持着高涨的士气。这些越是看上去真实不虚，其收效也越好。

受训者必须逐字逐句学习成百上千条管理规章，记住四种不同类型飞机上安全设施的位置，接受如何同乘客打交道的指示。[1]在所有的培训课程中，受训者被反复提醒：她们工作的稳定性与公司的营利都有赖于她们的笑脸。机舱里每一个座位，"都是我们最易失去的产品——我们必须把乘客赢回来"。如何去做与做了什么同等重要。对微笑提出了很多直接要求："一定要在你的笑容上下功夫。""笑容是你最大的资产——用好它。"为了展示如何应对屡教不改的吸烟者、上错飞机的、生病的或是轻佻的乘客以及其他麻烦制造者，培训师举着一个纸板，上边写着"放松和微笑"。通过站在一边面对"放松和微笑"训练发笑，培训师减少了学生对训练的抗拒。他们说，实际上，"我们要微笑的次数多不胜数，情况的确如此。我们知道这一点，但是我们还是坚持不懈地这样做，所以你们也应当这样做"。

此外，还有需要调整情感状态的实际要求。达美航空培训项目中最深层次的要求就是，让受训者具备将（她在其中工作）机舱视作（她不在其中工作的）家庭起居室的行动能力。受训者被要求将乘客当作"自家庭起居室里的一位私人贵客"。如同斯坦尼斯拉夫斯基建议的那样，唤起劳动者提供人性化热情的情感记忆，并将其投入使用。正如一位刚刚毕业的受训者指出：

1　绝大多数与乘客打交道的指导，涉及很多场景。过度肥胖的乘客坐不进座位里的时候该怎么办？让他为邻近的座位付一半的费用。如果他旁边的安全带不合适怎么办？给他拿一条加长安全带。不小心将咖啡洒到他的裤子上怎么样？给他一封可以拿给票务人员的解雇通知单，但是不要在语言和行动上表明航空公司对此事有责任。乘客的餐食出现短缺该怎么办？给他一张可以在下一个机场使用的餐食抵扣券。

想想看，这个新面孔和你认识的人有哪些相似之处。你会从在座位中某个人身上看到你姐妹的眼睛。这会让你对她热情相待。我很喜欢把机舱想象成我家的客厅。一旦有人偶然来（家里）拜访，你或许不认识他们，但是你会待之以礼。可以把这个放大一点——每名空乘人员这样招待 36 名乘客，但是，感觉还是一样。

就表面而言，家庭起居室与机舱的类比，使两者之间不同的经验产生了关联，也模糊了二者的不同。它使得朋友之间的共情，延伸至空乘人员与乘客之间，因为它假定在这两种不同的情境中的共情是同一类型的感情。受训者在记事本记录道"采用顾客的视角"，并且理解如果站在朋友的视角面对同一处境时会如何做。起居室与机舱之间的类比，也使得空乘人员与她的同伴能够协同行动；正如自然而然地保护家庭成员一样，她会自然而然地捍卫公司。非人性化的关系被视为好像是人性化的一样。基于金钱交换之上的关系，被视为似乎与金钱不沾边一样。公司巧妙无比地将雇员基本的人类共情加以延伸与使用，与此同时却一直保持不干涉她们的"私人"生活。

就像在家里一样，要让客人不要感到出丑。例如，当看见乘客试图爬进头顶的行李舱，误以为那是双层床，空乘人员必须克制住不笑场。她还要抑制住自己所有的特殊习惯，以免引起乘客的不适。此外，受训者还被要求真诚地展现公司广告中宣传的形象。在教室培训中，一位指导者这样说："我们拥有飞行上校（Flying Colonel）和飞行兰花（Flying Orchid）级别的乘客，他们常年只搭乘达美的航班。对于他们而言，达美航空就像是他们的飞行联合会。虽然没有特殊权利，但是他们每时每刻都在集会。"学员们笑了，有个人说："这太可笑了。"培训师回答说："可别这么说，你得让他们觉得这是件了不起的事情。"就这样，荒谬感被延伸开了：受训者获悉了公司的秘密，然后受邀参与制造这个公司希望乘客们接受的幻象。

与此类似，"像就在自己家里"一样行动的指令，模糊了起居室与机舱间的差异。家是安全的。家不会坠毁。空乘人员的工作就是要在飞机起降时传递出放松、舒适与温馨感，并在脑海里以一种合适的语言演习紧急通知，"熄灭烟头！握住脚踝！脑袋向下！"起飞前，检查安全设施。登机时，每位空乘人员都会默默挑选出一名乘客，以便在紧急撤退时向其寻求帮助。然而，为维持这种假定，空乘人员必须让乘客变得像家庭聚会时的来客。正如 107
一位空乘人员深思熟虑地说：

> 尽管是一个真诚的人，但是我还是要学会不要让我的脸上流露出惊慌与恐惧。我有很强的保护乘客的意识。首先，我不想让他们受到惊吓。如果飞机下坠了，如果我们要在水面迫降，生还的概率是很小的，即使我们（空乘人员）完全清楚该做什么。但是我会尽可能——我想其他同事也会一样，不让乘客们为此感到过于担心。我的意思是，在通知乘客时，声音可能略微有点颤抖，但是，我觉得我还是会让他们相信……这是最好的情况了。

她英勇地捍卫机舱内"安全的家庭般氛围"，或许能保持机舱内的秩序，但是，代价是向乘客隐瞒了事实真相，剥夺了他们知道将会发生什么的权利。

许多空乘人员会谈及享受"同人们一起工作"，并且接纳了起居室的类比，这有助于她们表现出她们希望能表现出的友善。很多人，可以指出那些能够让这一类比轻松就能实现的姿态：

> 我推着饮料车走向头等舱的时候，有三个乘客在很短的时间内向我索要饮料。当第四个乘客这么做时，我不由得为这种荒唐的行为笑出了声。（作者：您能讲得再详细一点吗？）专业的应有之意便是让乘客感到舒适。他们处在奇怪的境地。机舱是我第二个家。他们不会像我一样感到舒服。我是女主人。我的工作就是让他们享受飞行。那一次，这个荒唐的发笑者做到了。

其他人提及了有时候由于乘客的冷漠，这个类比会被打破，就会有受挫感。一位空乘人员描述了那类反应迟钝、不经意地毁掉这个类比的乘客。她称他们为"巨婴执行官"（teenage execs）。

108

> 巨婴执行官们大都是些 30 出头到 35 岁的乘客。是在大公司里得势的电脑行业人士。他们常常不把空乘人员当人看。当你接近他们的座位时，推车上得堆满食物。他们上上下下地瞅，嘴里说个不停，于是你不得不打断他们。他们真的很卑劣……如果你能变成 R2-D2 机器人的话，他们会更喜欢。

这位空乘人员说，有时候她会和同伴更换服务通道，避开那些不愿意接受她以及航空公司所提供服务的乘客。和其他许多人一样，她希望得到人性化的回应，这样就可以做真诚、友善的自己。

真诚是个严肃的事情，对于空乘人员批评最多的就是，她们不是"发自内心"地行动。例如，"我和一位空乘人员一起工作，她说起话来假声假气。在飞机上时，她会提高四个八度，让声音变得腻腻的，就像里边放了很多方糖和香精一样。（做一个'先生，您的咖啡要续杯吗'的拙劣模仿。）我看见乘客都在眨眼了。乘客想要的是一个真实的人。他们已经厌烦了空洞漂亮的年轻脸蛋"。

尽管培训师在不懈地努力，空乘人员也在保护，但是起居室的类比在很多方面都很脆弱。一方面，受训者急于"考虑销售"，而非仅限于通过这种方式去促进销售。起居室类比的维护者将推销作为系列行动的理由，甚至即便是客人犯了错也要道歉："即使客人犯错，不要去责备他们也尤为重要。这会产生重大后果。试想一下，一个生意人一年里搭乘达美航空很多次，5500 美元甚至上万美元都仰赖于你的热情。不要与客人发生口角。不值得。他们是我们的衣食父母。正如我们说的，乘客并不总是对的，但是他从不会有错。"

培训之外，"考虑销售"也常常是做事的准则。一位男性空乘人员，非常友好地带我参观了泛美航空在旧金山的基地，将我带入快速帆船俱乐部（Clipper Club）时解释说："这个俱乐部是为我们的重要客户、累积达到百万飞行里程的客户服务的。这里的接待员简（Jan），通常会把我介绍给俱乐部的乘客认识。由于我们知道这些客人是公司的大金主，所以他们被载入特别信息日志（Special Information Log）中。如果我在旅程中担任头等舱的事务长，那我会记下他们在俱乐部里点过的饮品，然后在机舱中为他们提供同样的。他们很享受这个服务。"在以白人中年男性为主体的、百万航空里程的客户身上，投注的热情比妇女、儿童和老年人上要多些，也更重要。无论如何，面向低收入乘客的服务，则是在被隔离开的"起居室"中进行的。

"考虑销售"还有另一层内容。一位以风趣幽默风格见长的培训师,咆哮道:"你们经常干的是什么?"当一位学员最终回答说"推销达美航空"时,她答道:"错了!是推销你自己。难道你们不是在推销自己吗?你为此赚取了佣金。我们干的是推销自己的行当,不是吗?这不就是我们的全部工作吗?"

通过这个方式,达美航空是在出售南方女性气质(womanhood),当然不是"让受训者做她们能力之外的事情",而是鼓励受训者将自身视为服务的销售者。这要求她们把自己假想为自雇从业者。但是,达美航空的空乘人员却并不能从情感服务中获取额外收益,她们领取的是固定工资。她们不是在出售自己,而是在出售公司。出售自我的想法只是有助于她们为其所供职的公司创造价值而已。

机舱就是家的类比从另一个方面看也是很脆弱的。空乘人员被要求将乘客视为潜在的朋友,或者假想他们是自己的朋友,并且给予朋友式的理解。这个假定将非人性化的关系人性化了。另
110 一方面,学员也得到警告,真正朋友的互惠性并不适用于这种假定的友谊。乘客没有回报共情与热情的义务。正像一位培训师评论道:"如果一个乘客无缘无故地向你咆哮,请记住他不是向你本人咆哮,而是向着你身上的制服,向着你作为达美航空空乘人员的身份咆哮。不要介意。"乘客并不像在家里起居室里真正的朋友或者客人,会压抑被激怒时的怒火,他们买了票就不言而喻地有权利这么做。

当乘客将一位空乘人员同另外一位混同起来时(你们看上去太相似了),或提出一些反映出他们并不把空乘人员看作有血有肉的人的问题时,空乘人员也会得到提醒这种人性化是单向度的。

"当有乘客发现我们也会吃饭时，会感到惊奇。他们认为我们可以20多个小时不吃饭。或者当他们经过15个小时的飞行在香港下机时，会问'你们会继续飞往曼谷吗?''你们会继续飞往德里吗?'而不知道我们的飞行工作时间其实只比飞机飞行时间多一到两个小时。当然，没错，我们会在全世界飞，也会随航班飞回去休整。"正如空乘人员的共情延伸到商业性的服务之中，而乘客的共情通常却只限于在公众礼仪的小小窄缝里。

当形势变得棘手的时候——在航班密集、飞机晚点、婴儿号哭、吸烟者与不吸烟者发生矛盾、餐食短缺、空调失灵的情况下，伴随广播背景音乐供应饮料，使客舱－家庭起居室的类比维持下去，就变成了一个真正考验人类抑制情感能力的关键时刻。

在这样的境况下，有些乘客就会运用他们不用压抑其恼怒的特权；他们就变成了"易怒者"。这样的情况发生时，备用的类比就会被带入服务中。在培训中，受训者被告知："根本上讲，乘客们都像小孩子。他们需要关注。有时候，头一次坐飞机的乘客真的会很紧张。一些人制造麻烦就是想引起你的关注。"乘客像孩子的类比还被延伸到兄弟姐妹之间的争宠："你不能只和一个乘客玩牌，其他乘客会妒忌的。"认为难缠的乘客"就像小孩子"，会增加对他们的耐性。如果他们的需求就像小孩子的那样，那么就要立马来满足他们。劳动者发怒的权利就相应地被减少了；作为一个成年人，她必须竭力去遏制自己面对小孩子时的火气。

应对"易怒者"时，假如将乘客视为孩子的比喻未能引发必要的深层扮演，那么，表层扮演的策略就出场了。空乘人员不得不用乘客的名字"做文章"，如"是的，琼斯先生。航班的确出现了延误"。这会提醒乘客他并非无名之徒，至少能装出存在着私人关系，其中还有着情感整饰方面的亏欠。再一次，空乘人员

111

143

被要求使用共情技巧。一位在美联航服务了十五年的资深空乘人员指出，在培训中回忆道："无论发生什么，你都要说，我理解您的感受。行李遗失了？我理解您的感受。错过了联运航班？我理解您的感受。没有您想要的牛排？我理解您的感受。"空乘人员说，这类感同身受的表达，在说服乘客将指责和怒火用错了对象方面非常奏效。

视角是情感的诱因。在深层扮演中，视角的激发或是部分抑制，是通过言语表达方式实现的。让起居室这个比喻保持活力的方式之一，就是用公司的语言来表述。用一种接近奥威尔式新闻发言的方式，公司似乎正式地抹去了会对乘客生气的想法，因为乘客是收入之源。督导们从不会在正式场合提到可厌的（obnoxious）或可憎的（outrageous）乘客这样的字眼，顶多会用不加克制的（uncontrolled）乘客这样的表述。这一术语表明这样的事实，不加克制是乘客的特征——并不是乘客失控了，甚至乘客没有什么可以失控的。再一次，惯用语"受到不当应对的乘客"（mishandled passenger），或多或少给人出了漏子的联想，在由劳动者从机场马路牙子到机舱织就的工作网中，注定有人做错了什么。通过在语言学上避免任何指责属性，可以对乘客发怒的权利被从话语中整个抹去了。从语言学的角度看，乘客永远不会做错，所以不可以指责他，也不能使其成为怒火的发泄对象。

在应对乘客的课程中，一位培训师描述她如何将餐盘传递给靠窗的乘客。要做到这点，她必须使其绕过靠近走道的女乘客。当餐盘经过时，她从盘中偷走了男乘客的甜点。这位空乘人员礼貌地回应："我注意到这位先生的甜点掉在您的餐盘中。"坏事发生了，但是，言外之意，没有人要特意这么做。这样明确的重新界定事实的做法，有意要抹去因果感。它将动作的主体和动

144

作分离开来。乘客不会觉得受到指责,空乘人员也不用觉得她好像应该受到指责。情感工作就这样达成了,但是它用字句来掩饰自己的行踪。

公司语言的目的不仅在于驱散愤怒,还要消解恐惧。正如泛美航空的一位有经验的工作人员回忆:

> 离开香港的时候,我们几乎给颠得七荤八素。他们说这是一件"日常小事"(incident)。不是意外事故,而是日常小事。我们的飞机鼻翼朝上几乎翻了个。飞行员在机身快要翻转的当口控制住了飞机,绕了一个大圈,飞机俯冲向下掉落了3000英尺,然后情况得到了纠正。他们在港口上方1500英尺的地方拖住了飞机。我们清楚,我们都要死掉了,因为飞机鼻翼朝下,你可以看到海面迎面而来。我之前从未害怕过飞行,但是气流让我现在真的心有余悸。和有些人比起来,我还不是最糟的。

日常小事这个表述,的确能使神经镇定。我们怎么可能会为"日常小事"大惊失色?这样,通过使用与拒用特定的词语,就能帮助空乘人员避免拥有跟挤满客人的起居室不相匹配的情感。

最后,通过承认起居室的类比有时候会失败,也能使这个类比获得认可。在每年给有经验的空乘人员举办的定期培训中,大多数谈话给人的感觉是聚会已经结束了,或者再也不会重新开始了。在入职培训中,焦点是乘客的感受,而在定期培训中,焦点是空乘人员的感受。在入职培训中,焦点是微笑和起居室的类比;在定期培训中,焦点是避免怒气。诚如培训师在定期培训中解释道:"应对难缠的乘客是工作的一部分,有时会让我们怒火中烧,怒气也是压力的一部分。这就是我和你们讨论怒气的原因。我不是说为了达美航空你就该这样做（处理你的怒气），也不是说为了乘客你就该这么做。我是说为了你们自己这么做。"

从培训一开始，管理情感就被视为一个问题。诱发愤怒的原因并不被认可为问题的一部分。整体的工作条件——机舱人员的规模、黑人和男性事实上的缺席、强调展现女性魅力、缺乏对空乘人员相当严重健康问题的调查、公司强硬的反工会立场，也不被认为是问题的一部分。公司认为这是不可改变的生活事实。唯一得到严肃讨论的问题是："如何消除自身的愤怒？"

首先推荐的策略（在本书第二章中曾讨论过）是关注其他人可能的想法与感受：努力想出可以原谅其行为的理由。如果失败了，就回到"我能够从中逃离"这样的想法。一位培训师这样建议："你心里可以这样想：只剩半个小时了。只剩 29 分钟，现在只剩 28 分钟了。"如果愤怒无法以任何形式驱散，空乘人员和培训师就会交换尽量让愤怒的表达变得最不具有冒犯性的窍门："我会咀嚼冰块，吱吱嘎嘎地把怒气嚼掉。""我会反复冲刷马桶。""我会考虑对他做点缺德事，如把泻药倒进他的咖啡里。"[1]"我们女孩子"有权愤怒和感到挫折会以这种半私密的方式得到分享，她们理解如果以一种可能产生实际后果的方式表达愤怒的话，那么正式的惩罚之斧必将落到她的身上。

然而，对那些生活在愤怒禁忌之下的人而言，偷偷摸摸表达愤怒的情况仍然有迹可循。一位空乘人员带着狡黠的笑容回忆道：

---

1 大多数愤怒幻想似乎包含着强烈的进食要素，例如，在麻烦制造者的食物里使坏，并看着对方吃下去。这些幻想颠覆服务的动机，但不会脱离服务。例如，没有人报告说会想着痛揍乘客。

有一回我终于决定让某人吃个苦头。一个女人抱怨个不停。我用最好听的声音对她说："我们一直在竭诚为您服务。很抱歉您在飞行中感到不开心。很抱歉您对我们的服务不满意。"她继续抱怨食物有多糟、空乘人员有多差，她的座位有多不舒服。然后，她又开始对我和我的同事喊叫，她恰巧是位黑人。"你这个黑鬼贱人！"她说。好吧，这个太过头了。我告诉朋友说，犯不着为她感到痛苦。这位女士要求再来点血腥玛丽，我调好饮料，放在托盘上，朝她的座位走去，不知怎么回事，我的脚趾被地毯绊了一下，我绊了一跤，血腥玛丽全洒在了她白色的裤子套装上。

尽管公司竭力帮助服务工作者营造出一种欢快的氛围，偶尔她们会发泄一下愤怒，并用嘲弄性的热情加以伪装，富有天分地付诸实践。甜蜜报复的可能性仍然存在着。

集体性情感劳动

为避免对起居室类比的冷嘲热讽，使其在面对其他各种认识压力陷于分崩离析时保住它，公司把目光转移到了情感工作的另一个领域——空乘人员之间互动的领域。这是公司的一个战略性进入点，因为公司如果能够影响空乘人员在工作中彼此互动时的感受，它就可以为个人的情感管理提供恰当的支持。

如同培训师谙熟的，空乘人员常常俩俩结对地工作。她们必须与其他机舱人员以相当亲密的方式一起工作，空乘人员常常说如果没有相互配合，最简单的工作也无法完成。之所以会这样，

115

147

是因为这个工作部分是一种保持"情感基调"（emotional tone）的巡回演出，要不跑调很大程度上仰赖于当冰块、托盘、塑料杯沿着走道传向走廊，传回厨房，再传出来时，空乘人员之间友好的交谈、戏谑和玩笑。事实上，从乘坐摆渡车开始到登机，空乘人员之间相互的戏谑，就是一种重要的人际工作：她检查别人的情绪，放松压力，缓和气氛，以便使每对个体都成为一个团队。戏谑还可以使她自身进入恰当的心理状态。就像一位工作人员说："哦。我们插科打诨很长时间。它会让你转起来。这样你就能工作得更久些。"

并非集体交谈决定着工作者的情绪。恰恰相反：工作者必要的情绪决定着谈话的性质。一方面，为了集体情绪远离痛苦感受，刻意回避有关死亡、离婚、政治和宗教等严肃话题；另一方面，一旦出现这种情况，相互提振士气的情况很普遍。有人说："当一位空乘人员感觉沮丧，被这样的念头困住，'我这么丑，做空乘人员干什么?!'其他空乘人员，即使不十分清楚她在干什么，也会试着让她开心起来。她们会使她打起精神来，帮她扶正衣领，让她再度露出笑容。我就这样做过，你必须这样做。"

一旦得以确立，团队团结就会发挥两方面效果。它能提振士气，进而改善服务。同时，它也能成为空乘人员分享对乘客以及公司怨气的平台。或许，后一种可能正是培训师在定期培训中要帮助空乘人员去回避的，培训师会提供一些社交情感管理（social emotion management）的"糟糕"案例。一位老师告诫学生："如果有乘客让你大为光火，不要到走廊上去向另外一位空乘人员宣泄。"在走廊上，第二位空乘人员不但不会平息怒火，反而可能火上浇油；她可能会成为这位受屈辱的空乘人员的从犯。因此，诚如这位指导者告诫的："你们两个人都会怒火中烧。"

培训师给的建议是：当你大为光火时，去找能让你平静下来的同事。支持怒气或是任何怨恨——不管是由什么激发的，都不利于服务、无益于公司。因此，工作人员检查怨气合法性或是寻求支持以宣泄不满的非正式途径，就成为公司提供"建议"的切入点。

供给的背后：督导

公司的控制链条决定了谁怕谁。对空乘人员而言，恐惧等级体系间接地通过乘客发挥作用，反过头来通过她们的直接督导发挥作用。[1]正如有人指出的："发明出乘客投诉机制的人现在一定是副总裁。"任何乘客来信，无论是抱怨咖啡温度、土豆大小、空乘人员相貌的用"洋葱"表示的指责信（onion letter），还是赞扬空乘人员出色服务的用"兰花"表示的表扬信（orchid letter），都会被归进个人档案中。这些信由基地督导（base supervisors）作为实施奖励和惩罚的依据。达美航空的空乘人员讨论这个之多，如同她们谈论公司各级权威——机舱高级空乘人员、基地督导、偶尔以影子乘客身份搭乘航班的公司便衣督导的正式报告中提到的那些情况一样多。

在将乘客意见以非正式方式传递给管理层和雇员之外，还有 117 一些正式方式：由公司发起的乘客意见调查。乘客被请来填答问卷，结果则以致员工信的方式提供给劳动者。正如一位在联合航空工作了七年之久的男性空乘人员描述的：

1　1980 年，达美航空在亚特兰大基地有 29 名督导监管 2000 名空乘人员。

我们被告知我们做得怎么样。每年两次我们要接受乘客评估。他们会展现联合航空、美国航空、大陆航空和环球航空的竞争图景。噢，乘客被要求为空乘人员打分："真正关心我，让我觉得受欢迎。不是我问一句就答一句。有眼色、活力四射，乐于助人。与乘客交谈时看上去很真诚。有益于营造放松的机舱环境。享受她们的工作。正视每名乘客的个性。"我们可以看出联合航空在竞争中做得怎么样。我们也应该投身其中。

督导则以更加迂回的方式开展工作。这取决于空乘人员就什么样的乘客会向管理层反映，而管理层反过来要向空乘人员表达什么的感觉。（关于现代工作场所中更常见的间接性"官僚"控制方面的论述，参见 Edwards 1979, ch. 6。）

督导的工作不仅是监管劳动者。在达美航空的历史中，恐惧等级体系是扭曲的，督导必须以达美大家庭中大姐姐的身份出现——身为大姐姐，但又不会太"大"。这些大多为女性、固定的、未加入工会的劳动者，并不为她们的下属过分畏惧或者妒忌，正如一位空乘人员评论道：

这并不是一份人人渴望得到的工作。一些姑娘进入了这行，然后又回到空乘行列。工资稍微高一点，但工作时间长得有点糟。而且还要说些不痛不痒的话。我的督导有一天把我叫到她的办公室。我从 21 天带薪病假中已经用掉了 7 天。她说："我很不愿意但是不得不告诉你这一点。我不得不告诉你。你请病假太勤了。"她不得不听命于老板，然后还得听我的解释——从两个方面。这是怎样一份工作啊？

督导监控情感劳动的供给。她们查缺补漏，并把问题上报公司。她们必须应对空乘人员在工作中抑制的挫折。正如达美航空的一位基地经理解释说："我告诉督导让姑娘们在督导身上出出气。这很重要。不然她们就会出在乘客身上。"因此，督导一方面负责就空乘人员保持"积极"和"专业"态度进行评级，另一方面也要承受这一做法的不利后果。例如，一位空乘人员回忆，经过一次长时间和累人的航班工作回来后，发现她的账单居然给"弄错了"。她告诉了督导："我不能忍受回来后还要受你这个！你清楚，我领了工资就要受乘客的气，但是我并不是被雇来受你气的。我要拿回我应得的钱。我三个月前刚刚清洗过牙齿。我拿什么付账？你看着办。"空乘人员的后台就是督导的前台。管理他人此前被管理着的挫折和怒气本身，也是一项需要付出情感劳动的工作。

实现转变

情感管理在某种程度上能奏效——因此，血腥玛丽不会"意外地"泼洒到白色套装裤子上，而只会在后台办公室而非机舱走廊上发脾气——貌似像炼金术。文明和普遍康乐的感觉得到了增强，情感"污染"得到了控制。甚至当人们被付钱去表现友好，也很难保证她们时时刻刻都表现得很好，所以，当她们的努力取得成功时，是项了不起的成就。

这一成就的实现仰赖于情感生活三项基本元素（情感工作、感受规则和社会交换）的转变。

首先，情感工作不是个人行为，而是公众行为，一手买一手卖。

那些指导情感劳动的,不是劳动者本人,而是领着薪水的舞台经理,
他们负责挑选、训练和督导其他人。

其次,感受规则也不是个人的决定和与他人的私下协商,而
是公开地呈现于——《航空从业人员及其职业指南》《全球航空人
员手册》、培训项目以及不同层级督导的谈话之中。

第三,社会交换被挤入狭窄的通道;沿着海滩或许还有匿身
之处,但是对于个人而言在情感之海中的导航空间却很小。

个人情感交换的整个系统对置身其中的人们而言,有着貌似
真实的福利与愉悦的目标。当这一情感系统被投掷到商业背景之
中,它就会发生转变。谋利的动机会渗入情感管理行动之中,会
渗入宰制着情感的规则之中,会渗入礼物交换之中。现在谁从中
受益,谁为之付出?

这一转变是项精巧的成就,潜在意义上也是可以带来收益的
重要变化。但是,即使其运作良好——服务评级良好、顾客写来
表扬的"兰花"信时——仍旧需要付出成本:劳动者必须放弃对
如何完成工作的掌控。在《劳动与垄断资本》(1974 年)一书中,
哈利·布雷弗曼论证道:劳动过程的"劳心"(mind)环节已经
上升到公司的科层体制之中,工作本身变得不需要技能,而劳动
者的价值被剥离,这在 20 世纪这已成为大潮流。[1] 布雷弗曼将这
一理论运用到体力和脑力到劳动者身上,但是,这一理论也适用
于情感劳动者。在达美航空,例如,24 个人以"方法分析师"的

---

[1] 布雷弗曼(Braverman, 1974)讨论道,所有采取了弗莱德里克·温思罗·泰
勒管理制的公司,都系统性地将单项的复杂任务拆解成许多简单工作,这样一来,
只有少量之前的复杂工作需要一小部分拿高薪的脑力工作者来承担,剩下的简单工
作则由廉价的、可替代的非熟练工人来做。就管理而言,优势是人力便宜,而且更
方便从高层而非底层来控制劳动过程。布雷弗曼将这一理论应用于在工厂工人、文
员和服务人员的工作中,但是,他没有区分那些与公众接触和不与公众接触的服务
业工作的差别(第 360 页)。

身份在公司的标准操作部工作。他们的工作是升级 43 份手册，这些手册对一系列涉及接触公众工作的工作流程提供规范化指导。1920 年代当航空工程师为顾客递咖啡的时候，1930 年代达美航空雇用了护士去做这样工作的时候，1940 年代第一批空乘人员涌入了机舱，帮助搬运行李，甚至辅助机翼修理的时候，方法分析师这样的人是不存在的。空乘人员的工作与市场一起成长，变得越来越专业化和标准化。 120

深层扮演课程——以"机舱就是客厅"和"难缠的乘客有段创伤史"为背景采取行动——本身就是去技能化的新发展。情感工作者的"劳心"环节——形成关于如何平息"愤怒"的脑力工作，从源头被上移到科层体制的更高一级，工作者只需要严格执行标准化程序即可。在提供技能的课程中，培训者也在不自觉地为一个去技能化的系统做出了贡献。他们提供的技能并不会削弱劳动者在何时和如何运用它们的自主性；就像培训中的要点一样，"在航线上工作时，由你来决定怎么应对特定的问题"。但是，对于任务的总体界定比过去要变得更为严格，劳动者决定如何去行动的领域已经收窄了。在工作的边界之内，越来越多的小任务已经具体化了。空乘人员要递送杂志吗？递送多少次？借助同一个信号，完成这项任务更多地由上级明确说了算。该如何递送杂志？要微笑吗？要带着真诚的微笑？事实上，培训者越是卖力地让一项困难的工作变得容易些，那么让旅途变得更加愉悦的去技能化因素就变得更难察觉。事实上，培训者也有培训手册，并不是由他们不受约束"实事求是"地讲课，这再一次说明：去技术化是专业化与标准化的后果。

感受到这点后，我观察到，大多数空乘人员都致力于确立她们受人尊敬的、已掌握"真正"技能的专业性。有人反复告诉我，

153

在培训中心将来的课程中，会有一位法学院的毕业生、一位牙医、一位图书馆管理员和一位植物学家提供在线服务。同时，她们普遍表达了对如下事实的失望：在救助和安全程序方面的技能缩水

（通过提醒乘客死亡和危险，你能卖出去几张票？），相反地，她们作为餐食服务者的身份却得到凸显。正如一位空乘人员令人信服地说道：

> 我对所做的事情有一丁点自豪。当然，我会移动身体去做我知道该做的一切事情，在 40 分钟里为 135 名乘客提供早餐。那意味着 135 个乘客拿到他们的餐盘，135 个乘客至少喝两次饮料，135 个餐盘被收回和存放。你能想象我们分配到每名乘客身上的时间是多少秒吗！在一种什么样的状态下我最后才能回到位于机舱后面的座位？当有可能出现坠机的情况时呢？我会注意到有名男乘客歪倒在座位上吗？那才是我的真正工作。

因为乘客看得见她们——航空公司的广告鼓励乘客将空乘人员看作魅力四射的女招待，空乘人员通常憎恨其工作呈现出一种低技能的外表，但还不得不应对这种怨恨。但是这其中有两个功能——负责紧急救援和提供餐食——是纠缠在一处的，相互之间各有优先性，并不受劳动者或培训者所影响。这样的事情由管理层决定。

转变失败

当行业加速发展时会极大地缩短空乘人员和乘客之间的接触时间，这样一来，要实打实地开展情感劳动就变得不大可能。在这样的情况下，情感劳动、感受规则和社会交换的转变就会失败。公司关于微笑是"由内及表的"（达美）的宣称便难以为继。起居室的类比将会变成一句空洞口号。"假定"（as if）技巧的马赛克拼图就会破碎成一片片，深层扮演会沦为缺乏说服力的表层扮演。

这在美国航空业中就发生过。在 1960 年代为航空公司服务过
的空乘人员，时而会以怀旧之情，时而会带着辛酸谈及那个时期的"前一段"或者"后一段"光景。在"前一段"光景里，她们能够按照要求做事，做她们想做的事。正如一位在泛美航空服务了 22 年的老人回忆道：

> 在那些老旧的靠活塞发动机驱动的同温层飞机上，我们飞 10 个小时去火奴鲁鲁。我们 3 名空乘人员负责照顾 75 名乘客。我们有一名社交指导将我们 3 人介绍给乘客后，请乘客们相互做自我介绍……那时候，我们没有公共广播系统，要口头做救生艇演示。我们有很多的人性化接触。这架飞机只有一个走道，我们有足够的空间让乘客睡在里边。我们常常把乘客塞进床里。

那时候，空乘人员有时间同乘客交谈。航班间换机的时间也要长些。航班没有那么拥挤，乘客们很有经验，都很富裕，工作也愉快些。今天的空中飞行就大不同了：

> 如今我们有了这些能够一直飞的大飞机。我是说，

我们要 24 小时当班,[在波音 747 上]照顾 375 名乘客。特殊性能飞机相对要小一些,但是,可以飞 15 到 16 个小时不用加油。我们过去常常和同一群人飞行,空乘人员较少。我们只需要简单轮换位置。现在,你要想方设法去争取才能不去旅游舱工作。

当我们走过乘客身边时,避免目光接触,紧盯走廊。人们通常在提出要求的时候先会等着目光接触,如果你要花 2 小时 15 分钟去准备鸡尾酒和餐食服务,它会花掉你 5 分钟去回应额外的要求,这些要求累积起来,你就不会有时间及时提供服务。

1970 年代早期的经济衰退后,黄金时代结束了,失去旅客和利润后,航空公司开始了实现"成本 – 效益"飞行运动。[1] 它们开始使用可以容纳更多旅客、能够长时间飞行且无须中途加油的机型。这使得工作时间更长,而且更多的工作日连挤在一起。[2] 留给航班中转时适应时差变化的时间也更短了。同时留给放松、享受工作的重要优点——个人旅行的时间——也更少了。如同飞机一样,空乘人员也要尽可能长时间地保持工作。泛美航空停泊时间(就是航班降落与起飞前后的时间)从一个半小时缩短至一小时又

1　在 1950 年和 1970 年间,航空公司的年均增长率在 15% 至 19% 之间。在 1970 年,增长率放缓,空中运输的年均增长率为 4%。金融困难时期导致弱小公司的倒闭和航空业的集中化。在美国民用航空局监管的三十五年间,四大航空公司——联合航空、环球航空公司、美国航空和泛美航空,在 1974 年赢得了行业 43% 的收益(Corporate Data Exchange 1977, p. 77)。

2　航空公司试图消除"软性旅行时间",增加"硬性旅行时间"。硬性旅行时间,是指空乘人员的飞行时间超出预估每日飞行时间配额。在软性旅行时间中,空乘人员的工作时间低于预估每日飞行时间配额。以防空乘人员工会——如在美国航空中——为空乘人员在非飞行时间里赢得了每日酬金,航空公司因此迫切地想消除空乘人员可以享受到这一福利的机会。

一刻钟。一位美国航空业的工会官员这样描述提速的后果：

> 他们通过紧急通知催促我们……他们甚至通知摆渡车到达的时间。当你上了飞机，你就要开始清点食物和其他一切，开始接待乘客登机。他们关上舱门开走飞机后，我们发现少了 20 份餐食。既然在汽车开始从自动装配线上下来的越来越快时，我们会把这叫作加速。然而，在机舱里，旅客在增多，而机舱人员却没有变化。他们要求我们在一个小时里既要提供饮料还要提供餐食服务，在过去这个要花一个半小时……我们做到了，为什么不能把这也叫作一次加速？

伴随航空业监管解除、机票下跌和"持打折机票的乘客"大量涌进机舱。[1] 机舱里有了更多的带着小孩的妈妈，她们身后充斥着儿童玩具、口香糖包装纸和食物碎屑，还有大龄的"让人捏着一把汗的乘客"，这些人不知道卫生间、枕头、呼叫服务按钮在哪里，更多的人在机舱里瞎转悠，想到"下面"看看。经验丰富的商务旅客开始向空乘人员抱怨机舱空气的变差，更有甚者，他们会抱怨缺少旅行经验的"持打折机票"的乘客，而后者则反过来想吸引空乘人员的注意。豪华游轮变成了灰狗巴士。

如同工会要求的，航空公司原本可以增加空乘人员的数量，维持旧有的工作人员 – 乘客比例。泛美航空的一位工会官员计算说："如果我们要维持十年前的比例，那么机舱里我们需要 20 名空乘人员，但是现在我们却只有 12—14 名。"航空公司之所以不

124

1　1979 年，打折机票占到达美航空国内客运服务总收入的 37%。

愿意这么做的原因，是因为使用空乘人员的成本比过去要高得多。过去的规定能够确保空乘人员在 31 岁和结婚之后离职，廉价劳动力常常成为空乘人员的可靠来源。但是，自从工会成功挑战了这些规定，确保了更高的工资后，航空公司选择让数量较少的空乘人员更加卖力地干活。当一些空乘人员发现很难去驳斥公司的逻辑，另外一些人则会继续质疑为什么这些女性劳动者一开始就如此廉价。

1980 年代早期，行业迎来了一次超级提速。联合航空空中服务副总裁这样解释提速的背景："联合航空不得不与廉价的、不建工会的、低开销的、只从事飞机租赁的航空公司，如太平洋西南航空、太平洋快递、加州航空等公司，争夺市场份额。"为应对这一激烈竞争，联合航空建立了它的友好捷运航班。仅一年半后，这类航班已经占到联合航空航班的 23%。

友好捷运机票低廉，服务尽可能地少，座位是"高密度"的。空乘人员每天应对 1000 名乘客并非不寻常。地面停留时间不超过 20 分钟。（一位联合航空的空乘人员说："我们不会在飞往圣彼得堡、佛罗里达的线路上设置友好捷运航班，因为有一大群坐轮椅的乘客，20 分钟根本不够我们让他们下机。"）在如此有限的地面停留时间中，四个航段的旅行被压缩到三个航段时间里。在航班之间没有时间清理机舱或更换补给用品："在友好捷运航班上，如果午餐少了 10 份，那么，就只能是少了 10 份，你必须忍受对此的抱怨。"过去那种应对抱怨的方式不再通行。面对失望的乘客，空乘人员不再提供免费扑克牌和饮料。主要的补偿必然是人性化的服务——而实际上根本就没有时间去提供。

衰退令联合航空，和其他航空公司一样，取消了行李监察员、登机口和票务工作人员以及人员经理。线路变长了，意外增多了。

因此有更多怒竖的羽毛有待安抚，更多的情感工作有待完成。超级提速使提供人性化的服务实际上变得不可能。甚至那些早已放弃理想观念的人群——乘客和航空公司的工作人员——都发现，现在的体制让人压力倍增。

当倡导削减供给成为大趋势的同时，管理层却看不到，从要求兑现情感劳动要求的矛盾政策中抽身的可能。航空公司担心竞争对手会提供更多的人性化服务，因此，他们继续施压要求提供"真正友好的"服务。但是，他们也感到了让服务传送带转得更快的压力。对劳动者而言，"享受工作"变得越来越难。奖励看上去与工作更加缺少关联，更像是对辛劳工作的补偿。一位在泛美航空工作了 13 年的老员工这样说：

> 公司的确最终付给我们相对较高的工资，提供免费或打折的空中旅行福利。年资体系是有的，飞的时间越长，待遇越好——假期、中途停留时间更长和更加愉快。事实是我们是否能在工作中真正感到快乐已不重要——这也不是我们飞行的原因。我们飞行是为了金钱、男人、冒险和旅行。但是，这份在飞机上的工作，是随处可见的、最磨人的、没有成就感的，像是异化的家务活以及服务员做的那类苦差事。

在提速前，大多数劳动者能够保持良好服务所需要的愉快而善意的心态。她们如此做，在很大程度上是出于自豪；她们支持情感的商业化转变。但在提速后，当被要求以一种非人性化的速度进行人性化的接触时，她们会从情感工作中抽身，变得疏远。

126

回应矛盾

在产业劳动者和管理层之间的战争中，怠工是项有久远智慧的策略。那些以提供"人性化服务"为工作的人或许也在上演怠工的剧目，但肯定是以不同的方式。既然她们的工作是在管理层导演的要求下，在商业舞台上进行表演，她们的抗议形式或许就是对戏服、剧本和总体舞蹈动作编排的反抗。在整个70年代，这种类型的抗议在许多航空公司都出现了，因为在这一时期空乘人员成立了独立的工会，来表达她们淤积的怨恨和不满。[1]

在过去十年里，空乘人员一直默默地就夺回对自己身体外表的控制权进行着斗争。一些工作人员，例如，穿拖鞋（"我们中一半在美国的工作人员，上班时穿了法摩莱雷斯［Famolares］鞋，督导也没有说什么。之后，我们一直都穿着这个。"）还有一些人，或是独自或是和大家一起，在工作时带着一两件额外的首饰，留着少许未刮干净的胡须，换新的发型或是化淡妆，有时候，这一斗争会进入公司的正式行政机制：公司"书面记录"犯规者、归档抱怨者，或纳入公司与工会的谈判中。有时候，例如，就体重的规定，甚至还对簿公堂。在其他时候，一系列劳动者之前默默得到的胜利，会继之以公司的严厉打击。

劳动者同样也不同程度地重申对他们自身微笑以及通常面部表情的控制权。根据韦伯斯特词典，"微笑"是指"拥有或展现愉快、乐趣、喜爱、友好、反讽、嘲弄等时的面部表情，其特点是嘴角曲线的上翘和眼睛闪耀光彩"。但是，在空乘人员的工作中，微笑

1　这些工会为很多事情而战，包括：更高的工资，更多的软性旅行时间，更高的健康和安全规定，更多的工作人员。直接相关的是，他们挑战了航空公司的规定，如与面部妆容、发型、衬衣（内衣）、珠宝和鞋的样式等方面的规定，影响了整个与身体和装饰品相关的领域。

与它的通常功能相分离，它被用来表达人性化的感受，而且与另一个功能——表达公司的感受相关联。在乘客人数激增的时候，公司告诫空乘人员要多微笑，"笑得更加真诚"。劳动者用怠工来应对工作提速：她们咧嘴笑少了，笑容转瞬即逝，眼睛里也没有光彩，模糊公司要传递给人们的信息。这是一场关于微笑的战争。

在怠工时，人性化微笑的成本过高可能会被提及。劳动者担心她们的"法令纹"。这些纹路被视为职业伤害，而非个人特征的累积见证，被视为出现在工作职守中，不受欢迎的折损青春的年龄标记。

微笑战争有其久经沙场的战士和传说。人们常常有滋有味地告诉我，微笑斗士取得胜利的故事。故事通常是这样的，一位年轻的商人对空乘人员说："你为什么不笑？"她把托盘收回食物推车里，然后盯着他的眼睛说："让我来告诉你为什么。你先对我微笑，然后我就会笑。"商人对她微笑。她说："很好。保持住别动，坚持15个小时。"于是，她就走开了。在这一击里，女英雄不仅宣称了对她面部表情的个人权利，同时还反转了公司脚本中的角色，并且把面具戴在了一位观众的脸上。她挑战公司在广告中的暗示，即顾客有权得到她微笑的权利。这位乘客呢，自然收获颇丰，看到了她展现真实感受的表情。 128

怠工遭遇到了来自各方的抵制，不仅包括顾客的"误解"。因为时时微笑在航空业加速之前已经成为惯例，如今它的缺席就会引发关注。[1]有的乘客简单地认为上当了，认为没有微笑的劳动者是面部表情的"偷懒者"。还有乘客把看不见微笑理解为生气。正如一位空乘人员说的："当我没有微笑的时候，乘客就假定我生

1　即使在通常情况下，不爱笑的人也不得不努力让别人相信他们笑得比较少，绝非冷酷或不友善。

气了。但是，我没有微笑的时候并不是说我在生气。我只是没有微笑而已。"这类劳动者面临额外的工作，要么微笑表示她在意，要么让乘客相信他们没有生气。这可能意味着要格外努力地做思想工作。就像这样说，"我和他们一样好。但是你不要想着从我的脸上看到你想要的。在别的地方去找吧"。

公司的提速与劳动者的怠工之间的摩擦，延伸到展现情感劳动之外的地方。很多空乘人员都会忆及个人的临界点。下边是三个事例：

> 我猜是在那个航班上，当一位女士朝我吐口水的时候，我决定我受够了。我努力了。天知道，我有多么努力。我一直按照程序行事，对人们真的很友善。但是，这不管用。我拒绝了公司想让我在情感上付出的要求。公司想让我在工作中展露我的部分情感。我不会这么做了。
>
> ……
>
> 那一次我受到斥责是在纽约飞往迈阿密的航班上。在那些航班上，乘客都想要昨日的一切。他们都想要免费扑克牌，一个女人表现得特别迫切，当我告诉她我们已经发光了，她的牢骚发个不停。最后，我碰见恰巧看见座位下面有一副，我捡起来拿给她。她打开手提包，里边已经有 15 副扑克牌了。
>
> ……
>
> 我想他们的话我都听见了。一位女士告诉我她的医生给她一张玩牌的秘方。一个男人请求我让飞行员同意他使用座舱的无线电给他预约赫兹租车。还碰到一位女士问我能否在机舱里实施灌肠疗法。但是，这一次当一

129

个女人直接把茶泼到我的胳膊上时，我终于炸了。就这样。

拒绝从事情感工作的劳动者据说会"进入机器人模式"。她们只做表层扮演，保留深层扮演。她们假装有感情。一些持这一立场的人公开抗议，她们有这样行事的需求。"我不是机器人，"她们说，意思是："我会假装，但是我会努力隐藏我在假装的事实。"在提速和怠工的状况下，掩盖缺乏真情实感不再被认为是必要的。半心半意已经公开化了。

在美国航空、泛美航空、联合航空中新成立的空乘人员工会，明确表明它们的最好策略是强调会员在安全和救援方面的重要技能，而给予情感工作问题和人性化服务较少的关注。从另一方面，公司则在继续强调服务是它们击败竞争对手的钥匙。然而，劳动者的保留和公司的要求很少以清晰、准确的方式来谈论。正如一位空乘人员指出的：

> 我想不会有人直截了当地跟她的上级说："我不会把感情投注到工作中。"上级也知道你不想做情感工作，而你知道他们想要你做。于是，我们相互扯一大堆，并不会真正表达我们谈论的一切。他们会谈"更加积极的态度"，而你会说你更加积极地行动。你说，"好的，下一次我会表现得更好"，而你心里则想："下一次我还是会和以前一样做。"

航空公司会定期收紧它们的服务规定。正如一位有经验的工作人员指出："公司越是重视这场战斗，它们就越是把规定收得更紧。它们会更加精准的界定规则。它们会提出更多的分类和更多的定义。更多情感化的工作。然后，我们则会相应地更加抵制它们。"

必不可免的是，有一部分劳动者不愿意团结起来，而会坚持更加卖力地向乘客提供真情实感的服务。还有一些劳动者想去取悦公司以弥补"不足"——如年龄偏大、体态发胖或是同性取向。公司常常有意让她们觉得心有内疚。[1] 还有一些想要报复特定的同事。有一些是专业性的"天使"，公司迫切想要把她们树为典范。在怠工的时候，她们成为"卖命干活的人"，遭到其他劳动者的憎恨。

为回应怠工，据说，公司开始考虑在招募新员工时，通过降低最低年龄和学历要求，寻找更加便宜的劳动力。另一个回应是，泛美航空开始表露招募更多亚裔美国人的兴趣。根据公司官员的说法，公司招她们是因为"她们的语言技能"。根据工会会员的说法，公司看中的是她们无可争议的服从以及愿意从事情感劳动的意愿："他们很乐意将我们扫地出门，让客舱里满是充满爱意、温顺服从的日本女人。但有一件事是，法规限制他们从日本招人，于是他们就去招亚裔美国人。有个关于泛美的笑话。那些女人因为过于习惯遭人恫吓，所以要比我们更加坚强。"

航空业中怠工的独特之处，在于其抗议的方式和地点。如果一个演出公司抗议导演、服装设计师和剧本作者，它的抗议当然会以罢工的形式出现——完全拒绝表演。但在航空业里，剧目依旧上演，只是服装渐渐有了变化，剧本被一点一点地缩短，演出的风格本身——嘴角的线条、两颊的肌肉还有管控微笑含义的心

---

1 有人讲述，公司利用我们文化中女性变老就会失去价值的观念，让年纪大一些的女性劳动者感到有义务努力工作以弥补她们年龄方面的不足。年纪较大的女性空乘人员受到直接骚扰的故事时有所闻。有报道一位督导曾经让一位女性脱掉外套，伸直胳膊；然后他点评她上臂下部肌肉的"难看"。尽管那位女性为此感到悲痛，另一位空乘人员和工会官员评论说："他们让我们认为年龄是个人的缺陷。事实上，他们只是不想支付我养老金而已。"

理活动，都有了变化。

提速在劳动者身上产生的总体影响是压力。达美航空的一位基地经理坦诚地解释道："工作越来越难做，这是毋庸置疑的。我们看到越来越多的病假条。我们感受到越来越多的情境性沮丧。我们看到越来越多的人酗酒和用药，越来越多的睡眠和压力问题产生。"联合航空旧金山基地的经理这样评论道：

> 我会说，自从 1978 年，当我们有了灰狗巴士乘客后，我们普遍有了更多的药物和酒精滥用问题，更多的故意缺勤，还有更多的抱怨。
>
> 主要是初级空乘人员还有那些后补的——就是不知道什么时候被公司召集的空乘人员——为大多数问题困扰。高级空乘人员可以被安排到头等舱与朋友一起工作，根本不会接触友好捷运（Friendship Express）。

压力的具体来源明显有很多：长时间的工作班次、生理节奏紊乱、暴露于臭氧、连续不断地与大量高度不可预测因素的社会接触。但是，也有一个普遍的压力来源是：对自我与情感、自我与展演之间的疏离进行管理的任务，这一工作任务作为一条线索贯穿了整个工作经历的始末。

情感劳动与自我的重新界定

依靠情感劳动为生的人，必须面对其他人不会碰到的三个严峻问题，其答案将决定着她如何定义她的"自我"。

第一个问题是：我怎么才能跟我不能与之融为一体的工作角

色和公司在感受上保持真正的认同？这个问题在年轻、缺乏经验的劳动者（因为她们的自我身份定型化程度较低）和女性（因为女性常常被要求去认同男性，而非相反）身上尤为突出。这些群体遭遇认同混乱的风险普遍更大。

要成功应对这个问题，劳动者不得不发展出某种工作标准，来区分在何种情境下要她认同自我，在何种情境下要认同自身角色及与公司的关系。要解决好这个问题，劳动者不得不发展出将情境"去个人化"的能力。例如，当乘客抱怨友好捷运的堕落时，不会将情境"去个人化"的空乘人员会把这一指责归结为对她个人缺点的批评。或者，当乘客喜欢这个航班时，这样的空乘人员会将表扬看作对她自身特别品质的反映。她不会，例如，将这一称赞视为强有力的工会提升了劳动者与乘客比例的结果。她会以将事件轻易投射到"真实"自我之上的方式来解释现象。她的自我如此巨大，很多事情都可以投射其上。

所有公司，尤其是家长作风盛行、没有组建工会的公司，会试图采取把个人满足感与公司利益和身份感融为一体的策略。这种做法会一时奏效。公司强调出售"自然的友好"，会使新来的劳动者很难把独处时的自我和面向公众的自我、"放松的自我"和"卖力工作的自我"区分开来，也很难把她们的工作界定为一种表演。在这种感觉下，两个自我之间无法充分疏离。这样的劳动者缺乏从事深层扮演的全部本领技巧，以帮助他们随心所欲地将某一遭遇个人化或去个人化。没有这一适应性，情况就会变遭（如他们经常做的那样），她们更容易受到伤害，感到愤怒和痛苦不堪。

有时候，"真实"自我和"表演"自我的合二为一，会遭到重大事件的考验。当未受保护的自我被给予或是接纳一大群陌生人时，它就会连续不断地遭受一系列情境的击打。常见的考验来自公司的提速发展使得人性化的服务难以为继的时候，这是因为个人的人性化自我如此单薄，难以承载如此之重的需求。这时，要让公开的自我和私人的自我融接在一起变得愈益困难。出于自我保护的实际需要，它们必须分离。劳动者想知道她的微笑和使其显得真诚的情感劳动是否真正属于自己。是否真的是自我的部分展现？在她之中，哪些部分是"代表公司"而行动？

为了解决这个问题，有的劳动者总结道，她们只有一个自我（通常都不是工作的自我），那就是"真实的"自我。还有一些劳动者，她们属于大多数，认定每一个自我都是有意义和真实的，只是展现的方式和时间不同而已。以这种方式观察她们认同感的劳动者，多是年长、经验丰富和已婚的劳动者，她们倾向于以一种较少与公司融为一体的方式来工作。这类劳动者通常更加胜任深层扮演，保持两个自我之间分离的想法不仅为她们接受而且受到欢迎。她们更多地以就事论事、清晰明确和有时机械的方式谈论情感劳动："我挂上挡，我快速运转起来，我插上电。"在谈论情感时，她们并不认为那是自发和自然的流露，而是需要驾驭和控制的对象。一位空乘成员，在应对这个问题时有她自己的见解："如果我在快乐的情绪中醒来，我会把它传播给全体工作人员和乘客。但是，如果我醒来时情绪不佳，沮丧不已，在航班上我会独自承受，直到从中走出来。我就是这样看待它的：当情绪高昂的时候，我让它表露出来；当情绪低落时，就让它待在我里边。"

然而当劳动者处理完第一个问题后，常常会发现需要面对更为棘手的第二个问题。尽管他们具备深层扮演的技能，但是，他们并不能老是使用它们。"怎么用？"这就是第二个问题，"当我同正在表演着的那个自我断掉联系后，我还能使用这个能力吗？"很多空乘人员并不总能做到让自己认为机舱就是充满客人的起居室；

134

167

当机舱里装满 300 个陌生人时，做到这一点太难了。心里首先想到的是，用表层扮演来掩饰她们的情感。很多人想要进行深层扮演，但是，在公司提速的情况下，很难付诸实践，因此，她们又退回到了表层扮演。

因为这个原因，一个新的问题成为她们关注的中心：是否一个人可以"很假"。如果一个劳动者想全身心投入工作中去，但却只能做表面文章，对她来说就会存在这样的风险：即认为自己"很假"。这个词在空乘人员中是令人吃惊的高频词。常常会听到一个人贬低另一个人"很假"。（例如，"她就是带着个塑料面具的人"。）但是，劳动者也很害怕贬低自己；常常也会听到以这样打头的话："我不是一个很假的人，但是……""很假"是一个严肃的话题，因为，它通常不仅会被视为拙劣表演实例，还被看作是一个人道德有亏的证据，近乎一项污名。[1]

于是第三个问题就来了："如果我在一个与我缺乏联系的观众面前进行深层扮演，怎样才能让我保持自尊而不被人嘲讽?"对那些存在"很假"以及"自尊"问题的劳动者而言，解决这个问题就在于重新界定工作。尽管一些人自责"很假"，但是，另一些人将其视为在一项主动要求制造幻象的工作中有必要和值得做的表层扮演。一位非官方的空乘人员业务通讯——《泛美妙语人》的编辑直截了当地描述这一态度："我们应对的是良好服务的幻象。我们想要让乘客感到他们度过了一段美好时光。把任何伤害太当回事都是危险的。《泛美妙语人》就是要对其一笑了之。"

保持工作荣誉感，就不得不将工作看得太认真。另一方面，

1　当论及与公众进行接触的劳动者总体上是"新出现的小小马基雅维利主义者在练习他们待价而沽的人格技术"（1956 年，第 xvii 页）时，甚至连 C. 赖特·米尔斯也误读了这个问题。

艰难的经历迫使劳动者为自我和工作之间的联系不断地松绑。于是，工作从另一边就削弱为"维持一个幻象"。真诚的微笑或者那个人现在就不再是"很假"的了。"很假"的是所谓"美好时光"。正是要实现"美好时光"幻象的工作才是问题所在。《妙语人》的编辑，像他为之代言的劳动者一样，不得不说，恰如其分地讲："有问题的是工作，而不是我们。"因此，出于额外的保护，附带的信息传递了出来，"别把它当真，别归之于我们"。

当一名劳动者被要求为一大群完全超出她控制的陌生人进行深层扮演时，她就会采取防卫措施。唯一能让自尊感得到救赎的是，在这个情境下，将工作定义为"制造幻象"，把自我从工作中剥离，轻松以待，不要当真。工作所能投射出的自我是少之又少；自我也是"小之又小"。甚至工作也是如此。没有乘客或是劳动者真正能享受到"美好时光"。

当有的劳动者通过将工作界定为"不要当真"，把她们自己与工作隔离开来的时候，另一些讨论者则通过其他的方式来达到类似的目的。当她们不能把"很假"（或表层扮演）界定为必要的美德或是工作的特性时，她们可能会"进入机器人模式"，她们将自己的脸作为对抗世界的面具；她们拒绝表演。多数"进入机器人模式"的劳动者，将其描述为一种防卫，但是她们承认这是不适当的：她们抽离情感的做法时常会激怒乘客，当这种情况出现时，她们会被迫进一步抽离，以便保护自身不受被激怒乘客的伤害——无论她是以不要把工作当真的方式，还是彻底不做情感劳动而从中脱身——劳动者都在自我防卫。

在回应每个问题时，情感劳动都是对个人自我感的挑战。在每一种情况下，问题都不是那些不从事情感劳动的群体——组装线上，或是操作印制墙纸机器的工人——会关注的那些。在每一

136

种情况下，一个人所感觉到的她的"真实自我"与内在、外在表演相疏离的问题，都会变成有待攻克、需要采取立场的问题。

当一个空乘人员感觉到她的微笑"并非她真实感受的显现"，或者她感到她的深层或是表层扮演毫无意义，这就是一个信号，说明她要尽力去伪装一个已经普遍失败的转变。它显示的是，在商业舞台上有商业导演和标准化道具的情感工作，难以通过从前那样的方式使演员投入或说服观众。

一旦情感成功实现商业化，劳动者就不会觉得"很假"或是异样；她会对她的人性化服务感到某种程度的满足。深层扮演有助于实现这一目标，而非疏离的来源。但是，当情感的商业化作为一个普遍的过程崩解成为残片时，表演会变得空洞，情感劳动会抽离。任务变成了对已失败转变的伪装。在其他情况下，无论是自豪或是怨恨，面子和感觉常常被当作工具看待。美国航空的一名工作者这样说："你知道我们生病了他们会怎么说吗？破损（Breakage）。这怎么能被看作是一个'积极的态度'呢？他们把那些因病去投诉服务部取消工作的人叫作破损的物品。"联合航空旧金山基地的经理带着悔意评论道："我们把她们叫作身体。我们有足够多供航班使用的'身体'吗？"情感能变成一个工具，但是谁的工具呢？

第七章　踵趾之间：工作与情感劳动

"认清你的价值。保持微笑。"

——意大利餐厅后堂的标语

"制造警告！"

——收债机构后室标语

企业世界有踵趾之分，各司其职：一方面提供服务，另一方面收回账款。当机构寻求创造服务需求并提供服务时，它会使用微笑和柔性的质疑声音。在提供服务的展演背后，机构的劳动者被要求具备同理心、信任和良好意愿。另一方面，当机构要收回出售商品或服务的欠款时，它的劳动者则被要求要让欠款人感到痛苦，并提高声音的命令意味。在收账的展演背后，劳动者被要求不要信任欠账者，有时候要积极表现出恶意。[1] 在每一种展演后，

137

---

[1]　有些公司为了维护与公司相称的令人愉悦和道德完美的声誉，会把讨债的功能外包给其他机构。正如达美航空账务部门的负责人解释说："我们在全国使用了八九个讨债机构。我们这个办公室从不进行讨债活动。我们倾向于让讨债机构唱黑脸，达美唱红脸。"仅有1%的达美顾客没有按时付账单。在恳求之后，40%的人会付清欠款，剩下的三分之一的欠账者的欠款由讨债机构来追讨。

劳动者的问题是如何制造和维持恰当的感受。

描述情感劳动的两个极端（分别由空乘人员和收账员为代表）的原因是，这样可以使我们更好地理解，处于这两个极端之间的各种工作所需要处理的情感任务是多种多样的。它可以帮助我们看清情感劳动是如何沿着社会阶层高低而分布的，以及父母如何训练孩子去从事不同工作类型的情感劳动。因此，在检视完空乘人员的工作后，我们现在要审视一下收账员的工作。

收账员

收账员的工作和空乘人员在一些方面有着相似性。它们分别代表着情感劳动的两个极端。就其普通意义而言，每种工作尽管是以相反的方式，都会通过扩张或收缩以适应经济状况：当时世不好，空乘人员应对乘客少的时候，收账员就会有很多的债去收。此外，在每种工作里，劳动者必须适应顾客的经济身份。空乘人员要对给公司带来最多金钱的顾客——坐在头等舱带着合同飞行的生意人，予以格外的关注。对收账员而言，必然是，关注给公司带来最少受益的群体，"从住址就可以看出，我们的债务人居住在低收入区域；穷人和年轻人居多"（达美航空账务部门主管）。

这两种工作的显著不同体现在培训领域。空乘人员都是精心招募的，并且要接受2到5个星期的高强度培训（达美需要四周）。在我走访的一个最特别的收债机构中，培训是这样的：没有任何经验的年轻人会接到4个记录着收债电话的"标准"文件夹，被简要告知公司的电话信息系统，然后填写表格以获得州执照，给 工作卡打孔，然后坐拥一堆账单于电话前——所有这一切在一小时内搞定。因为培训或是保留劳动者的付出极低，工作人员的流动率很高。那些能够坚持下来的，多是从之前的生活中积累了大量的攻击行为技巧的人。他们清楚自己的偏好。正如一个收账员说的："我宁愿花 8 个小时去收债，也不愿花 4 个小时搞电话销售。在做电话销售时，不管对什么人，你都要表示友好，很多时候我不喜欢表示友好。热情地工作对我来说很难。"

空乘人员的事业是提升顾客的地位，凸显他 / 她的重要性。"乘客并非总是对的，但是他从不会有错。"每一个服务行动都是一次广告宣传。形成对照的是，当收账员攻破顾客打算赖账的抵抗防线后，收债的最后阶段通常都是贬抑顾客的地位。通过暗示顾客的怠懒和道德低下，收账员可能会选择把拒付债务的行动放大为会给债务人社会地位带来羞辱的证据。收账员贬低顾客身份的谈话是恶名在外的，这就是他们常常激发敌意的原因——通常一边是法律威胁，另一边是身体恐吓。

在收债这个行当里，舞台背景和演员关系是去人性化的，并且一开始这一点就得到了保证。有别于空乘人员，后者的制服上常常带着名牌，在我研究的收债机构里，收账员不允许使用他们的真实姓名。正如其中的一个人解释说："机构担心一些债务人头脑发热。他们不想债务人找到你。"不同于飞机上的乘客，债务人在被电话催还债务的案例中，不能看见收账员的舞台。当然，收账员也看不到债务人的舞台。如同一位收账员面露厌恶地说："一个女人或许会说：'这些事归我丈夫管，他在上班。'他可能这会正坐在沙发上喝啤酒。我怎么能知道？我希望能有那个远程玩意（可视电话）。但是，那可能会有更多的东西要去催收了。"

我研究过来办公室的债务人——来亲自交账单或者从被秘密收走的汽车里领取私人物品——发现它被两只丹麦巨犬看守着，一只用铁链子拴在楼底下，另一只拴在办公室里，（"刚开始上班

140

那阵，"一个收账员说，"我问这狗咬人不？他们说：'咬人，不过你别担心，它只咬黑人。'"）在舞台外，收账员唯一能看见的是窗户上的标语——一张鼓舞士气的卡片，上边写道："消除顾客的警惕。掌控谈话。"

通常收账员的第一要务是要让债务人陷入承认自我身份的境地。收账员，可能用一个假名，假定债务人可能会竭尽所能不提供姓名。通过在一开场就使用债务人的名字，特别是大清早的电话中，有可能会让债务人放松戒备，债务人可能会陷入承认其身份的陷阱中。

这会使双方一开始的遭遇战恶化，因为债务人很快会意识到他丢了阵地。"偶尔这家伙会从一开始就表现得很糟糕。他会因为在还不知道你是谁之前就承认了他是谁而抓狂。"如果收账员语速很快，情况会容易一点。正如一个收账员解释说："认出那个人，然后让他知道你谁。接着，你直奔主题，要让这个过程尽可能地短，就像你明天就要拿到钱一样。然后你停上一秒。你要尽量消除他们的防备。如果你太友善，相信我，他们会让你很不好过。"

收账员接下来的任务是调整对债务人抵抗的威胁程度。他／她会通过观察别人怎么做，来大体上依样画葫芦。有一个收账员，他的学习对象是他的老板："他走出来，用肺活量所能达到的最高声调叫喊：'老子才不管该死的圣诞节还是其他什么节！你让那些家伙把钱拿来。'"尽管，这个雇主通过让威胁快速升级很快要回了一小笔钱，并转向催收新的欠账，但是他的雇员们通常更倾向于"软性收账"。通过花更多的时间去说清楚要点，他们觉得他们可以给债务人一个见面礼：这是疑虑的好处（benefit of the doubt），并暗示作为债务人诚实守信的回报，还债时间和数额是可以商量的。在这个舞台上，特别是对那些头次欠债的人，收账员在交谈中经常使用表示合作的我们，例如，"让我们看看，我们怎么才能把这事处理好"。有时候，机构的收账员会从语言上与他为之工作的收债公司划清界限，如，"嗨，让我们看看我们能怎么解决这事。要不然他们一周后又要给你写信了"。

收账员和空乘人员一样，也会观察感受规则。对空乘人员而言，不能让信任轻易让位于猜疑，她得到鼓励要将乘客看作客人或者孩子。对收账员而言，恰好相反，不能让猜疑轻易让位于信任，这样一来讲了真话的苗头、显示了诚实的小线索就会变得重要。一位经验老到的收账员说："[对付债务人]比起新手来，我会快刀斩乱麻，因为我很快能看出苗头来。"他接着说：

> 那么，一个花时间给公司写信的人可能会说实话。但我怀疑的是那种在我找到他之前什么也不说，找到他后又开始对交易情况胡诌八扯的人。他要么说："我找不到汇款收据了。"这可真是个好家伙。要么说："我只是没有留着取消了的支票。"

142

另一个讲真话的表现是债务人完全承认欠款：

> 我给了很多人还款的宽限期。人们会这样跟你说："我失业了。我没有钱。你想让我怎么着？"我说："好吧，让我告诉你怎么办。"既然他欠了500美元，我说："那好吧，分20次还清，这样你就会有一些时间。如果你一分钱都不还，那么，他们每周都会给你写信。"

有时候在确定是否信任债务人的过程中，收账员可能会质疑

175

债权人的要求。有一个为 ABC 尿布公司收债的人这样说：

> ABC 会说他们收回的一批尿布短了 44 片，因此向顾客每一片收取了 75 美分。但是所有顾客反映说，他们并没有截留那些尿布。如果他们能找到那些丢失的尿布，满世界将都是尿布。ABC 一定是想让人们形成他们在清点尿布的想法。但是，他们一开始就没有发送足够数量的尿布。当 ABC 的每一笔账目都有问题时，我开始认同顾客的说法。但是不敢把这个告诉老板。

不同于空乘人员，收账员被要求怀疑欠债机构和公司代理人的说辞，即便是相信他们的说辞会让工作变得容易些。一位女士回忆说：

> 我曾经为一家纸板火柴学校工作，你知道的，就是那些把广告刊登在纸板火柴背面的学校。这家学校叫作职业学院。在美国有 11 个分校，但是，它们在走下坡路，因为这个原因，像我这样没有任何经验的人也能做它的经理助理［一份包括收账在内的工作］。他们教授如何通过机器操作收费卡的技能，并且为此授予学历。他们还说能让那些说话结巴的人变成知名的电台主播……也只有穷苦的黑人才会借钱上那样的课程。
>
> ［在借款上课的学生中］学费过期还款比率高达 50%。没有人从这家学校毕业后能够找到一个电台广播主持人的工作。你让那些家伙怎么还贷呢？

143

这位收账员被要求"不要相信公司"。即使她在该公司供职，也要对其保持一种玩世不恭的距离。

即便是收账员信任债务人，仍然存在如何表达同情的问题。在空乘人员的训练中，把乘客当作小孩的类比是用来放大共情和同情感。在收账员的工作中，"懒汉"与"骗子"的类比则是用来限制他们在收债过程中产生这类情感。正如一位收账员供认道："我们追债的对象大多数是穷人。在这个行当里，我相信大多数人是诚实的，除非他们对服务或其他事情严重不满，否则他们会努力付账。如果我的老板听我这样说，他当然会开了我，因为我应该假定所有这些人要占我们便宜。"

如果欠账在两三通电话后没有付清，收账员会变得强硬。债务人"拖欠的理由"这时会被称之为"谎言"，收账员所熟知的一个计谋就是假装不再对其以礼相待。正如一位收账员描述的那样：

> 你注视着卡片上的这个家伙。你看到的是他一次一次的许诺，说他丢失了你的地址，其实那就在电话本上。于是你说："史密斯先生，收债中心的地址在这里。"一开始他或许会比较友善。于是你说："好吧，这是怎么回事？"他会说："您是说您还没有收到那笔款项吗？我简直难以相信。或许我妻子没有寄出去——我让她去寄的。"然后，你开始变得强硬。你说："好吧，这听上去让人有点厌烦。我不想让你再冒邮寄的风险了。我希望你今天把钱拿到办公室来。"然后，他真的就会把钱给你。

空乘人员得到鼓励去放低身段来提升乘客的地位，而收账员则得到允许去抬高自身的身份，以便对付他人时得到许可而占据上手。一位否认他故作姿态的收账员，声称在他供职的其他机构里这种情况司空见惯："很多收账员就会对着债务人吼叫，好像他们真的欠了他们什么。很多收账员觉得自己是大人物。"

加州的一些收账员愤怒地抱怨《加州民法典》（1788 年 11 号第二条）禁止咒骂债务人。正如有人指出的："我可以挂电话。我就是不能咒骂。当他们在电话里对着电话本辱骂你时，会使你非常难受。"然而，他们提到还是可以发现其他有效的方式去侮辱和逼迫债务人。

相反，债务人常常出于自卫不告诉收账员自己的名字，至少可以保护自己名字免受侮辱。

> 收账员：你叫什么名字？
>
> 债务人：V. 米勒。
>
> 收账员：能拼一下你的名字吗？
>
> 债务人：就是 V。你可以叫我 V。

这种尝试可能诱使收账员更加卖力地降低债务人的地位。

收账员会指责债务人是个谎话精、骗子和"福利蛀虫"。当他这么做的时候，债务人会变得绝望和愤怒，更加强有力宣称自己的尊严。但是，这种自卫在商业性而非人性化的交易之中显得不值一晒，正如这位收账员提到的：

> 昨天我就有一个好的案例。有人欠了卡恩钢琴租赁公司 370 美元。那女人说公司送了钢琴却忘了琴凳。[为此她没有付全款。]我第二次给这个女人打电话的时候，

她坚持的第一件事就是："我想让你搞清楚的是我是学校教师和校长。"这些是黑人。我并不真的关心。我关心的是钢琴，还有琴凳……她告诉我："我们是给上钢琴课的女儿租的琴。"我说："好吧，我想你需要一架钢琴。"她变得激动起来，我根本插不上话。她对我说："我支付60美元是为了得到定制的琴凳。"[看着我的记录]我说："能告诉我你的律师的名字吗？我给他电话。"她说："我的朋友大多数都是律师。"于是她真的给我读了取缔闹事法，我说我不得不挂电话了。她说："既然你一开始找了我，就要和我把这件事了了。"我说："我一开始找的是您的丈夫。"于是她说："既然你开始跟我说这事，那你就要和我了结它。"我说："夫人，这是一场绝对荒谬的谈话。我会给你丈夫打电话。日安！"我狠狠地挂上了电话。

在关于卡恩钢琴租赁公司欠款的讨论之下，另一场对话正在进行着。债务人实际上是在质问："你是否接受我作为一个诚实中产者的自我陈述，我是一所学校的校长，有着很多律师朋友，而且能够给女孩提供钢琴这样的文化训练？如果你接受她的叙述，那你还会相反地去相信卡恩叙述的故事吗？"让债务人大为光火的是，答案是否定的，这假定她在撒谎，而且也拒绝相信她的阶层和家庭资历，以及作为一名值得信赖和具备良好意愿的顾客遭受不公待遇的事实。坚持围绕钢琴和琴凳就事论事，无视社会故事，因此，就可以限制共情，收账员强迫债务人去偿付的不只是现金，而且还有道德立场。

即便那些避免粗鲁和冒犯性行为的收账员也清楚，其他人是可以这样做的。事实上，令空乘人员感到可怕的"投诉信"则会为许多收债机构的收账员赢得"拍拍背"的肯定。正如钢琴租赁案例中的收账员评论的那样："今天我一进办公室，老板就笑着说：'今天有人投诉你了。'我猜那个女人给钢琴公司打电话了，高声数落我20多分钟。在这行里，这是好事。他们一笑置之，拍了拍我的背。如果在其他行当中，我还会得到这样的待遇吗？"

机构的规则要求表现得咄咄逼人。一位新手说："我的老板冲进我的办公室说：'你能表现得比那更生气吗？''制造警告'，这是老板的原话。"像军队里的中士一样，老板有时候说他的员工"不够爷们"，除非他们表现出恰当的赤裸裸的愤怒："我的老板冲我吼着说：'你能像个爷们吗？'今天我告诉他：'你能给我一点当个正常人的机会吗？'"

承受收账员逼迫压力大的债务人，有时候会发出暴力威胁。这时候，收账员的任务就是要从虚张声势中识别出真正的威胁。正如一位收账员回忆道："他们说他们会下来爆掉你的头。我不把这种威胁当真。只是说明他们真的很生气了。你知道，黑人男性真的很容易发怒。但是，我知道有个女的出去跟那些家伙交谈，那人和他的一个朋友在一起，对她很强横。她没有受伤，只是受到了惊吓。"收债机构就挑衅行为在何种程度上可以忍受的弹性很大。多数有声誉的收债机构聚焦在如何帮助债务人"清理"债务，把收账员那些冒犯性的特征简单归为"过于强势"。然而，在我研究的机构里，公开的强势做法是从债务人身上榨出钱来的机构政策。

由于已具备了工作所需的人格特质，空乘人员和收账员很容易被他们的工作所吸引。在空乘人员中，仔细的公司筛选会保证具备这些特质的人大都被选中，而筛选收账员的机制则是高跳槽率——那些不喜欢这项工作的人很快就会退出。在这两类工作中，劳动者时常谈及为了执行工作任务，就要抑制他们的感情。督导负责执行和监控感情抑制，而抑制感情常常演变成个人压力。

像空乘人员一样，收账员也需要应对顾客，但是，是以一种截然不同的视角，出于不同的目的，采用不同形式的展演和情感劳动。空乘人员出售和提供服务，提升乘客的社会地位，获取乘客的好感与信任，将乘客视为来到家中的客人。在公司体系的正面，真诚的热情是商品，粗暴和冷漠则是麻烦。然而，在公司体系的背面，钱款被拖欠，必须收回，即便是顾客因此被榨干自尊也在所不惜。在后者，即收回欠款的舞台上，坦率直白的怀疑是合宜的，热情和友善则是麻烦。每一项工作中的不合时宜可能会在另一项工作中急剧放大。在每一个案例中，展演都由情感劳动所支援，由想象出来的故事——起居室中的客人和浪荡在失窃物品中的懒散欺诈者——所支撑。

在公司发展加速时，这两类工作都会变得脆弱。老板想在每小时内收更多的债，这使得收账员很难躲在职业前线后面，凭借良好信任达成私人交易。当他强调"时间就是金钱"的原则时，就夺走了收账员能唯一提供给债务人合作的回报——时间。他减少了在"强硬"和"柔性"取向中做选择的机会。空乘人员和收账员一样，公司发展加速使他们以个人方式来应对人们变得更加困难。

工作与情感劳动

在空乘人员和收账员这两个工作极端之间，存在着可称之为情感劳动的很多工作。这种类型的工作一般具有三个特征：首先，它们需要与公众进行面对面或是声音相闻的接触。其次，它们要求劳动者在其他人身上催生出一种情感状态——例如，感激或是恐惧。第三，它们能够使雇主，通过培训和监督，对雇员的情感活动予以一定程度的控制。

148   在特定的职业分类中，这些特质会在一些工作看到，而在另一些工作中看不到。[1] 举例来说，劳工统计局将"外交官"和"数学家"归在"专业人士"的分类中，情感劳动于外交官而言至关重要，然而于数学家则不关痛痒。在"职员"分类下，我们可以发现，一些劳动者通过面对面的接触，从事着利用他们的感情倾向来展示公司理念（company emblems）的工作，在上级合法监控下，于其他人身上产生一种期望的情感状态。但是，我们同样发现，另一些劳动者只是通过信封、信件和档案袋与他人接触。在特定餐厅里，只有特定服务员进行情感劳动，而其他人则不需要。在一些医院和养老院里，一些护士需要进行情感劳动，而另一些则不需要。

许多秘书，理所当然要进行情感劳动，即使那些不从事情感劳动的人也理解这是"与工作相关的"。1974 年一本关于法律秘书专业人员招募建议的手册这样写道："即使处于压力之下，你也要让人感到愉快。很多执行官聘用秘书更加看重讨人喜欢的性格而非容貌出众。正如其中一位说道：'我需要的是一位在我脾气不好、文件如山、一切失控时，仍旧能保持愉快情绪的秘书。'"[2] 这只是列在职业名录词典中"秘书"下的一条内容。但是，

---

1   一些工作职责描述中被提及的工作特质——例如，将个人利益同人为激发的表现与感受结合在一起的激励体系——可能在提升情感劳动方面会格外成功。靠抽取佣金提成的销售，就是一个再好不过的例子。如果缺乏明确的个人利益，首先，严格的督导，可能对促进情感劳动有所帮助。

2   参见克罗格弗斯（Krogfoss，1974 年），第 693 页。

秘书所工作的办公室，气氛各不相同，其中一些对情感劳动的要求要高于其他。即使在同一个办公室里的工作者，当来了一个管理哲学风格迥异的新老板后，也能看出情感劳动的数量随之变化的情况。打字的"内容"和"方式"之间的差别，也划分出了技术劳动与情感劳动的界线。

公司有时候会设计一些方式，以确保其员工能够恰当地从事情感劳动。1982年4月17日，《圣彼得堡时报》提供了一件惊人的案例，在栏目标题为《脾气暴躁的温迪克西员工能让你多赚1美元》的报道中，这样写道："在圣彼得堡和帕拉斯公园的温迪克西店里，收银员的制服上别着1美元。这是公司礼貌活动的一部分。如果收银员没有礼貌地欢迎顾客和真诚地道一声谢谢，那么顾客就可以得到1美元。如果一名收银员把店里的太多的美元送掉的话，可能会被老板训话。"

温迪克西给予所有在为期两周实验内保持完美记录的收银员1美元，并宣布，向6个门店里最热情的收银员颁发赞誉别针（recognition pins）。此外，所有的温迪克西门店，还向顾客发放了印有以下信息的小册子：

致我们的顾客

尊贵的顾客，为确保您得到我们恰如其分的热情和服务，我们同所有员工，一道检视了我们的热情服务项目。在您造访温迪克西门店时，将享受到如下的热情服务：

1. 结账时，得到真诚的问候。

2. 收银员将给您提供更加迅速、高效的结账服务，全面关注您的需求。

149

3.合宜地打包您所购置的商品。

4.高效和出色地结算您提供的现金、支票、优惠券、食品券等。

5.真诚地向您道一句:"感谢您惠顾温迪克西门店!"

如果出于不可知的原因,我们有可能雇用了某名不够热情或是粗鲁的员工,恳请您不吝将其报告给我们负责的前台经理,请给以下地址来信:

佛罗里达州坦帕市440号邮箱温迪克西门店部门经理(邮编:33601)。

150

我们将对此进行调查,并采取纠正措施,以确保您在未来能够得到我们的热情服务。

感谢您成为温迪克西最为尊贵的顾客!

要更加明白无误地陈述顾客有权获得真诚问候和一句真诚的"谢谢你",很不容易。要找到更加清晰无误的方式,来表明展现工作和情感工作是工作的重要构成部分,则更为不易。

通过与顾客谈论这种巧妙的宣传方式,收银员被要求展现个人性的真诚。正如一位收银员向顾客说:"我不知道[公司]为何这么做。他们真的没有必要这样。无论如何,我已经真的很友善了。"通过将自己的真诚,与公司在广告中推销的花样区别开来,她似乎在提供与工作无关的真诚。但是,当然了,我们或许也会这么想,她的工作就是要做那个。

收银员和推销员或许一天内,不得不迸发出很多次很短暂的友好。他们鲜有机会用很长时间去很好地了解他们的任何一位顾客。但是,也有一些需要与客户建立长久和深入联系的其他工作。例如,心理分析师、社会工作者、外交使节,被希望表现关注、同情，也要避免"沉溺于"个人好恶之中。正如桑迪，一位在电影《一千个小丑》中退学的社会工作者评论说："我花了很长时间去理解雷蒙德。一旦我理解了他，我就开始恨他，尽管他只有9岁。我喜欢一些案例，但憎恨另一些，对我的工作而言，这是不对的。"

家长对日托中心的老师带给人的感觉，有着不同的期许。一些希望在"教育体验"中兴趣相投。另一些希望热情对待孩子，给孩子提供好营养。然而，还有一些希望能够提供情感上的替代，因此，对日托中心的工作人员提出很高的要求。特别是在这个案例中，所提供的服务与家长的期许，可能出现不匹配的情况："当提米的妈妈说，她联系了离家更近的另一个日托中心后，我和她长谈了一次，我开始意识到，她希望我就提米的离开感到真心的失落。我想念他，你知道的。但是，我并非那么失落。他们每天5点半把他从我的屋子接走。毕竟，这就是份工作而已。"

医生在治疗身体的同时，也要处理与身体相关的感情，即便是那些进行非人性化治疗的病人，如果医生没有表现出足够的关注，常常会感到失望。有时候，医生的工作，就是将预警的信息展示给病人，帮助病人去管理相关的感情。通常，医生接受训练，去表现出对病人和蔼、值得信赖的关心。理想的状态是，他应该是可靠和值得信赖的，但是有时候，信任会在两个方面都出现问题，正如下面这位医生的故事所反映的：

> 我为一家公司工作了二十年。一些员工会来找我，发誓说他们因为工作得了背痛，而我也不能确定，他是不是在家里得的这病。我不想看上去对此有所怀疑，但是，大多数时候，我是持怀疑态度的。于是，在工作中真的受伤的病人，想去找他们自己的医生来照顾他们，并让

公司为此埋单。你不应该把病人当作诈骗犯和骗子，但是，有时候我真的不好过，因为，他们并不把我当作一个医生。

律师，和医生一样，也要和客户进行面对面或语音接触，而且，他们想在客户身上唤起一种情感状态。例如，离婚律师，如果客户想获得更多的金钱、财产或是孩子的抚养权，而非引发战争的话，必须尽力让愤怒和绝望的客户平静下来。另一些律师，如那些擅长于从事立遗嘱的律师，可能发现自己陷入了客户的家庭计谋中，沦为其喉舌，并产生令人不适的后果：

> 当你做的是遗产继承工作，你常常要和想让孩子们听话的有钱人打交道。他们想把钱传下去，同时又不要失去控制权。我经常会碰到这样的要求："吉姆，我觉得，你是最合适同我女儿谈话的人。她会听你的话。"于是，即便我认为这相当不公平，也不得不去传话。孩子们因此会对我失望。

卷入家庭关系的过程，会使律师冒着成为替罪羊的风险，然而，与此同时，他必须维持所有当事人的信任。

尽管推销员不大可能卷入家庭纠纷，他／她同样面对着在客户中建立信任的类似任务，这要求既不能进行深层扮演，也不能进行表层扮演。在一个关于沟通风格的研讨会中，康宁玻璃的推销员，被要求把"倡导性的"沟通风格与"分析性的"区分开来。（倡导性的风格是决断和敏捷的，而分析性的则是保守和优柔的。）在题为"信任"的部分，研讨会手册讨论了，销售人员如何防止因"分析风格"的人不信任"倡导风格"的人而导致的这些问题：

倡导风格的人，会被其他人，尤其是分析风格的人认为不可靠。这是因为，他们比其他人更能以轻松的心态来应对生活。他们是忙碌、积极的，但会轻易许下诺言的群体。其他人会怀疑，他们是否真的说到做到，为消除这一评价性的看法，一个人必须竭力表现得更有耐心和严肃。如果能更加仔细地聆听并记录重点，将会有所帮助。……（沟通风格研讨会）

目的是"消除"客户的猜疑，让客户信任推销员。这既不能通过表层扮演——看上去更加耐心和严肃——来实现，也不能通过深层扮演——变成更加耐心和严肃——来做到，因为这些深层扮演会让"表面"（seeming）行动显得不大必要。无论上述哪种情况，劳动者均面临着来自工作的情感性要求（赢得信任），以及假定他能够通过自身的努力满足这一要求。

应该注意的是，尽管社会工作者、日托中心的工作人员、医¹⁵³生，还有律师，在人际接触中，会努力影响他人的情感状态，但是，他们的工作，并不是在情感督导当场监督下进行的。相反，他们通过考虑非正式专业的规范和客户的预期，进行情感劳动时的自我监督。因此，他们的工作，和其他工作一样，只满足了我们提到的三大标准中的两个。

总体来说，有多少劳动者在工作中需要从事情感劳动呢？只有在询问劳动者他们实际在做什么，询问雇主对雇员的预期之后，我们才可能对这个问题做出明确回答。毕竟，情感劳动，的确是与特定的工作关联的，只有在工作现场预期成形之际，才会清晰可辨。但是，基于本书附录 C 中对数据的合理估算，可知在全美超过三分之一的工作，均涉及情感劳动。

这意味三分之一的劳动者，在工作中，都经历着一个鲜少得到认可、鲜少得到赞誉、几乎从未被雇主视为是压力来源的工作维度。对这些劳动者而言，情感工作、感受规则和社会交换，被从私人领域中移除后，被安放到了公共领域之中，被程式化、标准化，并被纳入科层体系的控制之中。总而言之，正是这些情感劳动工作者，使得数百万人在日常生活中，与全然或近乎陌生的陌生人，进行相当令人信任和愉悦的交易变得可能。如果我们的良好意愿严格限定于某个我们在私人生活中所知的人，如果我们所展现的礼貌或移情能力没有如此广泛传播，我们的感情没有专业化，公共生活必然会截然不同。

社会阶层与情感劳动

任何社会经济层面的工作，都会给劳动者带来情感负担，但是这些负担与情感劳动的表现（performance）则关系不大。在社会下层劳动者那里，工作多是无技能和枯燥的，且劳动过程不为劳动者本人所掌控，情感工作的任务是抑制挫折、愤怒和恐惧等情感，甚或是抑制所有一切情感。这是可怕的负担，但其本身却并非情感劳动。工厂工人、卡车司机、农夫、渔夫、叉车司机、水管工、砖瓦工、暂住型酒店中打扫房间的女工，及在后房里的洗衣工，总体而言，不会像空乘人员和收账员一样，个人人格被征用，社交能力被利用，情感工作被紧紧束缚在职业性的羁绊之下。

一位钢铁工人这样描述他的工作："戴上安全帽，穿上安全靴，戴上护目镜，走到给钢铁表面涂防锈层的机器跟前。这就是我要干的活。他们把起铁块，冲洗，浸到涂层液中，我们再把它拿出来。放进去，拿出来，放进去，拿出来。"[1] 在这样的工作里，很少会有与人面对面、声相闻的接触，谈不上在其他人身上产生一种情感状态了，更不用说公司对劳动者如何管理情感细节的关注了。为专心做好手头的事，他可以压抑自己的感受，在吃午饭的时候，他可能会留意工友讲的哪些荤段子比较好笑。但是，他要做的就是清洗和浸湿铁块，不用处理情感问题。再一次，在成百上千英尺暴露在空气的"铁水间穿行"的钢铁工人、跳伞师、驾驶装载着易爆货物的卡车司机，无一例外都要做抑制自身恐惧的工作。但是，他们的情感工作，是对其时间和精力提出各种务实性而非情感性要求的一种后果。他们的情感工作并不指向其他人，其后果也不能以其他人的情感状态来进行评判。

类似的是，空乘人员和收账员处于中产阶层的核心地带，在这里，工作怎样影响着劳动者感情这类问题，要比工作是否需要情感劳动这一问题更为宽泛。在这一社会经济层面，许多劳动者，无论是推销产品还是宣传公司，要把他们的人格表现转化为公司的象征符号，转化为一个揭示产品本质的线索。这类劳动者不是决策者，但是，却以这种方式或那种方式代表着决策者，不仅简单地表现为他们如何看、如何说，而且在情感上反映于他们如何看上去像是（决策者）。有句广告格言说，"不要兜售你自己也不相信的东西"，它需要的是一种信仰行为。但是，既然从事服务、销售和说服工作的中产阶层的劳动者，挣得不如他们的老板多，从理性角度来看，是不大情愿真正出卖自己的。他们更有可能是将情感劳动，仅看作是要好好考虑成本的一份工作。

再高一个层级的是大公司的决策者。于他们而言，政治、宗

155

1　特克尔（Terkel，1972），第 5 页。有关妻子对丈夫抑制情感看法的论述，参见 Komarovsky（1962）与 Rainwater 等人（1959）的著作。

教和哲学信念变得更多与"工作相关"，自我和工作之间的联系既是多种多样又是四处弥散的。[1] 经年的训练和阅历，夹杂着日常的胡萝卜加大棒原则，共同把公司的感受规则推得离自我意识越来越远。最终的结果是，那些就如何去看到事物和感受事物的原则，对他们而言看上去是"自然而然"的，成了个人人格的一部分。供职时间越久，工作中利益、权力和收入的回报越多，这些准则就变得愈发真实。

在上层阶层的顶端是商业巨头、帝国的决策者。他们被认为拥有个人特权，去给那些迫切迎合自己的属下设定非正式的准则，这些准则都是用来服务商业巨头的个人性格偏向的。什么是有趣的，什么要注意，如何表达感激，如何表达对局外人的敌意，成了高级雇员的企业文化。这不只是可以沉浸于情感癖好的特权，更是可以快乐地无视无权者的特权。通过将潜在的感受规则强加给下属，来实现无以名状、无所不在的统治。特别有意思的是，在阶层阶梯的另一个极端的雇员，虽然他们无权为他人设置感受规则，却几乎完全不受感受规则的束缚。他们享受被剥夺的特权。

概括起来说，工作在所有社会阶层上施加的情感负担是普遍存在的，这也是工作之为工作而非游戏的原因所在。但是，只有工作要求与公众发生个人接触，并在他人身上唤起特定的心理状态时，情感劳动才会出现，（除了那些真正的专业性工作外），情感劳动常常处于督导的监控之下。[2] 在社会下层和劳工阶层（公园

156

1　正如多萝西·斯密斯论述的："公司结构要求经理将自身及个人兴趣服从于公司的目的、目标、日常运作及'伦理'之下。他是什么样的人因此变得相关。他以及家庭的道德地位也变得相关。家庭装潢、成就、子女教育，成为他个人和雇主道德地位的象征。"（1973 年，第 20 页）

2　在这些工作中，深层扮演和表层扮演是工作的一个重要方面，憎恨这种工作，则不利于很好地完成它。

大道酒店的大堂使者、高档酒店拥有固定客户群的女服务员，还有妓女属于很少见的特例）中，要求将情感生活转化成工作的这类情况并不多见。绝大多数的情感劳动从业者，属于中产阶层。

家庭：实现转变的训练场

子承父业者的工作表现，可能会带着与"岗位职责描述"令人难以置信的相似性。成年的情感劳动者会培养出幼小的情感劳动者。父母教孩子认字母、识数字、懂礼貌，把他们的世界观传递给孩子，但是，他们也会教会孩子认识自我的哪个区域，将会与工作规则发生关系。诚如这方面的研究显示，劳工阶层父母为子女接受外在行为规则的控制做好了准备，而中产阶层父母则为子女接受感受规则的管理做好了准备。[1]

社会语言学家巴兹尔·伯恩斯坦（Basil Bernstein）从他对英国中产和劳工阶层家庭的研究中，识别出了两种不同类型的"家庭控制系统"：即地位型和个人型。

在地位型控制系统中，明晰、正式的规则决定了谁来做决定、谁来做事情。制定规则的权利基于正式属性，如年龄、性别和家长身份。一个"地位型的家庭"并不必然是专制的、或情感冷漠

1　参见科恩（Kohn, 1963）和伯恩斯坦（1958、1964、1972、1974）。这些研究都始于尼尔·斯梅尔塞所阐明的一个前提："家庭是儿童首次进入权威关系的场所，并为他确立了进入此后所有权威关系之中的'情感基础'（affectional basis）——这一基础包括发展出最低限度的信任、认同权威的能力、在适当时候承担权威的能力等特质。于是，家庭是此后各种社会关系的综合训练场"（1970 年，第 26 页）。反之，学会处理各种权威关系就意味着经受特定类型的惩罚，权威正是经由惩罚而得到运作的。每一社会阶级中"权威的情感基础"（affectional basis of authority），都是通过父母就他们希望自己的孩子在既定情境下该如何感受进行所进行的交流而确立的。但各个阶级、职业群体和族裔群体，在教育其孩子管理其感受的程度方面和教育的内容放慢都可能存在差异。

的家庭；它仅仅只是将权威建立在非个人化的社会地位、而非个人情感之上。地位的吸引力，因此变成了非个人化的社会地位的要求。例如，如果小男孩不住地说他想玩玩偶，他的妈妈可能会用性别地位来要求他："小男孩不玩玩偶，那是给你妹妹的；拿起小鼓玩吧。"

在个人型控制系统中，比正式的社会地位更为重要的，是父母和孩子的感受。父母会用这样的陈述，"因为这对我来说很重要"或"因为我非常累"，来支持他们的要求。要求同样也指向孩子的感受。在同样的情境下，个人型的妈妈可能会说："你为什么想玩玩偶呢？它们那么乏味无聊。为什么不试试小鼓呢？"在地位型的家庭中，控制违背孩子的意愿。在个人型家庭中，控制通过孩子的意愿发生作用。这样一来，孩子说："我不想亲爷爷——为什么老要我亲他？"将会有不同的答案。地位型家庭的答案是"小孩就是要亲爷爷"以及"爷爷身体不好，我不想听你胡说八道"。个人型家庭的答案："我知道你不喜欢亲爷爷，但是他的身体不好，而且他是那么喜欢你。"[1]

在个人型家庭中，伯恩斯坦写道，孩子看上去有选择。如果孩子质疑父母提出的规则，父母就会进一步解释情境，并就可选项做出更加清楚明确的说明。在这样的情境和解释中，孩子会选择遵守规则。但是，在地位型家庭中，孩子被告知要按照规则行事，任何对规则的质疑，都会归之于不可撼动的社会地位："为什么？因为我是你妈妈，我都告诉过你了。"个人型的孩子被说服去

---

[1]　伯恩斯坦（Bernstein, 1972），第486、487页。地位型和个人型控制系统，用韦伯的观念来看，属于理想型。没有一个家庭可能与其中的一个类型完美匹配。然而，在理论上建构出它们，有助于我们去识别任何一个真实家庭里的要素。伯恩斯坦将两种控制系统的差别总结为："地位导向的要求，依赖于地位差别上的有效性，而个人导向的要求则更多地依靠对观念与感受的操控"（1972，第483页）。同见道格拉斯（Douglas, 1973），第26页。

选择正确的行动，被说服去以正确的方式去观察和感知。[1] 地位型的孩子被告知如何做，被告知去接受命令的合法性。

劳工阶层的家庭普遍地更倾向于地位型，中产阶层的家庭更加倾向于个人型，这是伯恩斯坦的判断。类似地，梅尔文·科恩（Melvin Kohn）在他的《阶层与遵从》（*Class and Conformity*, 1977）一书中发现，中产阶级的父母可能会因他们后来推测的孩子的感受和意图而惩罚孩子，而工人阶级的父母则更可能对孩子的行为本身进行惩罚。[2] 中产阶层的母亲更有可能因为儿子发脾气而惩罚他，而非破坏性的体育活动。不能容忍的是他的乱发脾气，而非狂野活动。[3]

中产阶层的孩子看上去会特别臣服于三方面信息。第一方面是年长者的感受是非常重要的。感受与权力和权威密切相连，因为它是大人经常用以做决定的理由。孩子们会对感受变得敏

1　社会控制通过情感受规则，将个人主义纳入意识形态的叙事之中。它允许劳动者从这样的信仰——跟随他 / 她的感受，他 / 她正在做决定——中自我娱乐。个人主义，被允许与本质上会损害个人主义的社会控制共存。C. 赖特·米尔斯做了很好的论述："在粗糙、僵化的19世纪，权威系统是明显可辨的，受害者知道，自己正在遭受不公正的对待，无权无势者的悲惨和不满是一目了然的。在暧昧的20世纪，操纵取代了权威，受害者意识不到所在的地位处境。正式的目标，由最近的心理学工具所执行，让人们将管理者让他们要做的事情内化于心，人们不知道自身的动机，更不用说拥有自己的动机了。很多身在其中的人们，不知道他们何以居于那样的处境，不知道鞭子已经存在于他们内心之中。在权威向操纵的转变中，权力由可见变得隐不可见了，从已知变为匿名。随着物质生活水准的提高，剥削由物质层面转为精神层面。"（1956年，第110页）

2　要求孩子"爱希尔达阿姨"可能会引发反抗，并拒绝爱希尔达阿姨。要求孩子有雄心壮志和"热爱学校"可能引起反抗，并以憎恨学校和蔑视成功告终。R. D. 莱恩在他的《家庭政治学》（1971年）中，通过展示家长和心理分析师如何为孩子和病人设置感受规则，以及如何遭到了后者的反抗，将人们的注意力引向了中产阶层"内化"控制的模式。如果中产阶层的权威，更多是以情感法则和情感管理来加以表达，如果更多是通过这些，而非通过宰制着我们的外在行为规则，那么我们就要对其好好加以检视，正如莱恩做的研究显示，反抗与反制反抗统治着这一领域。

3　科恩援用约翰·克劳森（John Clausen）话表明："中产阶层的父母，比劳工阶层的父母，更希望自己的孩子为他人考虑、有学习知识的好奇心、有责任心并且有自制力，而劳工阶层的父母则更喜欢他们的孩子表现出服从"（Clausen, 1978年，第6页）；参见科恩（Kohn, 1963年），第308页。

感，并学着很好地去解读它。第二方面是孩子自身的感受非常重要。感受是决定我们做某些事和不做某些事的原因，因此值得注意和重视。中产阶层的孩子自身对权力的感受，要比外在表现更加密切地与感受连接在一起。[1]第三个方面是感受注定是要得到管理——监控、认可和控制的。因此当小提米将墨汁溅到新买的小毯子上时，他受到的惩罚，要比他生气地将墨汁撒到小毯子上小很多。他的过失主要是没有控制住他的怒气。

那么，看上去中产阶层的孩子，更有可能得到按照他们所知道的规则，塑造自己感觉的要求。至少说来，他们了解到，清楚如何去管理感受是重要的。在某种意义上，真正为中产阶层开设课程的，不是本杰明·斯波克的《婴儿和幼儿照料》，而是康斯坦丁·斯坦尼斯拉夫斯基的《演员的自我修养》，因为通过深层扮演的艺术，我们可以把感受变成可以使用的工具。

在梳理关于家庭的研究文献过程中，我频繁使用了诸如“中产阶层的子女”和“劳工阶层的子女”这样的术语，但是，我并不是说一个阶层的孩子被训练去从事情感工作，而另一个阶层却不。那些从事着不与公众发生联系工作的中产阶层父母，也可能训练他们的孩子去接受地位型的权威，而从事与公众产生联系的劳工阶层的父母，可能训练他们的孩子去接受个人型权威。[2]更为准确地说，父母传递给孩子的阶层信息大体上是这样的。中产阶层：“你的感受是重要的,因为别人认为（或将会觉得）你很重要。”

1　20世纪60年代，几乎是为中产阶层的学生量身打造的公立学校教育，传达了一个隐藏的信息，那就是人性化的感受是近乎神圣的关注对象，经得起反复和细致的探讨。参见斯韦德勒1979年的著作。
2　科恩（Kohn，1963年）指出了这点，她指出，工作中需要自我指导的父亲，会重视子女的自我指导，而工作中需要服从和接受严格督导的父亲，则重视子女的服从。

社会下层："你的感受不重要，因为其他人认为（或将会觉得）你不重要。"

在阶层之外，还存在其他与情感劳动有关的信息。两个主要的信息如下："学会管理你的感受，学着让自己适应感受规则，因为如果这么做会使你找到自己的位置"（情感劳动的职业）。以及"学会管理自己的行为因为所有的公司都会这么要求你"（非情感劳动职业）。从事情感劳动的中上阶层父母会将"你的感受很重要"与"学会很好地管理它们"结合起来，而从事情感劳动的下层阶级的父母可能会仅在"管理好它们"方面给孩子施压。反过来，不专门从事情感劳动的中上阶层父母可能强调"你的感受很重要"，而不强调"管理好它们"。从事体力和技术工作的下层阶级的父母可能根本就看不到这两方面信息之间的关联。

和情感劳动的总体设计不同，如何在家庭内部应对各种感受，可能并不由所处的社会阶层决定，其与社会阶层的联系仅是一种松散的关系。此外，在我们的社会里，个人的控制系统远超出了家庭层面；它的运作，例如在学校里会强调自立能力的培育和情感控制，在工作中会要求具备经营有用关系的能力。[1]

正如许多分析者坚信的那样，如果随着自动化技术的普及和熟练劳动的减少，工作对情感劳动的要求增长，那么这一普遍的社会轨迹，会进一步延伸到所有阶层。如果这样的事情发生，那么情感系统自身——情感工作、感受规则和社会交换，被整合进入"个人型控制系统"后，它的重要性将大大提升，成为人们在工作内外被说服和控制的方式。如果，在另一方面，当机器取代

160

1　类似地，地位型控制系统的社会保护者，不仅存在于劳工阶层家庭中，也存在于他们常去的教堂之中，某种程度上，也存在于学校中，在那里，他们学着以有益于将来工作的方式，管理他们的行为。

了人性化的服务的提供，自动化和熟练劳动的衰落也会导致情感劳动的式微，于是，这一普遍的社会轨迹可能会为训练人们去接受更为非人性化的控制方式所取代。

情感生活的转变——从私人领域进入公共领域，情感付出的标准化和商业化趋势，已经在整个社会阶层系统中风行。情感的商业化转变，会再度回到个人的私人生活中；情感生活在当下看上去处于新的管理之下。在餐桌上谈论与令人恼火的顾客相遇，或者在电视上观看主持人和参与嘉宾在揭露真相的节目（giveaway programs）中的举动，将家庭生活开放给了更加广大的感受规则的世界。我们学会了对外界应有何预期，并为之做好准备。

在美国，大众文化并不仅限于公众，也是商业性的。因此，私人情感工作和公众情感工作之间的关联，将非商业和商业领域之间的领域连接了起来。家庭，不再是逃避滥用逐利动机的避难所。然而，市场却不能脱离家庭的意象（image）。私人客厅的氛围，是新出茅庐的空乘人员在机舱工作时被要求回忆出来的，也已经借用了一些机舱的要素。宰制着机舱中交换的商业原则，被类比为一个远离商业的私人家庭，并理所当然地软化了。但是，近二十五年来，在亲友之间的私人关系，已经成为客厅中"各方"的基础，借助于此，厨具、化妆品，或者（新近的）"助性用品"得以兜售。[1] 类似地，为了建立空中旅行市场，航空公司借助私人家庭和想象进入那个家庭的感受作为创意。航空公司的培训策略师，从家庭那里借用了有关一个地方的观念，而在那里，那种借用是不会发生的。然而，在我们的大众文化中，它的确是可以借用的。

1　参见巴迪（Bundy，1982 年）。

因此，在家庭里，我们评估我们与大众文化的纽带，找出来我们在其中被监控的方式。正是在家庭——个人的避难所、无情世界的港湾中，有些孩子初次看见了近在咫尺的商业意图，并且做好回应角色分配中心让他们在更大的舞台上展现技能这一召唤的准备。

第八章　性别、地位与情感

情绪化的（Emotional）：释义 2. 臣服于或容易受感情影响：她是一个情绪化的女人，任何打扰都很容易让她感到心烦意乱。

深思熟虑（Cogitation）：释义 1. 深思，凝神思索：经过数小时的深思熟虑，他想出了一个新提议。释义 2. 思考的能力：她不是一个严肃认真的学生，似乎缺少思考问题的能力。

——《兰登书屋英语词典》

162 在上流社会的家庭生活和工作中，情感管理要比在社会下层多。即在阶层体系中，各种社会条件协力，使情感管理在社会上层更为普遍。另一方面，在性别体系中，情况则与此相反：各种社会环境，愈发使处于性别体系底层的女性普遍以一种截然不同的方式管理情感。何以如此？原因何在呢？

无论是在私人生活还是工作中，男女两性都会做情感工作。男性和女性一样，在所有方面都深得社交的精髓，试图逃离无望的爱、摆脱绝望，留给自己悲伤的空间。在情感体验的整个疆域中，情感工作于男性，是否与其之于女性一样重要？是否以同样的方式具有其重要性？我相信这两个问题的答案是否定的。根本的原因是，在社会中，女性通常独立获得金钱、权力、权威和地位的能力更弱。她们在社会分层中属于从属群体，这导致四方面后果：

第一，由于缺乏其他资源，女性将情感转化成一种资源，并以礼物形式提供给男性，以期获取更多她们所缺乏的物质资源。（例如，在1980年仅有6%的女性一年能挣到1.5万美元，而挣到这个数的男性达到50%。）因此，她们管理情感和做"公关"工作的能力，就变成了一种更为重要的资源。

第二，情感工作的重要性，在男性和女性身上的表现形式各不相同。这是因为，不同性别被要求以不同的方式去做情感工作。总体来说，女性更加擅长做空乘人员这类情感工作，而男人更擅长于从事收账工作。市场中，情感工作的专业化，植根于童年时期男孩和女孩接受的不同训练。（"小女孩是什么？乖巧的好孩子。小男孩是什么？小鬼头。"）此外，每一类专业化，提供给男性和女性的，都是不同的情感任务。提供给女性的，更可能是那种控制愤怒和攻击行为而仍要"表现友善"的任务。而社会指派给男性的，是针对那些任何破坏规则者的攻击性任务，这些任务要求个人对恐惧和脆弱加以掌控。

第三，很少被注意到的是，女性整体性的从属地位，使得每一名女性在应对他人的情感错置时，"地位防护罩"（status shield）更弱。例如，女性空乘人员发现，她们更容易成为乘客语言暴力的对象，因此，男性空乘人员，常常要去处理乘客针对她们的无来由攻击行为。

第四，两性权力差异的后果是，对于每种性别来说，得到商业运用的是不同部分的被整饰的心灵。女性常常要通过防御性地利用美貌、美丽和人际关系技巧，来回应从属关系。对她们而言，她们这些能力最易于受到商业剥削，因此，她们最迫切想要从这些能力中疏离出来。对一个从事"男性"工作的男人来说，更为常见的是表现愤怒和制造威胁（这些愤怒和威胁会传回公司）的能力，这是男性最想要与之疏离的能力。

在重要的转变之后，男性和女性开始以不同的方式体验情感工作。在前一章中，我们聚焦的是在社会分层中主要从事情感工作的阶层——中产阶层。在本章中，我们将聚焦的是对情感工作具有最重要意义的性别——女性。

作为情感整饰者的女性

传统观念认为，美国的中产阶层女性比男性更有情感的感受力。《兰登书屋英语词典》中关于"情绪化的"和"深思熟虑"的词条释义，反映出了深深植根于文化之中的观念。然而，人们还认为，女性掌握着"女人的诡计"，有能力预谋出一声叹息、泪水奔涌或是欢欣鼓舞。通常，女性被认为控制表情的能力，不仅要胜过男性，而且频率也更高。男性和女性在可以识别的情感中有哪些差别，这个问题我先放到一边。[1]然而，证据明显表明，女性

1　南茜·乔多罗（Nancy Chodorow），一位新弗洛伊德派的理论家，建议说，女性实际上更容易接近她们的情感。借助弗洛伊德的理论，她认为，不像女孩，男孩在他的童年早期一定要放弃对他母亲的原始认同。为完成这个困难的任务，男孩（而非女孩）必须通过进行艰苦卓绝的努力，抑制与母亲的情感联系，建立自己作为男孩"不同于母亲"的形象。其结果是普遍压抑感情。女孩，从另一方面，因为她的社会和性别类别完全与母亲一致，就不必放弃与母亲的认同，或经过抑制而牺牲她的感情。如果这一解读有道理（我发现它貌似有理），我们可以预期，女性会与她们的情感有更多的接触，其后果就是，能够更加有意识地管理情感。参见乔多罗（1980年）。男性可能多通过下意识的抑制行为来管理情感，而女性则可能多通过有意识的抑制行为来管理情感。

要比男性做更多的情感工作。因为，管理得很好的情感与发自真性情的情感，具有外表相似性，所以，在场合需要时，有意控制的情感行动与"轻易为情所动"就很难分辨。

特别是在美国的中产阶层中，因为普遍在金钱上依赖男性，女性更倾向于管理感情，做更多额外的情感工作——特别是那些可以肯定、提升和赞誉其他人幸福感和社会地位的情感工作，这是她们偿债的方式之一。一旦孩子在家庭中学习和练习的情感技巧进入市场，女性的情感工作显得尤为瞩目。因为，男性通常没有得到把他们的情感作为资源去使用的训练，因此不大会去培养情感管理能力。

男性和女性所倾向于从事的情感工作，也存在着种类上的不同。很多研究告诉我们，与男性相比，女性更能适应那些满足他人需求，并与他人合作的情感工作。[1] 这些研究常常暗示，如果不是天生的，与性别相关特征的存在也是必然的。[2] 但是，是否这些

1　研究文献反映了一个矛盾。根据纸笔测验，女性受试者记录下了一种严重的无助感：她们的所做所想，对她们的命运影响较小。另一方面，至少有一项研究显示，女性因为一些事情遭受的指责更多。杰克逊和盖策尔斯（Jackson and Getzels）1959年关于男孩和女孩对学校态度的研究显示，男孩倾向于在遇到问题时指责学校，而女孩则倾向于自我指责。一个人要指责自我，就必须有责任感，在责任感之后，还要有一些控制感。对这一明显矛盾，可能的解释是女性发展出了一种情感表达主体（affective agency）的补偿感（compensatory sense）。越是在这个世界中缺乏掌控感，就越是会对与感受相关的自我加强控制，以此求得补偿。那些对世界缺乏掌控感的人，并非是什么也不能控制。相反地，他们的控制感转向内部；深入"楼下"。人们同样发现，女性更加依赖场域——也就是说，与男性相比，她们更多地依赖外在的线索而非内在的。参见马克比（Maccoby，1972）、泰勒（Tyler，1965），麦克阿瑟（MacArthur，1967）、沃特（Vaught，1965）以及威特金斯等人（Witkins et al.，1967）的论述。

2　譬如，一位作者写道："男性的思维更多地考虑自我，而女性则更多地考虑环境。男性的思维对奖励与惩罚的预期，多取决于是否于自己有利或不利，而女性思维则多取决于环境是否友善或热情。但是，就'男性思维'与'女性思维'这个问题而言，我们所要讨论的并非天生的本性，而是他们在生活中处于何种地位等级。"（Tyler，1965，第259—260页）同样参见罗特（Rotter，1966）、布兰尼根（Brannigan）与托勒（Toler）1971年的著述。

特征只是被动地存在于妇女身上？或者，它们是女性所从事的社会工作——肯定、提升和赞誉他人幸福和社会地位的工作的种种标记？很多时候我都坚信：适应性强、有合作意识的女性，是主动地竭力展现遵从。这种遵从，要求她要把莱斯勒·费德勒提到的"一本正经的"乖女孩内在形象，用外在行动展现出来，为支持她这一方面的努力，她就要调动情感，让"乖女孩"的形象看上去自然而然。[1]不愿意在为他人的服务中投入情感的女性，必须

要面对别人对她的看法，即被认为缺乏"女人味"。

竭力表现更强的适应性，在威廉·柯发特（William Kephart）关于大学生的一个研究（1967年）中得到证实。大学生在被问及："如果一个男生／女生具备了你所有渴望的所有其他特质时，即便你没有爱上他／她，你仍会和他／她结婚吗？"回答显示，64%的男性选择了否，而只有24%的女生选择了否。大多数女性回答说"不知道"。正如一个学生说道："我不知道，如果他那么优秀，或许我会说服自己去爱上他。"[2]在我的研究中（1975年），女性比男性更加频繁地讲到，她们"尝试着让自己为人所爱""告诉自己不要在意""试着说服自己"。一份对260份礼仪手册的内容分析显示，女性比男性更多地自发使用情感工作语言来描述她们的情感（33%：18%）。女性"更加情绪化"、情感更易失控的形象，也受到一项对加州大学洛杉矶分校250名大学生研究的挑战，在这一研究中，只有20%的男性说他们能够随心所欲地从容展现情

1　费德勒（1960年）表明，女孩被训练得要表现"一本正经的"乖，以坏为耻，而男孩也会被要求形式上表现得乖，但却明显以"太"乖为耻。"甜美"举止的过度社会化，催生了表现顺从的女性化技巧。

2　其他研究发现，男性对爱情的定位更加"浪漫"，女性更加"现实"。那是因为，男性可以为自身的"神魂颠倒"或"两腿发软"——对爱情的被动建构——在文化中找到支持。根据柯发特的研究，"女性不会为她的浪漫冲动而左右摇摆。相反，她似乎在对浪漫倾向的理性控制方面，比男性更有办法"（1967, p. 473）。

感，而能做到这一点的女性高达 45%。[1] 正如一位女性指出的："我噘嘴、皱眉，说一些让别人不好过的话，例如，'你不爱我，你不在意发生在我身上的事。'我不是那种直截了当的人；我通常旁敲侧击。我爱拐弯抹角。"[2]

女性所培育出的情感艺术，类似莱昂内尔·特里林（Lionel Trilling）描述的，那些希望抢得先机实现社会阶层地位上升群体的伪装艺术。像许多社会地位更低的群体一样，女性也有兴趣成为好的演员。[3] 就像心理学家会说的那样，深层扮演的技巧通常会带来很高的"次级收益"（secondary gains）。然而，这些技巧长期以来被错误地贴上"自然的"标签，属于女性部分的"自在"（being）而非"有意为之"（her own making）特质。

对非语言交流和情感的微观政治学的敏感性，赋予女性一种类似少数民族语言的东西，这种语言男性也可以说，但是总体而言说得不好。这一语言，能够让女性在后台分享"关于感情"的谈话。这一谈话，不同于男性在后台作为征服者得分记录的交谈。这一谈话，是精巧的捕猎艺术，是如何让他想要她，如何对他进行精神分析，如何吸引或是回绝他。在传统的女性亚文化中，特别是在青春期，几近卑下的地位，就被理解为"生活事实"。于是，女性没有多少抗拒就习惯了。她们主动使情感与当下的需要和目的相适应，她们这样做，以至于看上去，表达了与恰巧出现的时机需要相契合的、顺势而为的同意。存在成为一种行事方式。表

1 　这一模式也得到了社会强化。当一个女性发出直截了当的信息（富有逻辑、理性或辅之以大量信息的劝说）后，被评价为比同样这么做的男性更富攻击性。（Johnson and Goodchilds, 1976, p. 70）

2 　约翰逊与古德恰尔兹（Johnson and Goodchilds）1976 年，第 69 页。

3 　运用"女人的诡计"（包括奉承），是从属群体的心理政治学风格；因此，那些在男性世界站稳脚跟可以不必使用这些技巧的女性，也不会认同"女人的诡计"。

演是所需的艺术，情感工作则是工具。

旨在提升他人社会地位和福利的情感劳动，被伊万·伊里奇（Ivan Illich）称为"影子劳动"，是一种看不见的努力，就像家务劳动，并不被当作劳动，但是，它对于其他事情的完成又至关重要。就像家务劳动，其诡辩之处就是它抹掉了努力的痕迹，只是提供了一个整洁的家居环境和欢迎的微笑。

我们对于影子劳动产品有一个简单的概括词："美好的。"美好是任何公共交换必要和重要的润滑剂，而且男人也会让它们变得"美好"。这确保着社会之轮（social wheels）的运转。正如一名空乘人员指出的："我喜欢做类似这样的评论'你的夹克真不错'，这会使他们感觉良好。或者，他们讲完笑话，我就大笑。这使他们变得放松和愉悦。"在微小的"美好"之外，比较重要的是，给他们一个面子，提供服务。最后，表现出真正的美好，含有一种道德和精神上的意义，我们接受他人的需求，并将它们变得和我们自己的一样重要。

每一种表现"美好"的方式，都会给遵从增添一个维度。遵从，不仅是贡献冷冰冰的尊重、表示顺从的正式鞠躬、礼节性的淡淡微笑；它同时还是热情的笑脸和得体的姿态，无论姿态大小，它们都对他人幸福和社会地位起到支持作用。[1]

几乎所有人都从事着我们在广义上可能称为遵从的情感劳动，但是人们期望女性做得更多。维克勒（Wikler）关于大学中男女教授的比较研究（1976）发现，学生期望女教授比男教授要表现得更为温暖、更乐于助人；由于有这样的预期，结果便是，更大

---

1 我关注遵从的温暖面孔，以及关怀所带有遵从的一面。这不会将关怀与遵从的表情混为一谈。参见肯珀（Kemper）1978年著作最后两个关于爱作为地位参照的爱章节。

比例的女教授被认为更为冷漠。在另一项研究中，布罗弗曼夫妇和克拉克森（Broverman, Broverman, and Clarkson, 1970），要求在诊所里接受过培训的心理学家、精神分析师和社会工作者，配对"正常的成年男性"和"正常的成年女性"特征；他们中更多的人，常常把"非常得体的、非常温柔的和非常关注他人的感受"与对正常成年女性的观念关联起来。适应性强、善于合作和乐于助人，是女性在公共舞台之后的私人舞台特征，其产生的后果是，人们认为，她们更应当是辩论、讲笑话及教授知识这些活动的欣赏者，而非从事者。[1]她是交谈中的啦啦队员。她不仅积极地为其他人——通常是男性增光添彩，而且，在那些需要她展现女人味的女性面前，也要这样做。如果在这方面表现得越是自然，那么她的劳动看上去越不像劳动，就越能被成功地伪装成不在场的其他东西，就越是珍贵。作为一名女性，她可以因为发挥了绿叶的陪衬作用得到赞赏，但是作为个体，与漫画家、教师和辩论手相比，她通常处于由男性主导的、气氛热烈的世界之外。男性，当然，也要向其他特定的男性和女性献殷勤，因此，也需要做情感工作以便使他的遵从显得真诚。男女之间的差异，是有权和无权所导致的心理后果的差异。[2]

169

1　赞美男性的幽默或提升男性的社会地位，常常要使用苏珊·朗奇称之为的非话语符号（nondiscursive symbols），"含义难以证实、在词典词条中查不到，或由社会定义的语法和次序的符号"（Langer, 1951, 1967）。

2　关于女性如何无缘于收入、机会及职业地位的方面竞争，不同的社会情况不同。一些通过身体隔离。另一些允许和鼓励女性与男性展开竞争，但是却训练女性去发展一些不利于经济竞争的特质。这些特质遍布于心理动力、情感管理和行为展示各个层面。在心理动力层面，乔多罗（1980）论证道，女孩以男孩不想成为父亲的方式来学习成为母亲，这使得她们更适合做无偿的工作。在情感管理层面，女孩学习以在"男性"竞争领域之外适应男性的方式来管理情感。最后，在展示层面，女孩学习"有女人味的"脑袋微倾、微笑、活跃谈话气氛及其他的遵从性质的行为展示。在所有这三个层面，女性被鼓励去发展那些让她们在执行男性竞争法则的"男性"竞争领域处于不利地位的特质。

种族主义和性别主义共享着这一一般模式，但是，两者在将社会不平等转化为个人状况时的途径不同。白人经理和黑人工厂工人下班回家，前者的社区和家庭里是清一色的白人，而后者则是黑人。但是，就男女两性的案例而言，广泛的经济不平等，经过过滤后，渗入丈夫与妻子日常的亲密交换之中。不同于其他从属关系，女性所寻求的，是与支持者的初级连带。在婚姻中，互惠原则在广阔的领域适用于每一个人：就我们如何付出和回报，要做大量的选择，经济地位不平等的主体之间的付出，从早上、中午一直延续到晚上。大多的不平等，以亲密的方式予以表达。

无论如何，围绕为其他事物支付酬劳的谈判，都隐藏于伪装之下。婚姻为男女双方在资源交换方面架起了桥梁，同时又模糊了两者之间的沟壑。[1] 因为，男女双方竭尽所能地去爱对方——在性爱、孕育子女和共同生活中相互协作，他们所缔结的紧密纽带，要求他们对从属做出一些伪装。在这里，谈话都是以"我们"模式进行的，共同的银行账号、共同的决定，在女性的观念里，他们以"真正作数"的方式实现了平等。但是，潜藏在这一模式之下的，是婚姻之外不同的未来，及其在生活模式上产生的后果。[2]

1　由于女性获取金钱和社会地位的能力要弱于同龄的男性，因此，她们比男性通过婚姻来赢得更高的"男性收入"的动机更强。婚姻漫画从阶层的角度讲述了这个故事，将它描述为"官方经历"：新郎是高兴的但却被抓住了，渴望得到爱，却又因为失去自由和沉重的义务而忧心。新娘，从另一方面，无论年龄、性格、美貌或者聪慧，显得大获全胜，因为，她幸运地俘获了一个男人，可以为她提供之前无法获取的资源。参见哈特曼（Hartmann, 1976）的关于男女经济关系的杰出论文。
　　围绕酬劳的谈判不仅适用于传统的养家糊口者和他的妻子，也适用于有全职工作，但收入低于家庭收入三分之一的职业女性。无论工作与否，已婚女性在经济上的依附地位，使她有"欠款"要去偿还。但是，还存在阶层变量，夫妻之间阶层之间的差距越大，收入就越悬殊，这种谈判似乎就越是普遍。阶层差距越小，收入差距也就越小；越多的妻子发现丈夫赚得只比她多了一点。这动摇男性特权的根基，两性之间的谈判也变得平等了一点。然而，夫妻双方都工作的低收入家庭，仍旧受到18世纪以来中上层阶层关于男女两性的社会印象的影响。这使得低收入阶层的男人认为女人亏欠了他们，因而想得到补偿，这种补偿有时是以体力的方式进行。
2　齐克·鲁宾关于恋爱中的年轻男女（主要为中产阶层的同龄人）的研究发现，

因此，在做出一些特定的辅助性决定时，女性可能变得格外坚持，或者在特定的有限领域里特别活跃，以便体验在整体关系中所缺失的平等感。

理解了她们的根本不利地位，并认为无法做出改变的女性，可能会满怀嫉妒地看护她们明显可见的传统情感资源，充满了担心秘密被传出去后，她们当前处境可能恶化的内心恐惧。因为，如果供认她们的社会魅力其实只是秘密工作的结果，可能会减损其价值，就像性革命并没有给女性提供获得更高收入工作的机会，只是让性接触变得不太值钱，降低了她们的谈判能力。事实上，当然，当我们重新把"适应性"和"合作"定义为影子劳动的形式，指明报酬支付延期后产生的隐藏成本，重新调整男女两性的总体关系则是可取的。

相比男性，女性需要提供更多这类情感工作的深层原因可能在于：更多的、不同阶层的女性，都要从事这种高度人际化、不领报酬的工作。她们喂养、照料和善待孩子。她们告诉自己，要更好地满足那些适应性和合作能力弱于自己的人的要求，于是，女性就有了更强的"适应性"和"合作性"。因此，根据朱拉德（Jourard，1968）的说法，因为她们被看作是与母亲同一分类的成员，女性通常比男性得到更多的要求，去照顾心理层面的需求。世界于女人来说，就是扮演母亲的地方，这一事实悄无声息地把它与很多工作职责联系了起来。

女性倾向于崇拜她们的男性伴侣，而非反过来被男性崇拜。与男性相比，女性同样觉得她们"更为喜爱"她们的爱人。（参见 Rubin，1970；Reiss，1960。）

职业女性

　　随着大型机构对人际关系技能的需求日益增长，女性的地位提升方式及其所需要的情感工作变得更加公众化、系统化和标准化了。大量的中产阶层女性，从事着大范围与公众接触的工作。正如本书第七章（以及附录 C）中提到的，与情感劳动相关的工作种类，占到了全部工作的三分之一。而在男性所从事的所有工作中，涉及情感劳动的只占到四分之一，而所有女性从事的工作中，超过一半的都要涉及情感劳动。

　　许多要与公众接触的工作，同样也是面向公众提供服务的工作。理查德·桑内特（Richard Sennett）和乔纳森·柯布（Jonathan Cobb）在《阶级的暗伤》（*The Hidden Injuries of Class*）一书中，就人们对于服务工作与其他工作类型的高下评判倾向，做出了如下评论："在所有工作中，位于最底层的，并不是在工厂里的工作，而是那些个体不得不为其他人提供个人服务的工作。酒保的工作要比煤矿工人的地位低，出租车司机要比卡车司机低，我相信之所以会出现这样的情况，是因为前一种工作给人的感觉是，要比后者更加依赖别人和别人的怜悯。"[1] 由于从事服务工作的女性比男性多（21% ： 9%），因而性别的"暗伤"要附属于阶级的"暗伤"。

　　一旦女性从事与公众接触的工作，一个新的模式就形成了：她们得到更少的基本遵从。即：尽管一些妇女享受别人的开门、驾车服务，远离泥坑，但是，她们并没有摆脱社会地位更低带来的后果：她们的感受，与男性相比，分量较轻。

　　作为地位效应的后果，空乘工作于女性而言，是一种工作，

1　桑内特与柯布（Sennett and Cobb 1973：236）。

于男性而言，是另一种工作。对男性来说，隐藏的基本任务，是在一个"女性的职业"中保持他作为男性的身份，时不时"帮助"女性空乘人员来处理难缠的乘客。对女性来说，潜在的基本任务是应对较低社会地位产生的后果：以缺乏社会保护的方式应对乘客错置的愤怒和沮丧。

　　那么，女性的较低社会地位，是如何影响别人对待她的方式呢？更为根本的是，社会地位和情感对待之间的优先关系是什么呢？社会地位高的群体倾向于享受自身情感得到重视的特权。一个人的社会地位越低，她的情感就越得不到重视或被草率看待。H. E. 戴勒在《大不列颠的高级公务员》(*The Higher Civil Service of Great Britain*)一书中，报告了"情感信条"的存在：

　　　　很多年前，一位非常杰出的政府官员向我阐释了情感信条……他解释说，感受的重要性，是完全因感受者的重要性而异的。如果出于公众利益需要，让一位初级职员离职，用不着考虑他的感受；如果要离职的是一位助理秘书长，那么，人们会在情理许可的范围内，认真考虑他的感受；若离职的是常任秘书长，在这一情境下，感受是该情境中的首要因素，只有必要的公共利益，才能凌驾于他们的要求之上。[1]

　　职业女性相较于职业男性，类似初级职员之于常任秘书长。在执行官与秘书、医生与护士、精神病学家与社会工作者、牙医与牙医助理之间，权力差异被反映为性别差异。"情感信条"是两性

1　转引自戈夫曼（Goffman, 1967），第 10 页。

之间的另一个双重标准。[1]

　　社会地位较低的当事人的情感，会以两种方式被人轻视：认为它们是合理但不重要的，或者认为它们是不合理的，因此可以不予考虑。一篇题为《政治中的攻击性：女性是否受到了双重标准的评判？》的文章，提供了一份关于女政治家的调查结果。所有那些被调查者都提到，她们认为的确存在感情的双重标准。正如威尔士大学纽约奥罗拉分校校长，弗朗西斯·法龙索尔德（Frances Farenthold）指出的："你当然得保证不胡乱发脾气。这是亨利·基辛格的场景——记得他在萨尔茨堡的表演吗？但是，对女性来说，我们还停留在不控制好感情，就会被打上情绪化、不可靠和其他一切他们用来描述女人的那类标签词汇的阶段。"[2] 出现在公众生活中的女性会同意以下观点。当一个男人表达愤怒时，是"合理的"与可以理解的，愤怒本身反映的不是性格缺陷而是深信不疑的信念。当女性表达相应程度的愤怒时，更有可能被解读为一种性格上的不稳定。人们相信，女性更为情绪化，正是这一信念，让女性的情感不为重视。即，女性的情感，并不被看作是对真实事件的回应，而只是反映了她们是"情绪化的"。

　　我们发现"情感信条"的必然结果是这样的：我们的社会地位越低，我们观察和感受的方式就越是被质疑，因此可信程度也不高。[3] "非理性"的感情与无效认知是双生子。社会地位低的人，对于正在发生事情的话语权更弱；她的判断的可信度也是低下的；她的感受得到尊重的程度也低。相对地讲，如同其他社会地位低下的

1　骑士精神据说是由强者向弱者提供的一种保护。然而，只有当他想到对秘书公开发火要比对男性同僚和上级要多的时候，要做出补偿，老板可能会给秘书送花或是帮她开门。鲜花象征着补偿，即便它模糊了尊重分布的根本不均和精神成本。

2　《纽约时报》1979 年 2 月 12 日。

3　这一结论得到了霍夫兰德等人的支持（Hovland et al., 1953）。

人群,在支持少数派的观点、值得怀疑的意见时,女性常常不堪重负。

医学对男性和女性疾病的应对,提供了一个这方面的例子。一个关于医生如何回应病人抱怨背痛的研究显示,头痛、眩晕、胸部疼痛以及疲劳——这是医生根据病人的话做出的症状描述,在 52 对已婚夫妇中,丈夫在这方面的抱怨比他们妻子的抱怨得到了更多的医学应对。作者总结道:"数据可以证明……医生……倾向于把男性的疾病比女性的更当回事。"[1] 另一项关于 184 名男性病人和 130 名女性病人与医生互动的研究得出结论说:"当病人是女性时,医生常会将心理因素看作病人病痛的一个重要成因。"[2] 当女病人宣称她身体上的疾病时,她的说法,更有可能被认为是值得怀疑的,"仅仅是她假想出来的",是"主观的",不是对任何真实之事所做出的回应。

174

为补偿男女在情感受重视程度上的不平等,很多女性更进一步地强调她们的情感,试着更加卖力地表达感受,希望得到认真对待。但是,正是由于这一点,情况会变得更糟。因为女性在对抗"情感信条"方面越用力,她们就越是迎合了女性是"情绪化"的惯有印象。她们的努力,会被贬低为另一个"情绪化"的案例。对冲/反对情感信条的唯一途径,就是消除性别与社会地位之间的根本连接。[3]

1　找医生看病的女性比男性多,这可能解释了为什么医生对女性的重视度要低。但是,在这里很难说出因果关系,如果一名女性的抱怨没有被认真对待,她可能不得不多看几次医生,以便得到治疗(Armitage et al., 1979)。

2　Wallens et al., 1979, p. 143。

3　地位与应对感受之间存在着另一个联系。社会地位越低,公开表达愤怒就越不被接受。同样,与女性相比,男性典型性地拥有更多的咒骂和攻击他人的特许权。(除非女性拥有阶层优势或其他的支持,否则,她公开表达愤怒只会损害自己的声誉。)在另一方面,与男性相比,女性似乎更多地表达"从属性的"感受。吸血鬼德古拉和金刚逼近,通常只会带来女性的尖叫。即使女主角已经足够英勇,也未能例外。当南茜·德鲁,就是那名女侦探,变成不再情绪化(也就是男性化)后,另一个女孩则被赋予了戈夫曼称之为(或许被误读的)"被吓得惊慌失措的特权"(1967,第26页)。看看从《橡树洞中的信》(Carolyn Keene,《南茜·德鲁系列》,1972)中摘录的一段文字:"突然,它〔一头巨犬〕冲向南茜。她失去了平衡,向后仰倒,跌

211

工作中的地位防护罩

　　鉴于社会地位和情感遭遇之间的关系遵循这样的事实：社会地位低的人群——妇女、有色人种、小孩，缺少应对较差情感遭遇的地位防护罩。这个简单事实，足以使一项工作的内容完全发生转变。例如，空乘人员的工作，对于女性而言，相比较于男性而言，并不是相同的工作。忍受乘客一整天的伤害，对于女性而言，是不同于男性的。女性比男性更容易成为乘客指责服务、航空公司和飞机等方面粗鲁和不友好言辞的对象。作为航空公司应对"受到不当处理的"乘客的主要缓冲器，她们的情感，更加经常地暴露于粗暴对待之下。此外，一整天面对那些拒绝女性权威的人群，对女性来说，这是与男性一种截然不同的体验。因为她们的性别具有较低的地位，所以对抗虐待的保护罩较弱，例如，当面对航班晚点的指责，她自己的重要感，相应地会被削弱。因此，这份工作对于男性而言，是与从事同一工作的女性根本不同的。

　　在这一方面，身为女性就是一个劣势——正如 85% 的空乘人员是女性。在这一情况下，这些空乘人员不仅是生物意义上的女性。同时，也是美国中产阶级女性观念的高度可视化的体现。她们象征着所有的女性。只要"女性"这一范畴在心理上与地位较

入矿坑。朱莉·安发出尖叫。当南茜落入水中消失不见时，她和男孩们被吓得目瞪口呆。奈德开始沿着陡峭的堤岸向下，这时，亚特从口袋里猛地从口袋里抽出一团电线。将它作为鞭子，最终赶走这条攻击性的巨犬。当它哀嚎着逃开后，南茜的脑袋露出水面。'噢！南茜。谢天谢地，'朱莉·安喊道。她的眼泪快要掉下来了。"（第147页）朱莉·安真的为南茜和男孩子们惊恐不安。并不是所有女人都像朱莉·安，但是，我们会依据女性的标准来判断一个女人是不是表情丰富；这是我们对于女性特质的文化理解的一部分。在我看来，文化所认可的表达方式，在工作中并非一项特权。

低、缺少权威联系在一起，女性空乘人员与其他女性职业者相比，就更易于被划分为"真正的"女性。其后果是，她们的情感生活，就会更少地得到地位防护罩的保护。

跟女会计、女司机、女园丁相比，与空乘人员打交道的人们，更期望空乘人员能担负起女性特征的两方面角色：充满爱意的妻子和母亲（提供食物、照顾他人的需求）和光彩照人的"职业女性"（衣着大方得体、接触陌生异性、举止专业冷静，还有就是远离家庭）。她们从事的工作，象征着将朴素的家庭女性转变为非个人化的、市场化的女性，实际上是在宣告："我在大众的视野中工作，但是，我依然有一颗女人的心。"

乘客借用从家庭和大众文化中得来的性别生理特征预期，并基于此提出他们的要求。然而，他们把这些不同的、实实在在起作用的生理属性，附加在男性与女性劳动者身上，使他们从劳动者身上获得照顾及权威的期望变得合乎情理。一名男性空乘人员写道：

> 他们老是问我的工作规划。"你为什么要做这个？"这也是乘客们一直问的问题。"你是打算进管理层吗？"大多数人进来干个一年多，看看他们是不是喜欢这行，但是，我们老是被问到管理层培训项目的事。我知道没有一个人从这里进到管理层。[1]

176

1　随着经济衰退期票价的降低、劳工阶层的男性乘客的增多，面向男性空乘人员的问题变了。正像一名男性空乘人员指出的，"现在，他们不问我为什么要做这个了。他们问：'你怎么得到这个工作的？'"具有讽刺意味的是，抱有这种"临时工"态度的男性空乘人员，要比女性为数甚众，他们感兴趣的是闲适的时光和较高的工资，也愿意在另谋高就之前试着干上几年。他们显示出了一个比女性更为"传统性的"女性工作动机，对他们而言，空乘工作是一个值得尊重且高收入的工作。

213

形成对比的是，一位女性空乘人员这样说：

> 男人们问我为什么不结婚。他们不会问男的这个问题。有时候，乘客也会说："噢，一旦你有了孩子，就得辞职了。我想你会的。"我回答："哦，我没有打算要孩子。""喔，是的，你会要的。"他们说。"不，我不会。"我回答。我不想再继续谈论这些私人问题了。他们因为我的性别，可能认定我会要孩子，但是，不管他们说什么，我都不会。

如果一名女性空乘人员被视为将会做母亲的人，那么，养育孩子的担子自然而然就要落在她的肩上。正如一名女性空乘人员提道："男人们甩手不干，我们就要多干。我是说照顾小婴儿、照顾小孩子、看护老人。男人们对这些事大多不介入。"一名男性空乘人员的谈话，无意肯定了这一点："十次有九次，我要和乘客聊天，也是和长相吸引人的女孩聊。"在这方面，女性通常会欣赏男同性恋空乘人员的做法，他们力图巧妙地绕过关于男女两性的性别印象，对直男同行不愿做的工作更上心一些。

在另一种意义上，性别使工作一分为二。女性常常被要求，要比男性更能欣赏笑话、聆听故事和给出心理建议。女性在这些服务方面的专业化，只有在两性都需要表现出服从和权威的事实下，才具有其意义；她们必须能很好地欣赏一个笑话，但是，她们在执行关于超标行李规定方面也必须强有力。但是，因为，人们的预期是女性一般是服从者，所以，在要求乘客尊重她的权威和执行较为严格规定时，她的掌控力就要弱一些。

事实上，乘客通常假定男性要比女性具备更大的权威性，假定应由男性向女性行使权力。对身处商业世界、航空旅行属于一种生活方式的男性而言，这一假设其实与真相相去甚远。正如一名空乘人员指出的："如果有一位商业人士坐在第五排靠过道的地方，他一定有一个将他的西装送到洗衣店和为他的商业伙伴准备开胃菜的妻子。他一定有一位戴着牛角框眼镜、每分钟可以敲出1.4亿个词、比他更了解机票价格的行政女秘书。在他的世界里，没有女性可以凌驾于他之上。"这一关于男性权威的假定，会使他们将常见的二十出头的男性空乘人员，误认为是年纪更大的女性空乘人员的"经理"或"主管"。一位站在女性当中、身穿制服的男性，乘客会想当然地认定他是这些女人的上级。事实上，因为自从20世纪60年代"歧视"法案实施之前，男性事实上一直是从这项工作中被排斥的，直到20世纪70年代初期，航空公司才雇用了少量的男性空乘人员，大多数男性空乘人员要比女性空乘人员年轻，资历也比大多数女性更浅。

男性权威假定产生了两个后果。首先，权威，就像地位，发挥着保护行为主体不成为替罪羊的作用。既然机舱中的女性劳动者被认为缺少权威、缺少地位，她们就更容易成为受气包。当飞机晚点了、牛排没有了或者冰块用光了，乘客的不满，更容易公开指向女性劳动者。因为女性被认为更加擅长"处理这个"，缓冲不悦而非阻止不悦，更多是她们的职责。

178

此外，男性和女性劳动者，都要去适应虚假的权威的再分配。两者以不同的方式，使这种虚假分配变得更加真实。男性空乘人员倾向于仿佛他们更有权威的方式与乘客互动。[1]这使得他们对于

1　美国航空公司的管理层，拒绝了工会关于天气热时男性可以穿短袖的要求，辩称短袖"缺乏权威"。正如一位工会女代表在工会的会议上反讥："既然男性空乘人员无论什么时候都是有权威的，这又有什么关系？"

不公正对待的容忍度降低，也使他们在执行规定时更加有力。他们传达出这样的信息：作为权威，他们希望得到乘客默不作声地服从。乘客感受到这一信息后，不久就会放弃继续抱怨并安静下来。女性空乘人员，则恰恰相反，假定乘客较少能尊重她们的权威，使用更加有策略的和服从性的方式来处理不公正对待。她们对于男性乘客（她们从男性乘客身上得到的尊重也少）要比女性乘客（她们得到社会尊重的程度相对较低）更为服从。她们在防止不公正对待的升级方面的能力也捉襟见肘。正如一位男性空乘人员观察到的："我想姑娘们通常在男乘客向她们发脾气时，要比女乘客这样做时更加胆怯。"

一些劳动者将这点仅仅理解为一种风格差异。正如一位女性回忆道：

> 小伙子们的忍受力比较低，他们对待乘客的男性方式，我是无法使用的。我告诉一个男乘客，他前面的行李放不到前方座位下面，我告诉他这一点："它放不进去，我们不得不把它拿走。"他反驳说："哦，一路来它一直都在这儿，我一直都是这么做的。"他"吧啦、吧啦、吧啦"说个不停。他同我瞎扯个不停。我想，我待会再来处理这个，现在最好走开。我打算回头再回来找他。这时我的飞行同伴，一个年轻小伙子，走过这名乘客身边，没有听到我们的对话，对他说："先生，这件行李太大了，不能放在座位前面。我们必须把它拿走。""哦，给你。"那个家伙说。他把行李给了他……你看不到男性空乘人员遭受我们受到的身体或语言上的虐待。

179

这位女性空乘人员暗示了"对于虐待较高的耐受力",一方面源于高度暴露在虐待面前,另一方面是因为缺少相应的武器——得到对方尊重的资源储备,以对抗虐待。

这一模式开启了另一个模式:女性空乘人员常常去她们的男性同伴那里,让他们去"投下更为严肃的一瞥"。正如屈服于这一模式的一位女性空乘人员疲惫地说:"过去我常常独自斗争,宣称我的权威。现在,我实在是太累了。让男性事务长出面简单多了。只要他看上一眼,制造麻烦者立马就会消停了。结果是,我再也不用去应对这样的大场面了。这些日子以来,工作变得如此累人,你不会去再找一些让自己疲惫不堪的事做。来自男性的目光承载着更多的力度。"因此,受人尊重的男性做出的指令越有力,他们就越发被召唤去宣布命令。

这只会强化男性空乘人员认为他们的女性同行应该服从他们的感觉。资历较深的女性发现,督导初级男性空乘人员要比女性更为困难。[1]一位年轻的男性空乘人员说,只有在特定的条件,并且对方带着恭敬时,他才会听从一个女人的命令:"如果命令里没有一点人性因素,我会犹豫不决。我想有时候对一个男人来说,如果担任权威人物发号施令可能会更容易些。我想这取决于姑娘们如何照顾她们自己。如果管事的女空乘人员缺乏自信,或者如果走了另一个极端——忘乎所以了,那么,在这时候,我想她和男乘务员的麻烦,要比姑娘们多。"劳动者通常认为,女性要比男性更容易接受命令,无论管事的女空乘人员如何"忘乎所以",

180

1　男同性恋空乘人员不适用于这一普遍模式。尽管,他们被公众当作男性对待,并且享受更多的尊重,在与女同事共处的时候,他们并不会利用这一事实。也许是,他们想到了公司和公众对同性恋的偏见,使他们调整了他们在与女同事相处时尊重的价值。这很大程度使男女空乘人员的关系得到了缓和。一位女性劳动者说道:"男同空乘人员棒极了。如果泛美航空足够清醒的话,它应当更多地雇用他们。"

管事的女性在行使她们的权力时，不得不要比男性表现得友善一些。

对地位和权威的这种态度，激起了部分女性空乘人员的补偿性反应。一个反应是，采取了童子军女训导员那种明确欢快但简单直接的风格。这是一种从家庭生活中借用的女性权威模式，在这里，用来使女性指挥成年男性做事变得可以接受。通过将她的行为置放在乘客和同事对于性别预期的边界之内，女性可以避免被批评为"颐指气使"或"忘乎所以"。

另一个应对成为受气包和权威遭到挑战的反应是，把表示敬意的微小符号变成重要的关注。例如，称谓被视为反映社会地位的指标，是对那些被不幸地剥夺了社会地位的群体获得礼遇的一种许诺。"姑娘"这一称谓，于女性劳动者而言，在道德上是将黑人男性叫作"男孩"的同义语。尽管，就我所知，她们之间私下里，通常互相以"姑娘们"称呼，但是很多人原则上还是反对使用这一称谓。[1] 她们不仅把它看作一个社会或道德重要性方面的问题，而且也视为一个现实问题。被称作"姑娘"表明承载更多工作场所的压力。"姑娘，给我拿点冰激凌"这一命令，与"哦，女士，能劳驾给我取些冰激凌吗？"这一请求有着不同的效果。如果因为供应不足冰激凌用光了，那么"姑娘们"就首当其冲地成为失望、愤怒和指责的对象。表示尊重的符号，可以用来交换进行谈判："如果你能控制你对我的不悦，那么这我也能为你控制我的不悦。"偶尔有极为粗鲁的乘客登上飞机时，这会提示所

181

1　从社会的角度讲，就年龄而言，被叫作"姑娘"从另一方面就是不能接受的。甚至有的30多岁的女人偶尔会被叫作"奶奶"或者被小声议论，如"她是不是准备退休了？"正如一位大约35岁的女性写道："这绝对是有差别的。哦。绝对的。人们认为，男人工作到60岁甚至65岁是理所当然的。而女人像狗一样工作，就是为了证明她仍然可以胜任这份工作。于是，她们还要和那种奶奶议论做斗争。"

有的当事人，竖起那层薄薄的地位防护罩，把反对虐待变成大家值得为之奋斗的事情。

通过在家庭中的情感管理训练，女性不合比例地进入了家庭之外要求从事情感劳动的工作岗位上。一旦她们进入市场，某种特定的社会逻辑就展现了出来了。因为宏观的社会分工，无论从事任何工作的女性，都被假定社会地位和权威劣于男性。其后果是，她们缺少对抗"情感信条"的防护罩。相较于男性，女性更多地成为抱怨的对象，成为无所忌惮发泄不满的目标。她们自身的情感，常常也被轻视。就像广告中让事实模糊的微笑一样，工作对于男性和女性而言有着不同的内涵。[1]

性别认同的疏离

即使不考虑性别，工作也会提出认同问题。何为我的工作角色以及何为"我"？我该如何进行深层扮演，而不"让人觉得假"或是有失自尊。我怎么才能把工作重新定义为"制造幻象"而不变得愤世嫉俗？（参见第六章。）

如果是一名女性，她还要面对空乘人员的其他心理问题。为回应她相对缺少权力，以及暴露在"情感信条"之下的处境，她可能会通过利用两种传统的"女性"品质——给予帮助的母亲和

1　另一方面，男性空乘人员，要去应对他们的工作被认为是女人的工作的问题。他们的男人身份遭到挑战。他们不得不通过与这种日常的、先入为主的观点做斗争，以捍卫自身尊严，至少在1973年大萧条出现之前，他们确信自己会晋升或是不再干这行。他们确实在女性同事"之上"，但是仅限于和他们一起工作的女性。在上述的假设之外，还要应对乘客流露出男人要有男人样表情时的个人焦虑；男性空乘人员也有心理负担，在精神上也要做好应对持有这种焦虑乘客的温和攻击。他们有时候还得处理女同事交给的工作，来约束那些觉得自己可以随意骚扰女性空乘人员的乘客。

性感的配偶——来提升她的地位。因此,一些女性是母亲型的;她们支持、提升他人的幸福和社会地位。但是,作为母亲型的女性,她们也可以扮演母亲,以及有时体会通过母亲式的行动赢得别人尊重的感觉。同样地,一些女性是性感迷人的,也会以性感引人的方式行动。例如,一名扮演性感女王的空乘人员,带着低调精致的暗示,款款走过通道,用她自己的描述,是运用她的性感迷人,来满足男性乘客的兴趣和品味。在每种情况下,出于个人目的,女性均运用了一种女性特质。但是,这也是真实的。对空乘人员来说,无论"母亲式"的行为,或是"性感"的仪容举止,部分地都是航空公司有意为之的结果,是公司强调"体重"与(先前的)年龄要求、化妆课程、乘客来信中对空乘人员容貌和举止要求的成果。在训练和督导角色中,航空公司可能部分地扮演着女性的保姆。但是,它的商业角色是性感和优雅服务的宣传者,它的举动更像是一个在后台牵线搭桥的媒人。一些联合航空的早期广告宣称,"她甚至可能是一个好妻子"。当然,航空公司会经常维持不介入个人生活的姿态。

因此,女性借助传统,改善自身地位的两种方式——使用她们母亲式的提升他人地位和幸福的能力、运用她们的性吸引力的能力,均落入了公司的管理之下。大多数与我交谈的空乘人员,同意公司运用这些特质来谋取利润。

后果如何呢?从地位提升角度,一些女性感到,她为公司所做的一切使她与女性角色产生了疏离。从性感的角度,梅兰妮·马修斯,一位性治疗师,曾经诊治过 50 多位"丧失性生活兴趣"和"前高潮期问题"的空乘人员,这样说道:

> 我诊治过的空乘人员病人,往往存在一定的模式。

她常常在很小的时候，就是"乖乖女"，会照顾别人，为别人着想。因此，航空公司发现了她们，并且更进一步地使用她们年少时就具备的特质。这些女性，甚至没有机会来决定，她们要成为什么样的人，这会显现在她们的性生活中。她们扮演了超级女性的部分角色，属于那类对别人的需求感兴趣的人，她们没有机会探究她们性格中的另外一些方面，也不清楚自己的需求，包括性的方面或其他方面。她们中的一些人，即使不喜欢那些男人，对他们没有什么好感，也会专注于取悦他们。从这一观念来看，她们的前高潮问题，还不如她们的前人际关系问题那么严重。她们将高潮潜力保留起来，作为自身从未被别人染指过的一部分。

弗洛伊德常在社会故事之下发现性的故事，但是，在性故事之下还存在着社会故事。这里的社会故事是这样的，年轻女性想要取悦（那些为航空公司工作的女性将其性格特征资本化了）他人，同时，又想将一部分自我从这种欲望中解救出来。她们的性问题，可以被视为一种前政治性（prepolitical）的抗议形式，用以对抗对于她们传统的女性特质的过度扩展和过度使用。这一抗议形式，这种坚持某些东西如此私密、只能"属于我"，暗示了自我的巨大领域已被征用了，"不再属于我了"。我们界定为"真实的"自我，当它的表达越来越被感知为计谋（artifice）的时候，它便被持续不断地挤压，被逼入一个角落。

从自我的某些方面疏离，在某种意义上，是一种防卫。在工作中，接受"真实的"自我和公司制服中的自我之间的分工，常常是一种逃避压力的方式，是一种明智的变卖／认识（realization），一种有所保留的优雅。但是，这种解决方式也带来了严重的问题。因为将自我加以分隔，目的是将"真实的"自我从不受欢迎的入侵中拯救出来，我们必然要放弃一种健康的完整感。我们开始接受我们"真实的"自我和"台上的"自我之间的张力，并习以为常。

较之男性，更多的女性，进入了与公众接触的工作之中，进入特别是将地位提升作为一项重要社会心理任务的工作之中。在一些工作中，诸如空乘人员的工作中，女性可以通过扮演女人完成这一任务。在向他人奉上地位提升服务和性吸引力时，她们感到自身与行使和享受两类传统女性角色的能力发生了疏离，由于这个缘故，这样的女性更加脆弱。这些能力，如今处于公司和个人的双重管理之下。

或许这一认识／变卖，解释了我暗中经过达美航空培训室时，大家听到一个笑话时的哄笑声。那是给内部人听的笑话。笑话是这样的：一个男性乘客走过一位坐在走廊里的女性空乘人员，她双腿叉开，胳膊肘放在膝盖上，一只手托着腮帮子，另一只手的拇指和食指捏着根点着的香烟。"你干吗这样捏着烟?"这个男人问道。没有抬头也没有微笑，女人又吐出一个烟圈说："如果我长着鸡巴，我就能开这架飞机了。"在女性的制服里和女性"行动"中的，是一个未来的男性。这是一个关于疏离的笑话，一个对商业逻辑将女性的尊严标准化和琐碎化所进行的辛酸的幕后抗议。

第九章　追寻本真性

在一个为财产展开激烈争夺的社会体系里，人类的
人格变为一种资本形式。在此，只有把自我投资在可能
产生高回报的财产中，才是合乎理性的。个人感情是一
种缺陷，因为它使个体在计算他的最大收益时分心，这
可能在经济上把它推向产生相反结果的歧途。

——卢梭（伯曼的转述）[1]

早在让-雅克·卢梭描写 18 世纪的巴黎时，他观察到人格　　185
正在变成资本的一种形式，在那个时代，还没有空乘人员培训学
校，也没有标准化和大规模生产出来的收债艺术。[2] 如果卢梭能在
20 世纪下半叶签约达美航空，成为一名空乘人员，他毫无疑问会

1　题词用的是马歇尔·伯曼的转述，是卢梭对于 18 世纪人类关系非人格化的总结。
（伯曼，1970，第 140 页）。

2　如同伯曼接下来指出的那样，卢梭既把现代的巴黎人看作丧失自我的牺牲品，
更看作让他们迷失的现代生活的精明法官。"现代的状况创造了一种道德想象，它
将虚假定义为一个问题，"因为，"在如此之多的偏见和谬误…激情之中，我们必须
要知道如何去分析人类的内心、分清天然的真情"（第 158 页）。《新爱洛伊丝》在
它所斥责的堕落巴黎取得如此辉煌的成功，但是在它所赞美的、坚定的瑞士却遭到
了无情的排斥。"（第 157 页）。受伤者更在意治愈之方。

对劳动者的情感是谁的资本，以及是谁让这一资本投入运作感兴趣的。他当然会看到，尽管个人的人格仍旧是一种"竞争介质"，而竞争却已不仅限于个人。机构的目的，现在与劳动者的心理艺术紧密相连。已不再由个人管理他们的感情，去做好一项工作了；整个商业机构进入了这个游戏当中。达美航空空乘人员脸上处于情感管理之下的微笑，与美联航和环球航空公司同行脸上，同样处于情感管理之下的微笑，展开了竞争。

186

　　一度作为个人情感管理的行为，如今出售给了与公众接触的工作岗位。一度由个人调整的感受规则或展演规则，如今让位于公司标准操作部门的控制。一度属于个人偏好、可回避的情感交换，如今变得标准化且难以逃避。在私人生活中少见的交换，在商业生活中变得寻常。因此，乘客被假定，拥有表达不受控制的敌意的权利，而空乘人员却没有相应权利——因为她拿薪水了，部分地就放弃了这一权利。总而言之，个人情感系统已经从属于商业逻辑，并被它所改变了。[1]

　　并非是资本主义将情感变成了一件商品，或是将我们管理情感的能力变成了一个工具。但是，资本主义发现了情感整饰的用途，并且使之更加高效地组织起来，从而得到了更进一步的发展。或许，资本家采取了类似的激励体系，将情感劳动与竞争勾连起来，更进一步地采取了宣传"真诚"微笑的实际行动，训练劳动者产出这样的微笑，监督他们生产微笑，并且在这一行动和公司利润之间铸造出一个联结。就像环球航空公司在旧金山机场的电脑贴纸（正对着票务工作人员）上写道："当人们喜欢你的时候，也会

1　格尔茨（Geertz）1973 年写道，当信徒为了构建民族主义而高举伊斯兰教，传统的信念本身的含义就发生了变化；当被看作手段，它们作为目的的功能就减弱了。当情感被用作服务于外在的目的的时候，也会发生同样的事情，这些目标越遥远，被管理的情感就变得越是"与我无关"和"不属于我"。

喜欢环球航空。"公司要煞费工夫，才能为劳动者制造出这一日常、琐碎的观念，并且要求他们记在心上。

情感劳动的人性代价

大规模的"人员处理"（people-processing）——先进的情感劳动工程使其变得可能，是一项了不起的成就。这也是一项重要的成就，因为现代生活的很大一部分，与完全相互陌生的人群之间的交换密切相关，这些追求短期自我利益的陌生人，由于没有反制措施，可能更多的时候，以猜疑和愤怒而非以信任与良好意愿采取行动。在我们视为理所当然的礼仪标准中的偶尔失礼，提醒了我们情感劳动重要的稳定效果。但是，像其他所有的杰出成就一样，情感劳动的先进工程，也会带来新的困境，新的人性代价，在这里我将关注这些方面。因为如果没有对这些心理代价的清晰理解，就很难找到办法去缓解或消除它们。

劳动者有三种工作态度，每种均有各自的风险。首先，如果劳动者全身心地认同工作，就会有精疲力竭的风险。其次，如果劳动者清楚地将自我与工作区分开来，精疲力竭的风险就会小一些；但是，她可能会因为这种区分而自责，并轻视自己"只是一个演员，不够真诚"。最后，劳动者将自我与行动区分开来，也不会为此自我指责，并把工作看作就是需要积极的表演能力的事情；这类劳动者存在从表演疏离以及变得玩世不恭的风险——"我们就是幻象制造者"。第一种态度的危害比其他两种更甚，但是，我相信，如果劳动者能够感受到对工作、生活条件更多的掌控感，三种态度中的危害都是可以减轻的。

持第一种工作态度的劳动者，看不到她的工作是一项表演。

她很少或无法意识到"虚假自我"。她倾向于提供温暖、人性的服务，但是她的温暖代表着公司——"当人们喜欢你的时候，他们也会喜欢环球航空"。她提供人性化的服务，但是，她自身会认同被人性化了的部分。她不擅长将指向她的不恰当个人行为去人格化。因为这些原因，她更可能遭受到压力和更易于精疲力竭。相反地，由于她不能通过意愿或是技巧，把关于"自我"的观念从工作中去除，因此，她的反应常常陷于被动：她停止关心他人，并且变得与所服务的对象疏远。有些在去人格化方面比较笨拙的空乘人员报告说，会出现情感死寂期："我什么也感觉不到了，好像我根本没在那儿。那个家伙在讲话。我能听见他讲。但我不清楚这些话语的意思。"

通过屏蔽感觉来减少压力的情感麻木，本身就会产生压力。它为当事人在身体在场的时候，从无法承受的压力中找到了一个出口。短时间内，这个人不会精疲力竭，但是，它可能有更加严重的长期代价。感到精疲力竭的劳动者，仍然"拥有"人类的感受能力，但是，劳动者可能会逐渐习惯于各种内在信号的淡化或麻木。[1] 当我们没有了感受，我们就失去解读周遭世界的最重要途径。

为了预防精疲力竭，许多有经验的劳动者，培育出了一种"健康的"疏离，清楚无误地将自我与角色分离开来。他们清晰地界定，正在表演的自我和没有这么做时的自我；他们明白，深层扮演或是表层扮演，既是"他们自己的"也是商业秀的一部分。有时候，他们或许会觉得"假"——因为，在一些特定时刻，他们

1　克里斯蒂娜·马斯拉克（Christina Maslach）访问了这类受害者，他们这样对她讲："我变得不再在乎了。我什么也感觉不到了。我已经没有什么可以付出了，我被榨干了。我精疲力竭了。我燃烧殆尽了。"关于精疲力竭的更多研究，请参见马斯拉克（1978a, 1978b, 1978c, 1979）。

觉得，自己不应该表演或者表演得不够好。但是，通过区分表演的自我和未表演的自我，他们使自身不会轻易就精疲力竭。

现在，当公司开始提速——同时又保留对情感劳动的需求，但是设定的条件却使进行情感劳动变得不大可能的时候，劳动者可能会从表演中疏离。她可能会根本拒绝表演，因此从整个工作中将情感抽回。既然工作本身要求良好的表演，她会被视为工作表现拙劣。通过尽力不在那儿、根本不承担后果的方式，她不断回应这一做法的消极后果。如果在第一种工作态度中，劳动者过于投入角色，那么在第三种工作态度中，她又过于不投入角色了。在三种工作态度中，根本的问题是，如何通过一种让部分自我流入角色之中、但让角色施予自我之上的压力趋于最小的方式，让自我面对角色进行调整。

在所有三种情况中，由于劳动者缺乏对工作条件的掌控，使得自我对角色的调适恶化。关于如何观察、感觉和发生的"技巧"越是自上而来，对"舞台"状况的控制就越发不由演员做主，那么，演员对她的进场和出场，以及在两者之间表演性质的影响力就越小。她的影响力越小，就越容易出现两类情况：或是她在工作中投入过多而精疲力竭，或是将自我从工作中撤出而感到很糟。1

劳动者要求对良好工作条件的控制权，最终会演变为对实际决策的控制权。美联航旧金山基地的经理举了一个很好的案例："公司想从旧金山和火奴鲁鲁的团队里各抽调两名空乘人员，但是，工会强烈反对，他们赢了。这可是一个价值上百万美元的决定。但是，或许他们赢了也是一件好事。他们会觉得他们可以影响决策。他们想要的不只是钱。他们想对他们的工作生活有点话语权，这样他们就能按照他们想要的那样干工作。"

即便是有组织的劳动者所采取的这类行动，也解决不了整个问题。对于那些无论如何都要以表演为生的人来说，即便是他们在台上有控制权，他们也会小心谨慎栖居于他们的舞台面孔中：在面具之下，他们以低音量倾听着自己的感受。职责所系表达出来的欢快，与日常生活中的感觉良好的快乐是有所不同的。这更加适用于空乘人员，比起在午餐盘上打包300杯果冻时，能够表达自己厌恶之情的临时工，空乘人员则必须竭力面对一大堆陌生人，表现出真正的友善。

文化回应

与表演、情感及情感所告知我们的内容相疏离，并非少数人的职业危害。它本身牢牢地确立了自己在文化中可以被永远想象的地位。我们中清楚人类情感商业化的所有人——作为目击者、消费者和批评家，几乎都变得擅长于识别和轻视商业化的情感："哦，他们不得不显得友善，那是他们的工作。"这使得我们能够识别出，只有在私人礼物交换中才有的姿态："这回，她的那个微笑真的是对我的。"我们几乎是自动地剔除商业动机，并不带感情地收集人性化的残留物，可见人类情感的商业化已成为多么司空见惯之事。

但是，我们还会用另一种或许更为重要的方式做出回应：从文化的角度，我们开始赋予自发、"自然的"的感情以前所未有的价值。[1]未受管理的心灵和它所告诉我们的东西，会唤起我们的兴

1　人们想要做"真正的"自我。正如马歇尔·伯曼写道："追寻本真性作为一种理想，作为必须要实现的事情，是个自我意识悖论（self-consciously paradoxical）。但是，追寻本真的人们，坚持这一悖论深植于他们所生活其中的世界结构之中。这个世界，他们说，压抑、异化、分割、否认、摧毁自我。在这样的一个世界里保持真我，无疑就是麻烦的同义语（1970, p. xvi）。"

趣。当我们理应由个人情感管理的行动越是受机构的操纵，我们就越是倾向于赞美情感未被管理的生活。这一文化反应，可从18世纪晚期像卢梭这样的哲学家以及19世纪浪漫主义运动的追随者那里找到宣扬者；但是，自发的情感珍贵且濒危这一观点，得到广泛接受却只是近期，也就是20世纪中期的事情。

根据特里林（Lionel Trilling）在他的经典著作《诚与真》（*Sincerity and Authenticity*）中的观点，人们在公众评估情感表达方面，经历了两次重大转折。第一次转折是真诚价值观的兴起（及后来的衰落）。第二次转折是本真价值观的兴起。[1] 在第一次转折中，真诚的价值，是作为缺陷、不诚实和狡诈的对应物而兴起的，并且得到广泛接受。在第二次转折中，同样的原则发挥了作用：本真和"自然"情感的价值得到重视，是与它的对立物——受到管理的情感——的急速扩张分不开的。

按照特里林的说法，在16世纪之前，不诚实既非缺陷也非美德。"阿喀琉斯和贝奥武甫的真诚问题是无从谈起的；他们既不拥有真诚也不缺乏真诚。"[2] 真诚与美德只是不相关而已。但是，在16世纪，真诚开始得到了崇拜。原因何在？原因主要是社会和经济方面的。在这一历史时期，英国和法国的社会流动率上升，越来越多的人发现，或者在心里想，离开他们所出身的社会阶层变得

191

1　正当本真的价值增长之时，其本身也成了一个尚未有定论的历史争论点。如，伯曼（Berman, 1970）辩论道：即使在18世纪晚期，卢梭和他的巴黎读者也将本真看作"现代生活"所产生的一个问题。

2　特里林（Trilling, 1972），第9页。论及16世纪之前与之后的英语文学时，特里林继续道："但是如果我们要问年轻的威特，是否真的像他打算的那么真诚，或者达什伍德（Dashwood）一家的两姊妹，爱莲娜（Elinor）还是玛丽安（Marianne），会被简·奥斯汀认为表现出了更加真实的真诚，我们确信从这一问题的两个方面，都会有一个严肃的观点回应。"直到不诚实和欺骗变成一个常见的诱惑之前，真诚与美德并不相关。真诚一词的含义处于变化之中："16世纪早期，当用它来形容人时，多是隐喻性的——个人生活的真诚，是指它的健全、纯粹或完整感；或者其美德在于一以贯之。但是，不久它就意指没有伪装、做假或假装。"（第13页）

可能。欺骗成为阶层提升的重要工具。表演的艺术、背离感受的起誓，变成了利用新机会的有用工具。当流动性变成了城市生活的事实，于是欺骗和人们对欺骗的理解成为一种工具。[1]

真诚就它的角色而言，开始被视为是对在复杂观众面前进行表演能力的禁止，或是缺少进行表演的必要心理距离。真诚的、"诚实的灵魂"用来指代一个"单纯的人，毫不世故，有一点呆"。[2]之所以被认为"呆"，是因为表层扮演的艺术，被日渐理解为一项有用的工具。当流动性成为城市生活的事实，欺骗的艺术也就成为客观存在，于是，人们对于诚实作为一项美德的兴趣下降了。[3]现代观众，与19世纪的前辈相比，厌烦文学主题的一再重复。这太常见了，毫无意外："就现代人对道德生活的想象，伪君子、恶棍、有良知的骗子变成了边缘人物，甚至成了异类。一个人系统性伪装自己以期获取别人的信任，不再能轻易唤起我们的兴趣，更谈不上信任。我们最能深刻理解、也最愿意关注的欺骗是，一个人

1　分离感情与外表能力的增值，在特里林讨论狄德罗的《拉莫的侄子》时，做了令人瞩目的描述。(《侄子》一书写作于1761年至1774年之间，由歌德译为德语，黑格尔将它奉为现代文化和精神处境的范式。) 在捍卫真诚的哲学家——狄德罗，与推崇不受真诚约束的拉莫的侄子之间有一场对话。侄子是一个"日常生活中自我的呈现者（presenter）"，一位真正的戈夫曼笔下具有表演能力的人（尽管他的能力不包括算计个人利益）。他不仅是一名演员，而且在日常的社会生活舞台上也将自己视为一名演员。为了向狄德罗展示他愚弄他人的能力，侄子成功表演了"狂怒、息怒、傲慢、冷嘲。一开始，是一位哭泣的少女，他再现了她的卖弄风情；接着化身为一位牧师、国王和暴君。现在，他又是一名奴隶，服从命令、心平气和、心碎、抱怨、欢笑、歌唱、喊叫，像一个疯子一样挥手，将自己变成一名舞者和芭蕾舞演员、歌手和首席女伶，将他们汇聚一处、整个管弦乐队、整个剧院；接着，他又将自身重新拆分为20个独立的角色，奔跑、停下，如同着魔一样眼睛发出亮光、口角流沫。他变成一个悲痛痉挛的女人、一个深陷绝望的悲惨男人"。引自特里林（1972年），第45页。

2　同上书，第9页。

3　"如果真诚已经失去了先前的地位，如果这个词本身对于我们而言，成了空洞的声响，看上去几乎忘记了它的含义，那是因为它不是宣称把对自我真实作为目的，而只是作为一项手段。"（Trilling，1972年，第9页）

是如何铆足劲欺骗自己?"[1] 兴趣由外向内渗入。如今,令我们感兴致的是我们如何自我愚弄。

我们对本真性的兴趣,似乎取代了对真诚的兴趣。真诚作为一项美德的起起落落,人们假定,不管个人对其忠贞还是背叛,在真诚的感觉"之下"存在坚实和永久的东西。赋予欺骗以价值,等于赋予从真诚"之下"的坚实之物中疏离出来以价值。[2] 时下赋予"本真性的"或"自然的"情感以价值的做法,可能也是对社会变化的文化反应,尽管这次的社会变化有所不同。既非个人流动性的增强,也不是个人运用欺骗去取悦更多人。而是机构化地使用欺骗,以及为维持欺骗而有组织地进行情感培训。情感越是受到管理,那么,我们就越是看重未被管理的情感。

卢梭的高贵野蛮人不受任何感受规则指导。他只是发乎本能地感知。现今赞美自发感情的一个线索,是心理治疗的日渐大众化,特别是那些强调"触知"自发感情的治疗。[3] 想想这些:格式塔学派、生态能量学、生物回馈疗法、面质法、自信训练、沟通分析、超验冥想、理性–情感治疗、迷幻疗法、情感治疗、冲突疗法、电磁信号治疗(EST)、原始治疗法、传统精神疗法和精神分析。正如语言学家罗宾·雷考夫(Robin Lakeoff)所说,治疗书籍于 20 世纪就如礼仪书籍之于 19 世纪。这是因为礼仪已经更加深入地侵入情感生活。

1　同上,第 16 页。

2　为了角色扮演的情感伪装的核心概念暗示,正如特里林写道的,"在被扮演的角色之下的某个地方,(有人)会窃窃私语,'离开,离开你的借来的行头!'回归到他自己原本的真实自我"(如上书,第 10 页)。特里林把这个称作永恒的"英国人的"自我,一个可以用来愚弄整个世界而非自己的自我。特里林区分了英国人的自我和美国人的自我。英国人的自我是"个人的、坚实的、倔强的"(第 113 页)。这是特里林在一个固化社会中对于自我的幻想——一个出于某种理由,他赋予英国的幻想。他认为美国人的自我是经不起考验的镇静以及相应地更具有可塑性。

3　关于这一主题的杰出论文,参见特纳(Turner, 1976)。

新疗法的引入和旧疗法的扩展，给从 20 世纪开始的自助运动，带来了一个内省性转变。[1] 这一转变如今赋予未经管理的情感以价值。正如格式塔派的从业者指出的那样："孩童的情感之所以重要，并不是因为它作为必须加以恢复原状的过去，而是作为成人生活中必须予以恢复的美的力量：本真，想象力。"[2] 再一次，在《生来赢家》中，两位沟通分析的流行作家在摧毁了一个普遍接受的观点后，形成了另一个更为简单的说辞："赢家从不会为自身的矛盾冲突所阻止。作为真实的人，他们清楚何时会愤怒，当他们知道别人对他们感到愤怒时，他们会聆听。"[3] 赢家，据说是这样的，他们不会试图弄清楚他们的感受，或是刻意让自己去感受，他们就是能够以一种自然的、不刻意的方式认知和感受、事物。

具有讽刺意味的是，人们在读像《生来赢家》这类书时，只是为了学习如何努力成为一个天生的、真正的赢家。自发性如今被归之为可以恢复的东西；个体学习如何将感受当作一个可以恢复的对象，而自我被当作恢复工具。在"接触我们的感受"的课程中，我们越发让感受臣服于命令和操纵之下，越发顺从于各种管理方式。[4]

1　新兴治疗增长的意义，不能因为关于它们通过创造新的需求延伸了服务领域的工作机会的争论而不予考虑。问题依然在：为何是这些需求？为何新需求应对的是与你如何感知相关的内容？因为聚焦于个人方式而排除社会方式，因为合法化了"只为自己着想"（Lasch, 1976b）这一信号，如同旧有的自助运动一样，新疗法也遭到了批评。这一批评本身没有错，但是有片面和误导之嫌。我自己的观点是感知能力是完全类同视听能力的；如果这一能力丧失或是受损，明智的做法是要不惜一切地加以恢复。但是，将治愈之道局于一种唯我论的个人主义生活哲学，或是假定一个人受到的伤害只是自己给自己施加的，我把这一观点（乐观地）称之为"前政治性的"的态度。

2　皮里斯等人（Peris et al.）1951 年，第 297 页。

3　詹姆斯与荣格沃德（James and Jongeward），1971 年。

4　许多现代治疗师打造能够从事情感劳动的超然自我（ego detachment），部分是为了强化对情感的控制。个体被诱导相信：他／她已经具备情感控制力。例如，布朗（Brown）1974 年报告说，在生物能量治疗中，"当事人被告知各种色彩的灯光

232

当卢梭笔下的高贵野蛮人的品质，为现代大众治疗所称许之时，他却并不以他的现代崇拜者的方式行动。高贵野蛮人不会"让"自己对他的花园感觉良好。他不会去"触知"或"浸入"他的怨恨。他也没有竭力让他敞开喉咙，除去"发声障碍"的治疗师。他不会在冷热水管之间来来回回，强烈呼吸着去触知他的感受。没有治疗师会对他说："好吧，高贵野蛮人，让我们试着真正进入你的悲伤中去。"他不会想象到，他在感情上亏欠任何其他人，或者别人亏欠他。事实上，如今与感受搅和在一起的算计与意愿，在他那里是全然缺席的，这使得高贵野蛮人看上去如此野蛮，但是，同样在我看来，也使得他看上去如此高贵。

我们如今为何要赋予朴实、未被管理的感受以更多价值呢？为何我们要既无望又浪漫地想象出一种自然保存的情感、一块保持"永远狂野"的处女地呢？答案一定是因为它变得越来越稀缺了。在日常生活中，不同程度上我们都是斯坦尼斯拉夫斯基的学生；我们只是在深层扮演方面拙劣或是优秀一点，离如此做的动机近一些或远一些而已。在做礼物交换的时候，我们拥抱我们的古老能力，而非礼物成为商品、由公司设置交换率的强大商业分配。一旦让－雅克·卢梭成为达美航空的空乘人员，他可能会为他对 18 世纪面具之下没有面孔的灵魂的关注之上，再添加上一个新的关注，也即关注市场如何侵入我们定义自己的方式以及自从他的时代以来这一入侵如何扩张并实现了自身的组织化。

实际上是由他的脑电波操纵的……因此它们是由他的感觉、思维和情绪控制的。当事人被告知他自己能够通过感受和思维方式控制灯光（第 50 页）。还有，在超验冥想中，病人被告知通过操控他脑中的念头和图像，他能够随心所欲地保持"阿尔法波的活动"。通过被要求去区分自我和本我、创作者与被创作者（framer and framed-upon）、导演与演员，个体被诱导相信他已经拥有了控制力。

虚假自我

精神分析学家和演员一道，从不同的角度，谈论了"虚假自我"——不值得信赖、不被主张的自我，属于"我"的一部分，但是却并非"真正的我"。在精神分析学家看来，虚假自我体现了我们对早期父母要求的接受——我们要这样行动以便取悦别人，却以牺牲自己的需求和愿望为代价。这种以社会为中心、以他人为导向的自我，与我们认可的自我以相互隔离的方式并存着。在极端的情况中，虚假自我以真实自我的面目示人，而真实自我则全然隐藏起来。更为常见的是，在被他人利用风险很小的时候，虚假自我允许真实自我自行其是。

各种感受的实际内容——愿望、幻想、行动——并非虚假自我有别于真实自我的地方：区别在于我们是否声称它们属于"我们自身"。这一声称适用于我们外显的行为、我们的表层扮演："我表现得不像自己"；它同样适用于我们的内在体验、我们的深层扮演："我亲自参加了那个聚会，度过了一个欢乐时光，即使我觉得很绝望。"

专业演员将虚假自我视为一笔了不起的资源，借助它，可以让观众欢笑或落泪。他们发现无人要求的行动和感受的边缘地带，对于进入角色极有帮助。演员的风险在于变成了他所扮演的角色，陷入他就是哈姆雷特的感觉。[1]

在普通人中间，虚假或无人要求的自我，能够让一个人奉献高贵野蛮人所缺乏的谨慎、善意和慷慨。它是健康的虚假自我。

---

[1] 斯坦尼斯拉夫斯基警告说："像艺术家那样，一直进行本色表演吧。你永远无法脱离自己。你在舞台上失去自我的时刻标志着……夸张的虚假表演的开始。因为，一旦你在角色中迷失自己，你就杀死了你正在扮演的角色，因为你剥夺了'他'作为这一角色的真正生活来源。"（1965年，第167页）

通过放弃孩子气的对全知全能的欲望，一个人获得了"真实自我永远无法得到或维持的社会位置"。[1]

克里斯托弗·拉什近来提出，我们文化新近的不健康虚假自我的典型可能是自恋主义者。[2]自恋主义者永不满足于互动，在霍布斯式的人与人互相厮杀的世界中，在爱与仰慕永远都很稀缺的情况下，他无可救药地争夺着爱与仰慕。因为他必须不计后果：他所得到的仰慕，终究是提供给他的虚假自我，而非他的真实自我，所以，他的努力是自我永存的。

我们的文化生产了另一种形式的虚假自我：利他主义者——过于关注他人需求的人。在我们的文化里，女性——因为她们在传统社会里被指派承担照顾他人需求的任务——存在着过度培育虚假自我、失去界限的更大风险。如果发展出自恋主义者的虚假自我是男性面临的危险，那么培育出利他主义者的虚假自我则是女性面临的危险。自恋主义者娴熟于从情感的社会用途中受益，而利他主义者则更容易遭人利用，这不是因为她的自我感薄弱，而是因为她的"真实自我"与群体和群体福祉捆绑得更为牢固。

在情感劳动的个体性别分工之外，如今潮流的趋向是，从事接触公众工作的劳动者管理情感的方式也正在被组织化。正在这么做的机构，希望它的劳动者能让"真实自我"体现在工作中。

196

1　威尼考特（Winnicott, 1965），第143页。虚假自我的早期培育是演员的一笔财产。正如威尼考特写道，"有时候能够轻易看到，捍卫虚假自我能够为升华行为筑牢根基，就像一个孩子在成长为一名演员一样"（第150页）。

2　拉什（Lasch, 1978）。如今我们在关于适应现代社会状况的新的"现代自我"方面积累了一些文献：例如，里斯曼（Riesman, 1953）、拉什（Lasch, 1978），里弗顿（Lifton, 1970）、特纳（Turner, 1976）、祖歇（Zurcher, 1972）。这些理论家认为现代生活条件（生活在多变的社会世界中或稳定的社会变得转瞬即逝，亲属纽带的松弛、社会流动性的增强）与更加能适应外在环境（里斯曼）、更加多变（利夫顿）、更加可塑的自我的发展之间存在普遍联系。换言之，他们的结论看上去认为，各种状况合谋一处塑造出了我们更多的虚假自我，这些虚假自我以一种更加灵活的方式与我们心中虚幻的"真实自我"相关联。

它们想把这一个人的资源转变成公司的财产。然而，越来越多的公司出售劳动者的真实自我，对劳动者个人而言，自我看上去虚假的风险就越大，对他／她来说，弄清自我的边界就越发困难。

由于这个问题，要进入自己的感受本身就变得更重要了。经由感受，我们才能认识到我们的所看到、所忆、所想的自我关联性。然而，当公司将商业目的楔入感受和对感受的解读中之后，这一宝贵资源便处于危险之中。

例如，在达美航空定期训练教室中的空乘人员被告知："当你因为有人对你说你欠他一个微笑而生气时，你真正生气的仅仅是因为你太在意自己、太在意你该如何感受了。让你的思绪远离自己，站在他的处境想一想。通常，他并没有什么含义。而且，不管怎么讲，这类行为在很长很长一段时间内都不会发生改变。所以不要为这个生气。"在这一情境下，当空乘人员因为某一个乘客生气时，她的怒气暗示了什么？按照定期训练讲师的说法，生气说明了她没有摆正自己的位置，她用了一种错误的方式看待对她提出微笑要求的男人，她太过敏感了，过于因小事生气。它反映的不是对情感展现在如何维持两性之间、劳资之间的权力不平等方面的某种认知。它显示了劳动者没有做对，而不是公司或乘客的假设有什么错。通过这一方式，公司的目的嵌入了劳动者该如何解读自我感受的方式之中。它在各个方面都会催生问题："我该如何认识我的怒气？公司允不允许我这样做？"于是，劳动者可能会与她的感受失去联系，出现崩溃，或者她可能不得不与公司给出的解释进行斗争。

要应对情感劳动带来的代价，就需要更多的发明创造。在空乘人员当中，她们建立了一种不同的体验微笑或"姑娘"一词的方式——一种混杂了愤怒、调侃以及工作中互相支持的方式。在她们的私人生活——从高速公路上驾车回家、心平气和地与爱人聊天、偶尔与工友亲昵的交谈中将它归类——中，她们把公司对愤怒的定义与她们自己的加以区分，把公司的感受规则与她们自己的感受规则予以区别。她们努力重拾管理情感的权力。这些斗争，如同为其付出的代价一样，很大程度上是隐不可见的，因为这种催生情感劳动的工作，很少会被那些告诉我们什么是劳动的人所承认。

在旧金山的百老汇大道上，一度有一家名叫作"委员会"（The Committee）的即兴表演剧院。在一场演出中，一名男子打着哈欠来到舞台中央，漫不经心地伸展着四肢，仿佛要准备上床睡觉。他摘掉帽子，有条不紊地把它放在一个假想的五斗橱上面。然后，摘下他的头发，明显的假发。他缓缓地取下眼镜，按摩眼镜压过的鼻梁。接着，拿掉他的鼻子。之后是他的假牙。最后，他放松他的微笑，躺下来睡觉，一个男人终于完全变回"他自己"了。

这一"虚假"融入"真实"、人为侵入天然的暗讽，是一个普遍存在的困扰。正如它适用于感受一样，造成它的主要原因是，人们越来越意识到运用情感所带来的奖赏。从事情感工作的劳动者提供服务的过程，类似于体力劳动者制造商品的过程：双方均受制于规模生产的法则。但是，当产品——有待设计、批量生产、加速或减缓生产的物品——是一个微笑、一种情绪、一种感受或是一种关系时，它将更多地属于机构所有而非个人。在这个高度公开称赞个人的国度中，越来越多的人虽然无法追溯问题的社会根源，但却在私下里暗想：我真正感受到的究竟是什么？

198

二十周年纪念版后记

199　　《心灵的整饰》初次出版后，我开始接待来访的空乘人员、护士，以及其他的靠情感劳动谋生的群体，也收到了想研究它的学者的长信。从两方面，我比在写作此书时了解了更多关于情感劳动的情况。有些空乘人员从伦敦、悉尼、亚特兰大、芝加哥、达拉斯、纽约（空乘人员属于流动性强的群体）飞来见我。当我独自搭乘飞机旅行时，有些空乘人员看到我的名字，热情地与我握手。有两次我得到了她们免费提供的葡萄酒。还有若干次在工会集会上发了言。在我与这些空乘人员的接触中，她们反复讲述了她们沮丧时抑制着对危险的恐惧，强打精神欢笑，或者用良好的幽默感回应粗鲁乘客的故事。一些人说，这工作没有我说的那么糟。

200　大多数人感谢我为她们每天做得最多的情感工作正名。我听到的很多痛苦都源自情感劳动的全然隐蔽性。一位澳大利亚护士，在我家喝茶时描述，因为外科医师缺乏对病人的临终关怀、忽视病人的情感需求，护士不得不每天充满爱心地照顾临终的病人以此作为补偿，这是多么令人烦恼的事情。"外科医生去除癌细胞，"她解释道，"但是从医疗和情感方面，是我们护士帮助病人熬过难关。为何全世界都看到并认可医生的付出，却没人看到我们护士

238

们做出的一切？"

在一次与本书有关的电视节目结束后，主持人将我带到一边，对我解释说，他也不得不在刚刚主持的节目镜头前面振作精神。滑稽的是，我曾经受邀参加与国家电视台的曼勒丝女士——当代美国礼仪的无冕女王——谈论礼貌的微笑。电视制作人理所当然地认为，曼勒丝女士将会赞成微笑，而错误地认为我会反对它。这些都巨细无遗地记录在我的研究人员的记事本上。

在学术界方面，看到我的观点得到运用、修正以及被其他研究者卓有成效地拓展，我同样心怀感激。学者们研究了诸如社会工作者、零售店职员、迪士尼乘坐装置操作员、女招待、接待员、少年保护所工作人员、电话销售员、个人教练、私立养老院看护者、教授、警察、助产士、上门保险推销员、警局侦探、发型师、治安官的审讯员等群体的情感劳动。帕姆·斯密斯（Pam Smith），曾经是一位护士，写了一本有关护士的情感劳动的书，我以前的学生詹妮弗·皮尔斯（Jennifer Pierce），写了一本关于律师、律师助手和秘书的情感劳动的著作。[1]

一些情感劳动者属于收入不错的专业人士，另一些则属于卡门·希瑞安尼和喀麦隆·麦克当劳称之为的"情感无产阶级"。[2]在罗尼·斯坦贝格和德布拉·费加特发表于1990年的杰出文章——

---

[1]　参见罗尼·斯坦贝格和德布拉·费加特（Ronnie Steinberg and Deborah Figart）的《情感的整饰》一书之后的情感劳动"（Emotional Labor Since *The Managed Heart*），Annals of the American Academy of Political and Social Science，1999（Jan），V 561:8-26。同样可参见帕姆·斯密斯（Pam Smiths XXXX，Jennifer Pierce），1995年，《性别审判：当代律师事务所中的情感生活》（*Gender Trials, Emotional Lives in Contemporary Law Firms*），伯克利：加州大学出版社，与阿维亚德·拉茨（Aviad Raz）的《工作规范性控制中的情感：日本与美国的组织机构与文化》（Emotions at Work Normative Control, Organizations and Culture in Japan and America）2002年，哈佛东亚研究专著 No.213，剑桥：哈佛东亚中心。

[2]　Cameron Macdonald and Carmen Siriani 1996.（eds.）Working in the Service Society, Phil: Temple University Press.

"自《心灵的整饰》以来的情感劳动"中，他们论述了不同研究者

所追寻的问题：我们如何左右自己的感受？以及有多少人在这样做？欢快的"嗨，您好！谢谢您光顾沃尔玛"中有多少自然或刻意的地方？哪些人我们在打招呼时，要带有情感色彩——老板、客户、公众？一个人如何对一家处于裁员期的、无法回报雇员以忠诚的公司保持忠诚？[1] 劳动者的情感劳动在多大程度上会得到管理层的承认？斯坦贝格和费加特[2]发现，一家风味餐厅在其公司使命的声明中明确地意识到了这一点：

> 在任何情况下，都不应让顾客怀疑你当天心情不好。你的问题应该被微笑掩盖起来。你的压力会被注意到，并被作为不愉快的就餐体验和令人沮丧的餐食而负面地加以接受。一旦一位不悦或不满的顾客走出餐厅大门，他们将一去不返。[3]

一些学者，像吉登·昆达（Gideon Kunda）在他的著作《工程文化：高科技公司中的控制与承诺》（*Engineering Culture: Control and Commitment in a High-Tech Corporation*）中，聚焦美国公司的企业文化如何能够让工作在雇员眼里看上去引人入胜。《工作中的情感：日本和美国的规范控制、组织和文化》（*Emotions at Work: Normative Control, Organizations and Culture in Japan and America*）一书中，阿维亚德·拉茨（Aviad Raz）比较了美国和日

1 　罗尼·斯坦贝格和德布拉·费加特（Steinberg and Figart），如上，第11—12页。
2 　这里有印刷错误，Figard应为上文提及的Figart。尾注和参考书目中均为Figart。——译注
3 　罗尼·斯坦贝格和德布拉·费加特（Steinberg and Figart），如上，第9页。

本公司所仰赖的民族文化。拉茨表明，例如，微笑训练已经成了一项全球风尚，但是这一风尚在美国和日本以不同的方式运作着。日本企业的经理指责美国经理勉强接受了毫无生气的、外部强加的微笑，拉茨写道，而他们自己则诉诸劳动者根本的"气"（精神）。但是，日本人的"气"是由愧疚或羞愧激发的。在东京的巨蛋公司，经理将摄像头放置在不友好的收营员的收银机后面，然后通过将录像视频展示给他的同事们观看来使他们感到羞愧。这不仅是晚近的资本主义在起作用，他暗示说，而且是资本主义对民族文化的利用。

　　还有另一类研究关注的是后果——精疲力竭、压力和身体垮掉，以及对从事情感劳动或是面临类似风险的人们的承认和经济补偿。在纽约州的一项有比较价值的研究中，斯坦贝格·罗尼和杰瑞·雅克布发现，那些涉及与"难缠客户打交道"和公众打交道的工作，多由女性承担。但是，工作越是更多地"与公众接触"，她们的收入就越低。"与难缠客户接触"也没有给她们带来额外的收入。[1]另一位情感劳动研究者丽贝卡·埃里克森（Rebecca Erickson），作为调查证人为众议院做了题为"情感劳动、精疲力竭和全国护士短缺"的报告。

　　麦乔莉·德沃特（Maijorie DeVault）等研究者，探讨了私人生活中的情感管理：同性恋夫妇的"代际继承"、有色人种保留种族自豪，及单亲妈妈保持孩子的自尊等。采用这一视角的其他研究者研究了男同性恋基督教支持群体、接受婚姻咨询的夫妇、力图塑造良好父子关系的妈妈、帮助孩子满怀焦虑地申请私立高中的父母。一位作者描写了情感工作注定会失败的情境。考虑到对感

1　罗尼·斯坦贝格和德布拉·费加特（Steinberg and Figart），如上，第19页。

情日渐增长的兴趣，美国社会学会新成立情感社会学分会。所有这类研究对这一新领域持欢迎态度，并且提供了大有可为的线索，其中的大多数研究深深地丰富了我们对于所有可能的心灵整饰方式的理解。作为整体，这类研究揭示了较大的社会矛盾与管理情感的私人努力之间的重要联系。如同我在本书中论及的，或许不只是情感有着向我们发信号的功能，而且，情感管理本身也有这一类似功能。因为极端的情感管理行动，能够让我们警惕宏观社会中存在的诸多矛盾，正是这些矛盾创造了各种压力，因而需要人们在在日常生活中进行情感劳动。

这些矛盾冲突源自哪里呢？源自工作、源自家庭，我相信，越来越源自家庭与工作的"中间"地带。自从《心灵的整饰》1983年首次出版以来，在我看来，工作场景急剧地一分为二。一方面，很大一部分的"情感无产阶级"被自动化技术所取代。取代我们与银行出纳之间面对面交谈的是用得越来越广泛的自动存取款机。取代我们与航空公司票务人员进行面对面交谈的是网上购票。如今收费员、加油站工作人员以及结账员，以同样的方式被大桥收费机、自动加油站、一些杂货贩卖机取代了。因为我们很少能见到他们，所以我们也很少看到他们的情感劳动。我们在机器屏幕上一次次看到"谢谢您！"和"欢迎下次光临！"。

另一方面，新的服务业工作同时涌现，或是出现在更高级的职业层级上，从事南茜·福尔布莱（Nancy Folbre）称之为"保健领域"的工作的人，如今占到美国劳动力的20%。其中有数可查的包括：儿童保姆、儿童护理工、照顾少年的互惠女工、老年人护理工和养老院护理工。在传统的护理工作之外，新增加的工作填补了部分由数量剧增的、富裕却没时间的职业父母带来的需求。

但是，还有更为深远的变化。直到最近，在谈论家庭和工作时，我们才明白我们谈的其实是一个领域和另外一个领域。实际上，大多数关于情感管理的研究揭示出，情感管理并不只限于工作或是家庭之中。在过去的二十多年中，社会生活的第三部门缓慢出现了：我将其称之为市场化了的私人生活。在这一部门中的劳动者，既不在机舱中也不在办公室中工作。他们在家庭中工作，但并不拥有家庭关系——如丈夫之于妻子，爱人之于爱人，父母之于子女，祖父母之于孙辈或是朋友之于朋友。他们工作的地点，通常是在别人的家庭之中或是邻近别人家庭的地方。

每一个领域都有自身的感受规则。如果说个人在工作中遵守的是公司的感觉受规则、在家中依靠的是亲属的感受规则，那么，那些在市场化了的家庭生活中工作的人，则依赖于工作文化和家庭文化二者的复杂混合。

即便是他们并不这么觉得，儿童保姆、互惠女工和仆人，在过去很长一段时间内都被上层家庭视为"家庭的部分成员"。如今和他们一道加入第三领域的是罗歇勒·夏普厄（Rochelle Sharpe）称之为的"托儿所行业"——专门承担忙碌的职业父母家庭外包子女照顾的任务。他们所从事的工作要比其他人更为私人化。在《商业周刊》新近的一篇文章中，米歇尔·科林（Michelle Conlin）描述，有些企业家"热衷于对时间紧张做出回应，创造出了几年前难以想象的生意……母乳喂养顾问、婴儿保护机构、紧急保姆服务，专业代缴保姆税的公司以及其他从事安装隐藏摄像头监视保姆行为的公司。人们可以雇用账单结算人、生日聚会策划人，使用儿童的士服务、私人助理、私人厨师，当然，还有家庭经理人去监督所有这些人员"。[1] 一则张贴在互联网上的广告包括了以下服

1　罗歇勒·夏普厄（Rochelle Sharpe），"转盘上的保姆们"的工作生活，《商业周刊》，2000 年 9 月 18 日，第 108—110 页。马萨诸塞州的一家叫作"父母替身"中

务清单：“宠物照顾、机动车注册、假日装饰、个人礼物挑选、聚会策划、夜生活推荐，私人／专业信件以及信用卡账单争议处理等。”其他的服务，在玛丽·波佩斯、妻子出租（好莱坞）或丈夫出租（缅因州）等中介机构的名字中得到了体现。[1]一家名为“吉尔百业”的机构，提供整理橱柜和收拾房屋服务。客户信任助理可以帮助客户整理物品并且丢弃垃圾。正如一位助理评论道：“人们没有时间去照看他们的物品。我知道哪些重要。”[2]一家位于日本的公司，实际上还提供帮助客户从浪漫关系中脱身的服务。近期的一份互联网工作的描述如下：

> 具备公司工作经历的行政助理，以及一位有志于管理家庭的玛莎·斯图尔特式（Martha Stewart）任务……应具备对家居生活的兴趣与出差旅行的能力。务必喜欢孩子！这是一个面向有热心肠和事业心人士的独特职位。[3]

不仅是对助理的品质要求跨越了市场和家庭的界线，而且其结果也跨越了更多的私人界线。正如《商业周刊》的记者——罗歇勒·夏普厄描述的：

> 林恩·考茜歌莉娅，一位加州人力资源执行官，回

介机构的总裁报告说，“爷爷奶奶们更乐意为孩子们忙碌的职业父母购买这类服务，将其作为一份礼物送给他们，而非亲自帮着带孩子。这样可能也是因为很多爷爷奶奶自己的工作也很忙，没法腾出手来帮忙。”

1　南缅因州一家商业电台短讯，2000 年 7 月。

2　夏普厄（Sharpe），如上，第 110 页。

3　“克雷格列表网”（craigslist.org）上题为“兼职人员／助理名单”（Part Time Personal/Assistant Available）的网络信息。

忆起当她女儿得知有人受雇来组织她的生日聚会时眼中的失望之情。"我意识到我真的做得过火了。"她说道。[1]

她外包了太多的情感劳动。

在我新近写作的一本书里，我采访了一些不可思议的富有同情心和创造力的人花钱来帮助家人。他们所有人都面临着，准确地讲，像一位专业人士、一位姐妹的替身、一位来做客的阿姨那样，弄明白该如何去感受这一令人困惑的任务。以及如果作为一位姐妹，要以何种民族或宗教文化精神来感受？在传统的工作场所中，任务说明、员工手册或是老板会含蓄地告诉如何去感受。在家里，家人会告诉你。但是，在市场化了的家庭领域中，答案却难以把握。[2]

在市场化了的家庭生活这一第三部门的边缘地带，我们发现工作是妻子而非母亲职责的商业化延伸。读者或许和我一样，发现下面这条广告会在心头萦绕不去。这条 2001 年 3 月 6 日出现在互联网的广告是这样的：

206

1　夏普厄（Sharpe），如上，第 110 页。

2　推动市场化了的家庭领域增长的似乎有三方面因素。一是职业女性比例的上升。1950 年有 30% 的女性从事薪酬的工作，1986 年这一数字是 55%，如今是 60%。在 1950 年，已婚育有 6 岁以下子女的女性从事领薪酬工作的比例是 28%，如今是 63%——三分之二属于全日制工作。既然妈妈们都在工作，那么她们首先想到能够求助的人：保姆、母亲、姐妹、妯娌、好友、邻居——他们也都在工作，甚至连丈夫和妻子也都靠不住。另外一个相关的因素，是简·迪扎德（Jan Dizard）与霍华德·加德林（Howard Gadlin）在他们的著作《最小家庭》（*Minimal Family*）中写道的，美国家庭的脆弱性和灵活性的加剧。自从 1984 年以来，很少有人结婚了，即使结了婚也很少不离婚而再婚的，再婚后又有很多人离婚了。越来越多的未婚父母育有子女，越来越多的妈妈独自养育子女。旧有的结构和旧有的规则对很多人来说不再作数。与此同时，如同罗伯特·普特南（Robert Putnam）在《独自打保龄球》中展示的，人们也不太愿意去参加投票、参加俱乐部、当志愿者、请朋友们吃饭、与家人们一起吃饭，或者甚至是一起聊天。迪扎德、加德林、普特南没有写到的是市场化了的家庭生活领域的同步增长。这里，在第三部门的膨胀中，互动依然在进行——与日托中心的工人、老年人护理工、家庭护理人员，对中上阶层来说，互动的对象则是生日聚会策划者与个人助理。

245

你好！美貌而聪慧的女主人、优秀的女按摩师——周薪 400 美元。

这是一个奇怪的工作开场白，我觉得将它贴出来很蠢，但是，在旧金山，我的确有这一需求！这将是非常私密的搜寻过程。

我是一名性情温和的百万富翁、生意人，聪明，经常旅行，但生性腼腆，初来乍到，全然淹没在一堆派对、聚会和社会活动邀请之中。我正在寻找一名这样的"私人助理"。工作内容包括，但不仅限于以下方面：

1. 在我举办的家庭派对中担任女主人角色（每小时 40 美元）

2. 为我提供令人舒适和富有感官享受的按摩（每小时 140 美元）

3. 与我一同出席特定的社交场合（每小时 40 美元）

4. 陪同我旅行（每天 300 美元加所有旅行费用）

5. 管理我的部分家务（设施、代付账单等，每小时 30 美元）

你的年龄必须在 22 至 32 岁之间，身材保持良好、容貌出众、善于表达、感性、体贴、乐观与自信。我希望每个月的社交活动不要超过 3 到 4 次，每周按摩、家务其他琐事的时间最多 10 个小时。你必须尚未成家、订婚，或者有一个非常能够能理解你的伴侣！

我是一个乐观、聪明的 30 岁左右的男性，接到你的邮件申请后，我会很乐意同你讨论我发布这条广告的理由。如果可以的话，请在邮件中附上你的照片，或者描述你的喜好、兴趣以及你从事这项工作的能力。

专业陪护人员请勿扰！禁止涉及性！

谢谢。[1]

　　什么样的感受规则，适用于腼腆的百万富翁与这份私人助理工作的潜在申请人之间的互动？令人愉悦的妻子角色在这里变成碎片，每一项工作都被明码标价，因此，感受规则变得模糊不清。这个男人当然并不想承担丈夫的角色；金钱是他的交易砝码。但是，这则广告不言而喻地暗示了他在性与情感方面有所期待的强有力的幻想。

　　当我在加州大学伯克利分校同一些学生讨论这则广告时，一名学生评论道，这个男人"想通过金钱来使他免除男女关系中的抱怨"。他的话是什么意思？或许那位腼腆的百万富翁，并不想遵从家庭的感受规则。他不想承担情感劳动。他只想要结果。怀着这样的愿望，他或许正在享受另一个幻想——他可以用金钱购买别人的情感劳动。一个日益加剧的社会矛盾横亘在这里。

　　因为人类具有强烈的情感，在这个案例里，或许还存在性欲需求，在其之上的商业行为只是一层薄纱。因此，这位腼腆的百万富翁很可能将面临一项情感任务，也就是让自己与这位私人助理保持距离，就像他现在假定自己可以轻易做到的那样。而助理可能不得不管理一些混杂着同情、鄙夷和诱惑的情感。这种关系，将是正在扩大的市场化了的私人生活领域的诸多人际关系之一。现在，在这一领域，我们如何管理我们与他人之间的依附与疏离关系？我们会感受到什么？我仍然不清楚，但是会继续保持关注。

1　感谢邦尼·万（Bonnie Kwan）从网上发现了这则广告。

附录 A　情感模式：从达尔文到戈夫曼

　　大多数关于情感的具体争论，可追溯至我们称为有机视角与互动视角之间的根本分歧。在概括、总结这两大视角和陈述我自己观点之前，指出对于这类问题的任何严肃探究都会遇到的两大障碍，将是很有用的：一是社会科学家通常会忽视情感或将其划入其他范畴之下；其次是接受若干有关情感的概念，会使有关情感的任何讨论都变得混乱。

　　一些理论家甚至走得更远，不认为情感是一个靠得住的概念。心理学家伊丽莎白·杜菲（Elizabeth Duffy）就是一个典型，在区分了纵向概念（longitudinal concepts，描述以时间顺序发生的现象）和横截面概念（描述诸如感知、思想和情感同时出现的现象）之后，她主张完全取消横截面概念。她正确地指出它们分别代表着松散的和重叠的现象类别（1941：184）。不幸的是，她仅是有选择地抹除了我们应当竭力去描述的复杂性。这一拒绝理由也适用于社会心理学家，他们相信其回避讨论情感的良苦用心，是为了更加专注和严格地聚焦认知，增加他们工作的科学性。如果对他们每个人演讲习惯进行内容分析，那么将会确凿无疑地显示，情感在他们实际生活中的地位肯定比在他们所研究的生活中的地位

248

更为重要。

许多社会心理学家只是有限程度地承认情感，将其划归于其他一些概念之下。例如，在一篇1950年研究士兵对陆战队女队员态度的研究中，其他方面信息都丰富，但萨赤曼（Suchman）和其同事将情感（emotion）划归到了感觉（affect）之下："对于对象的感觉通常可以分为正面感觉和负面感觉。然而，就我们的目的而言，恼怒、愤怒、怀疑和惊恐都不过是负面感觉的影子（shadings），我们将忽略这些影子（引自纽科姆等人1965年的著作，第48页）。"当情感以此种方式被归类，情感令人感兴趣的维度，就变成了"多"和"寡"。准确地来说，"多"和"寡"是不清晰的。我们分不清对于陆战队女队员的恐惧性厌恶和愤怒性厌恶之间的差别。我们失去了对现实多种多样的定义在形成态度方面的丰富线索。我们失去了情感可以反映个体对可感知情境的自我关联性这一观念。我们失去了对情感语言能够告知我们的内容的理解力。[1]

对那些既不否认情感也不将情感划归到其他概念中的研究者，有其他两类观念不时地会阻碍我们对情感的清楚理解。它们分别是：（1）像愤怒或嫉妒等情感，能够独立存在或者在一个人之内一直存在这样的观念；（2）为情感所控制时，我们会被引向不理性的或扭曲的行为这样的观念。因为这些看法有时为有机论和互动论阵营双双采纳，在转向分析划分有机理论家和互动理论家的假设之前，我们应当检视它们的内容。

1　当情感被从其与之关联的情景进行概念剥离后，就会出现信息损失。亚里士多德（Aristotle）讨论过15种情感，笛卡尔（Descartes）讨论过6种，霍布斯（Hobbes）讨论过8种，斯宾诺莎（Spinoza）则是3种（以及其48种变体），麦独孤（McDougall）则有7种，汤姆金斯（Tomkins）有8种，情感与观点或是框架之间的直接联系则消失了。乔伊·戴维茨（Joel Davitz）令人感兴趣的试图制成情感词典的努力（1969年）也存在着问题。就像现代语言学家如今在考察语言使用时的社会背景，情感也是一样，它属于另一种语言，只有在它与之关联的社会背景下才能得到最好的理解。

情感是否能独立于其"置身于其中"的个体而存在？在我们的谈话中，它貌似可以。我们通常谈及"表述""储存""接触"，甚或"传播"一种情感。我们以一种愧疚是会"纠缠"我们，或者恐惧是会"攫住""击中""背叛""麻痹"或是"击垮"我们的方式来谈论它们。恐惧，如我们谈论的那样，是种可以埋伏、隐藏、蹲伏、寻觅或是攻击的东西。爱是我们会陷入或是走出的东西。愤怒是能够占据或征服我们的东西。在这种谈话方式中，我们使用假想出来的某些独立的局外者来描述某种对比鲜明的内在状态。

正如罗伊·沙费（Roy Schafer）在《新精神分析语言》（*A New Language for Psychoanalysis*, 1976）一书中指出的，我们通常讨论一种情感的方式，正是我们使用诸如"焦虑""爱"或"愤怒"这样的名词来使人联想到实体的方式。甚至像"正在惧怕某物"或者"正在畏惧某物"这样的动词（我们不能说"正在焦虑某物"）本身就是一种抽象，承载它们所取代的名词所带有的含义。沙费建议用新的行动语言取代通常的说法。他会去除像"感到恐惧"或"正在恐惧之中"这样的表述，因为它们抽象地指涉大量相互独立的行动或行动模式；因此，"感到恐惧可以包括逃离、回避、胆怯地或安抚性地行事"（第275页）。尽管沙费在识别一般用语在将存在问题的假设具体化方面是有洞察力的，但是，在我看来，他的行动语言太过于简单，不足以成为应对日常情感生活复杂性的一整套工具。

通常地，我们发现自己以这种方式——情感好像有自己的地点和居处——来谈论它。当我们说爱驻足于我们心中、嫉妒居住在胆汁里，心和胆汁是人体内的地方。谈话者将某个器官人格化了，或是将情感描绘成了"一种实体或特种量值的能量"。当我们说一种情感被"存储"和"集聚"，或者我们指称某一"旧的"情感时，我们也以情感好像具有某种连续的身份的方式谈论情感。

意味着能动性、栖居性和时间连续性的各种隐喻，经常以不可思议的精确性传达出了我们体验某种情感时究竟感受到了什么；它们具有一种诗意的准确性。但是，它们却会妨碍我们理解情感如何运作。

第二种妨碍我们理解情感的观念是，常常与情感内在状态关联的外在行动是非理性的。有时候情况的确如此，但是有时候则不然。一个人看见响尾蛇向他爬来，感到恐惧可能会跑到安全的地方。他可能会理性地行动。如果他不害怕，他可能就不会跑开，如果在没有其他保护措施的情况下，这就是非理性的。再如，一位母亲可能会带着充满爱意的感情，去拥抱她的孩子。这里，同样也存在，从个人行动的感觉来看，感情与行动看上去是一致和"理性的"，人们在感情的影响下做事的方式，与不受感情影响时的做法并没太大差别。他们只会辩论道，我所列举的这些事例明显是当人们谈论"充满情感地行动"的情况，并非他们经常所引用的那些事例。即，我们倾向于将情感与非理性、不明智的行动关联起来，而非与理性和明智的行动联系起来。这种倾向主要来自我们对待情感生活所采取的文化政策（"警惕它，管好它"），而不是源自对所有常见但不显眼的实例中情感与行动关系的观察，正是在这些实例中，情感与行动才联系在一起。

两种情感模式

19世纪出现了两种基本的情感模式。从达尔文、威廉·詹姆斯（William James），还有早期西格蒙德·弗洛伊德的著作中，出

现了一种有机模式。[1] 从约翰·杜威（John Dewey）、汉斯·格斯
（Hans Gerth）、C. 赖特·米尔斯和欧文·戈夫曼的著作中，出现
215 了一种互动模式。这两种模式在若干方面存在着根本的不同。

首先，有机模式主要将情感界定为一种生物过程。在弗洛伊
德早期的观点中，情感（感情）是力比多的释放；在达尔文看来，
它是种本能；在詹姆斯看来，它是对心理过程的感知。由于强调
本能和能量，有机模式理论家假定不同类型的人群具备基本的稳
定性，他们情感的相似性也具有稳定性。另一方面，在互动模式
理论家看来，情感总是涉及一些生物因素这个说法没错。如，恐
惧所涉及的生物过程与愤怒所涉及的生物过程，实际上是否有所
不同（詹姆斯认为它们不同；加农［Cannon］则证实它们相同），
对于互动模式的理论家来说则兴趣不大，他们的主要关切是心理
过程呈现的意义。

其次，在有机模式中，我们贴签、评估、管理或者表达情感的
方式，被视为外在于情感的东西，因此，相较于情感如何"由本
能驱动"，人们对其兴趣较少。

第三，在有机模式中，假定情感是先于内省而存在的，内省
则被视为是消极的与缺乏唤起力量（evocative power）的。正如一
位精神分析理论家论证道：

> 内省提供了丰富的案例，其中一个就是读者，如果
> 他对所读到的字句感兴趣的话，那么此刻他可能就会注
> 意到。我们知道"感受基调"（feeling tone），作为一项

---

[1] 麦独孤（1937，1948）和汤姆金斯（1962）也为情感的有机模式做出了贡献。
尽管汤姆金斯的理论覆盖了很为广泛的现象，它聚焦在动原／情感之间的关系。
他区分了 8 种内在的感情（affects），这些感情称可由"内在的催化剂"激发，
并且承担"动力信号"的角色。

情感特性，总是以我们的经验流（stream of experience）、意识和无意识的一部分呈现。然而，如果这篇文章能够唤起你的兴趣的话，那么，在过去几分钟的阅读中，你可能尚未意识到你的感受。如果你把它放到一边，一会儿陷入内省，你将注意到自己当下的感受。你可能会觉得舒服、略微有点受到触怒、有点轻微的沮丧等等，但是，一些感受就在那儿。感情，除非你意识到它，否则它会以一种不为人察觉的方式展现自己：它是前意识的。（帕尔沃，1971，第351页）

在互动理论家看来，感受一直在场的假定是值得高度质疑的。我们何以知道，他们质问道，注意力的聚焦与认知力量的使用本身并不能激发感受？而且，如果诉诸感受的行动本身能够帮助形塑感受，那么就不能认为感受独立于这些行动。类似地，在互动理论家眼里，对行动的管理与被管理的体验是不可分割的；它部分地造就了正在涌现的体验。正如认知会影响被认知的事物，因此，管理也会影响在"那里"被管理的事物。这一反思性的表述通常遭到有机论理论家的怀疑（参见Lofgren，1968年）。有机论中坚持的是感情（affects）的"宣泄论"，情感的表现几乎是情感的附带现象，因为情感被认为是与不受外在影响的、既定的官能条件相关联的。[1] 简言之，对互动论理论家而言，情感是开放的，对有机论理论家来说，情感是固定的。

1　在弗洛伊德派的早期模型中，反省的缺席暗示了自我不能太多地改变情感的特性。有时候，这一点是很明显的：亚历山大（Alexander）和艾萨克（Isaacs）写道，"自我不可能改变情感的性质"（1964年，第232页）。经常给予这一观点支撑的是，自我是虚弱的，就像在孩子身上那样。在互动论理论家看来，原型自我是成人自我的一部分，具备了后者的一定力量。

第四，有机论强调本能的固定性，反映在其关于情感起源的兴趣中，而互动论者对这一点则关注不多。例如，达尔文将情感回溯至其种系统发育的（phylogenetic）起源，指出了动物情感与人类情感之间的相似性。弗洛伊德将所经历的情感回溯至早期的观念中，其起源常常埋藏在童年时代（布伦纳，1974年，第542页）。在另一方面，互动论模式，则将注意力从起源移开，转而聚焦于那些成年人组成的社会群体所特有的情感层面。

两种模式的每一差别均表明出了社会因素和情感之间的不同联系。在有机模式中，社会因素只是"触发"生物反应，并且促使人们对这些反应的表达进入约定俗成的通道之中。在互动模式中，社会因素进入了情感的特定形成过程之中，贯穿编码、管理与表达的始终。

有机模式

查尔斯·达尔文。达尔文的《人类和动物的情感表达》（1872年）向其他形形色色的理论家和研究者提供了一种情感模式。达尔文聚焦于情感表达（emotive expressions）——即各种可见的姿态——而非与之关联的主观意义。他指出，这些姿态是从史前时期获得的，作为"有用的连带习惯"（serviceable associated habits）存留了下来。一开始与行动相连，这些情感姿态成为动作倒错（action manqué）。如，爱的情感，是曾经的直接交媾行为的残留。在愤怒中露出牙齿是曾经的当即撕咬行为的残留。厌恶表情一度是对令人恶心的食物的直接反胃行为的残留。在达尔文看来，没有姿态的情感是不存在的，尽管，姿态可能并不伴有行动。

因此，达尔文的情感理论，是关于姿态的理论。对他以后的学者来说，要面对的问题却转变为：情感姿态是普适的，还是因文化而不同？达尔文自己的结论是，它们是普适的。[1] 此后的争论，被那些论证情感表达可能是天生固有的研究者（Ekman 1971，1983；Ekman et al.，1972），与那些认为情感姿态是由语言塑造因而在各个文化中都是有差别的研究者（Klineberg，1938；Birdwhistell，1970；La Barre，1964；Hall，1973；Rosenthal，1970：201）所延续着。在这一场争论中双方所缺失的就是达尔文理论一开始所缺失的：作为主观体验的情感观念和各种社会因素如何影响情感这一更为微妙而复杂的观念。

兰德尔·柯林斯采取了另一种方式，但却遭到了同样的批评，他将达尔文的情感概念与涂尔干主义者（Durkheimian）的作为唤起情感手段的仪式观念统一起来（1975年，第95页）。[2] 他认为（以他的冲突模式为基础）人们为控制仪式工具展开争夺，仪式工具是通过控制人们的情感来控制人的一个强大工具（第59、102页）。然而，在这一对达尔文理论的有趣发展中，同样像按键一样自动运作的情感模式仍然没有遭到质疑。

西格蒙德·弗洛伊德。 弗洛伊德对情感或者感情的思考经历

---

1 达尔文区分了内生的、普适的面部表情与习得的、具有文化差异的（并不必然与情感有关的）面部姿态。他设计了一个由16个项目组成的问卷，发给36个传教士和一些生活在西方社会之外的人。其中的一个问题是这样的："一个顽强的、顽固的表情能否通过紧闭的嘴巴、下沉的眉毛以及微微蹙额所识别？"基于他回收的问卷，达尔文得出结论："人类的主要表情动作是内在和普适的。尽管持有他常见的普适主义者的解读，然而，达尔文也总结说，一些非语言的行为（如哭泣、亲吻、点头，以及表示肯定与否定的摇头）并非普适的，而是有文化差异的，"如同语言中的词语一样被习得"（Dane Archer，转引自 Rosenthal et al，1970年，第352页）。

2 柯林斯对达尔文的理解没有错，但是对涂尔干却犯了错。将对动物本能的强调归因于涂尔干（在《宗教生活的基本形式》[1965] 一书中），他表明自己是从涂尔干那里继承了来自达尔文的这份遗产。他想通过强调动物与人类之间的相似性，把涂尔干与达尔文联系起来（Collins，1975，第95页）。实际上，达尔文强调的是人类和动物之间的相似性，而涂尔干强调的则是二者之间的差异性。动物无法使用象征符号，因此，涂尔干对其并没有多大的兴趣。

了三个主要的发展阶段。在早期的著作中，他认为感情是积聚的力比多将自身展现为压力和紧张；感情是本能的宣示。[1]在世纪之交时，他认为情感是内驱力（drive）的伴生物。后来，在1923年的《自我与本我》一书中，他开始强调作为本我（id）和有意识表达之间的自我（ego）的调节者角色。情感此时被视为迫近（内在或外在的）危险的信号，被视为行动的推动者。自我被赋予了延迟、抵消或是束缚自我内驱力的能力（参见Brenner，1974年，219 第537页）。

　　不同于达尔文，弗洛伊德独独挑出一种情感——焦虑，作为其他情感的模型，他论证道，因为焦虑的不愉快导致对抗不愉快的各种自我防卫的发展，这是更为重要的。正如布伦纳写道："作为分析师，我们认识到焦虑在精神生活中占据了一个特殊的位置。它是防卫的动机。防卫的目的就是要最小化，或者，如果可能，防止焦虑的发展"（1974年，第542页）。焦虑起初是以绕过自我的方式被界定的：焦虑是"对注入的、过于强大的、精神器官无法掌控或是疏解的刺激的回应"（第533页）。在拒斥这一模型时，布伦纳指出：

　　　　焦虑是一种情感……由自我对危险的预期所激发。
　　　　在一出生或是婴儿期的早期，是看不见的。在这样的早
　　　　期阶段，婴儿能察觉的只有愉快或不愉快……随着经验
　　　　的增长，其他自我功能得到发育（如记忆和感官知觉），

1　托马斯·谢夫（Thomas Scheff），在他题为"仪式中的情感疏离"的论文中，总结了弗洛伊德早期的导泻概念与关于"宣泄"一种或更多的使人痛苦的情感（悲痛、恐惧、尴尬与愤怒）的情感观点。这些情感，他写道，属于"由压力催生的体内张力的生理状态"（谢夫，1977年，第485页）。同样参见霍赫希尔德（1977年）与格洛沃（Glover，1939年）的著作。

孩子变得能够预测或预期到一种不愉快的状态（一种"创伤情境"）会加以发展。孩子事先应对危险的反映能力的出现，也是一种特殊的焦虑情感的开始，在其进一步的发展过程中，我们可能会变得更加明确地能将其与其他不愉快的情感区分开来。（布伦纳，1953年，第22页）

弗洛伊德专注于焦虑，部分源于他对超出正常情况的、非常严重的、使人丧失能力的"病态"情感的关注。此外，了解焦虑很重要，焦虑在一些方面与其他情感相比并不具有典型性。我们不会努力以我们回避焦虑的典型方式，去回避愉悦与喜爱之情。焦虑的另一个不典型性之处在于，它是一种缺乏明确对象的情感。一个人不会以对某个人感到愤怒或爱意的方式，而对某个人感到焦虑。

不同于达尔文，在弗洛伊德看来，情感（在概念表达方面与感情［affect］相关）的含义是重要的，却常常是无意识的。正如弗洛伊德的解释，"一开始可能会出现这样的情况，即感觉或者一种感情会被人察觉但是会受到误解。通过抑制它恰当的呈现，它被迫与其他的观念产生联系，于是此刻，它被意识解读为这一其他观念的表现。如果复原真正的联系，我们会将原本的感觉称为'无意识的'。尽管感觉从来不是无意识的，但是，它的概念性呈现经历了压抑"（弗洛伊德，1915b，第110页）。[1]因此，弗洛伊德早期著述中，对天性禀赋、对作为个体与这些天性禀赋之间主

220

1　学者们围绕除观念之外，情感是否也是无意识的这一问题展开了认真的讨论（Pulver，1971）。动机与愿望，作为自觉情感的一些方面，被肯定性地假设为是属于潜在地无意识的。如，费尼谢尔（Fenichel，1954）和格里森（Greenson，1953）假定，厌烦（boredom）包含了说服自己不去满足令人惊恐的本能愿望的无意识地尝试，因此，也无意做任何事情。

要关联的焦虑，以及对作为个体理解和本能之间无意识的调节者的关注，引导他形成了关于调节自我与超我之间的社会影响是相对不大重要的看法。同达尔文一样，他就文化规则如何可能（通过超我）适用于自我对本我（感受）的操纵（情感工作）所言甚少。

威廉·詹姆斯。如果在达尔文看来情感是本能的姿态，在弗洛伊德看来情感（自发感情）是不断积聚的力比多的宣示，那么，在詹姆斯看来，情感则是大脑意识对本能的内脏变化的回应。正如詹姆斯在他的《心理学原理》（1980）一书中写道："我的理论……是身体变化紧跟着对令人兴奋事实的认知，而我们对同样的各种变化（当它们发生时）的感受，就是情感。"（引自Hillman，1964，第50页）

这一理论是中心理论家（centralists，如加农与沙赫特）和边缘理论家（peripheralists）（如詹姆斯和兰格，James and Lange）之间很多争议的核心。[1] 詹姆斯将情感等同于身体变化和本能感受。基于这一认识，可以得出这样的结论：不同的情感伴随不同而非相似的身体状态。通过药物或者手术操控身体状态，就能操控情感状态。加农1927年的实验工作（1929）驳斥了詹姆斯－兰格的理论。他发现，完全将脏器与（能使我们产生感觉的）中央神经系统隔离，并不能改变情感行为。他认为，用来进行实验的狗依然能够感受到情感。此外，不同于情感，脏器相对地感受不敏感、变化迟缓（参见沙赫特与辛格，1962，1974；肯普，1978；以及本书第7、8章）。在加农的著作后，心理学家努力根据认知因素区别对待情感状态。因此，加农的研究为未来社会

1　正如希尔曼指出的，詹姆斯和兰格之间也存在差异。在詹姆斯看来，情感是有意识的感受与身体变化在同一时间中的交汇。在兰格看来，情感属于身体变化，感受则是它的次生后果。（希尔曼，1964，第50页）。关于詹姆斯理论的详细诠释，参见希尔曼（1964，第49—60页）。

心理学搭设了舞台。格斯与米尔斯写道，"例如，看上去恐惧和愤怒的本能伴随特征，并没有显著的差别……我们必须超越有机主义和物理环境来解读人类情感"（格斯和米尔斯，1964，第52—53页）。谈到"超越"并不意味着忽视情感中生理机能的重要性，而是意味着，要用比有机理论家更加复杂精细的方式，就社会和认知作用如何融入生理感受形成观点。

互动模式

有机模式的视角将我们引向一种诱发 – 表达模式（elicitation-expression model）。互动模式以生理学规律为先决条件，但是附加了很多的社会切入点：社会因素的进入不只处于情感的发生前后，而是在情感体验的整个过程中都与之互动。比如说，当一个男人受到侮辱后会变得怒火万丈。那么，在他所处的文化环境中，是什么构成了这一侮辱？当他的怒火上涨时，他是否就他与之做出回应的现实进行了重新编撰？在他爆发的同时，他是否就愤怒本身感到羞耻或是骄傲？他是否以激发愤怒和约束愤怒的方式表达愤怒？这些是互动论者要回答的问题。如果我们将情感概念化为本能，我们永远不会在第一时间内提出这些社会切入点的问题。就其具有更大的复杂性而言，互动模式提出了在社会因素如何起作用的各种模式之间做出选择的可能。[1]

杜威、格斯和米尔斯。杜威在 1922 年指出，冲动被组织于现

---

[1] 马文·奥普勒（Marvin Opler）早已认识到，需要将社会模式与"基本情感性"（basic emotionality）整合起来："如果说，比如，在群岛上根本没有众所周知的潜伏期，如果祖尼女性很少感到社会意义上的剥夺感，冲绳人没有强烈的性羞耻感或罪疚感，或萨摩亚人跟纳瓦霍人相比很少自然流露和个人自由；那么，发生改变的将不只是调适机制，而且每种调适模式所包含的基本情感性也将随之发生改变。"（1956 年，第 28 页。）

场互动之中。"有数量未明的源生性和本能性活动，依据它们所回应的情景，被组织进兴趣和性情之中"（杜威1922，第147页）。因此，恐惧或愤怒在与生俱来的性情中不具有共同的起源。相反，每一种情感只有在社会背景下，才能得以成形，并具备意义。杜威谈论了自我如何在绘制行动进程的过程中，积极地根据与情境的互动重新绘制并变更进程。他没有把这些关于突发事件和易变特性的观点运用于情感，但是，他为格斯和米尔斯这样做铺平了道路。

乔治·赫伯特·米德（George Herbert Mead）同样地也没有谈论情感问题，但是，他为从互动论的角度这么做进一步清理了道路。在米德的理论纲要中，自我被划分为自发的、不受控制的"主我"（I）和反思的、指导性的、监控性的"宾我"（me）。如果米德要发展出他的情感理论，他一定会从详细阐述他的"主我"概念发轫。在米德看来，一个人的"主我"是"自发的"，同他人的没有什么区别。他没有追寻这一自我层面的社会差异。但是，他自己关于互动在形成"宾我"方面具有重要意义的观念，同样也能适用于"主我"；在可予以比较的互动中，"主我"之间的明显差异，比如说，可能是一个英国人和意大利人之间的差异。

格斯和米尔斯将米德的互动理论和弗洛伊德的动机观念，以及韦伯和马克思的结构性观念整合起来，尝试去发现社会结构塑造性格的方式（1964年，第xiii页）。本质上，他们如此做的具体方式是，将信念、符号跟各种制度化角色的实施所需要的各种动机联系起来。他们关于情感的观念属于他们的独创；正如他们论述道："乔治·米德缺乏关于情感和动机的充足观念，缺乏关于人类情感生活的动力学理论。他们区分了情感的三个方面：姿态（或行动标记）、意识体验以及生理过程。在上述三方面中，他们关注最多的是姿态，不同于达尔文将其置于互动背景之外的做法，而是如同我们在下面将要看到的那样，将其放置在互动背景之内。在此，用他们自己的表述，就是互动如何进入界定感情的过程之中。

> 当我们的情感模糊、尚未成形之际，他人对我们姿态的反应也许有助于我们去界定我们真正涌现的感受。例如，如果一个女孩在婚姻圣坛前被抛弃，并为之沮丧，她的母亲的反应，可能是将女孩的感受定义为悲伤与巨大的痛楚，或者愤慨与愤怒。在这个案例中，我们的姿态并不必然"表现"我们之前的感受。它们只是为其他人提供了信号。但是，它属于何种信号则会受其他人反应的影响。相反地，我们可能会想着她们的指责，并因此定义我们刚刚浮现出的未定型的情感。姿态的社会互动或许因此不仅表达了我们的感受，同时也定义了感受。
> （第55页）

女孩哭了。母亲将其定义为愤怒的迹象。女孩滴着泪回应母亲的解释，"是的，愤怒超过伤心"。哭泣是一个在她与母亲互动之中摇摆的"迹象"。他人是怎样影响我们对自身感受的理解呢？而且，是如何更深入地，甚至改变了我们理解的"对象"？这一影响如何在不同的文化背景下表现出不同的特点？格斯和米尔斯抛出了这些问题，但是，他们没有进一步寻求答案。

欧文·戈夫曼。格斯和米尔斯论述了制度与人格之间的联系。然而，那些转瞬即逝的情境构成了我们称之为的制度，在情境中，我们展现人格，戈夫曼在他的著作中描绘得更为清楚。

戈夫曼的著作新添了两个有用的概念，或者更准确地说，为格斯和米尔斯增加了两个有利的观察视角：情感偏差（affective deviant），对拥有与情境不相宜情感的个人而言，正确的情感将会成为意识上的负担；对墙上的苍蝇来说，人们行动的每一秒都是一个极为冗长的故事。

情感偏差的观点让戈夫曼能够表明，我们视为理所当然的社会团结必须在日常生活中进行持续地再造。他似乎以一种画中画的方式说明，对一个同时发出本能大笑的群体来说，它需要在这方面做出努力，对一个在比赛中全神贯注的群体而言，它需要在那方面做很多工作。这些工作的性质千差万别，但是它在事实上却保持了波澜不惊的始终如一。在始终如一之下，是一种行动者在可能倾向于不受社会约束去表达自我与可能遵守自然而然规定之间，进行不明言的比较。不同于埃里希·弗洛姆（Erich Fromm），戈夫曼并不先入为主地认定个体在社会中是消极的、柔顺的。相反，个体的社会感受并不像弗洛伊德认为的那样——未被抑制或是处于无意识之中，而是有意识地加以压制或者控制。情感的社会用途是有明确说明的，但是，个体如何在群体之外运用它们则是不明了的。

作为旁观者，戈夫曼聚焦于场景、情境。在他的视野中，每一个情境均具备其自身的社会逻辑，置身其中的人们无意识地维续它。每一个情境均会向个体"征税"，作为回报，个体会因为受到保护而防止不确定性的威胁并获得参与更大事务的成员资格。情感偏差者是那些逃避支付社会税的人。税金，回过头来，是以情感货币的方式支付的。如，尴尬是个体对群体的贡献，尴尬以突出的感受表明个体关心他在同伴中的形象。在特定情境下不感到尴尬，会违背潜在的规则，也即个体应该关心群体如何处理或错误处理自己的身份。

262

这种对现实的解释存在的问题在于各种情境之间缺乏系统性的桥梁。"税金"随处可见，但是，却缺乏一种将"收取"连接起来的支配一切的模式。社会结构，在戈夫曼看来，仅仅是我们将种种特定社会情境叠加起来的观念。正如，哈维·法伯曼（Harvey Farberman）指出的，一个人从"现实的碎裂之岛"移向另一个，让情境显得真实的所有努力每一次都要更新一次。为解决这个问题，我们应该采取戈夫曼发展出来的观念，一方面将它与制度关联，一方面将它与人格勾连。这将有助于我们，通过制度和个人的方式，去解释我们从一个情境向另一个情境转化时的预期。

戈夫曼通过识别规则以及作为任何情境概念要素的微观行动，深化了他的理论兴趣点。规则建立了一种义务感，并在运用于诸如观察、思考、回忆、认知、感觉或展现等微观行动时提供许可权。如，考虑一下表演的义务关系吧："他将有义务防止自己变得如此沉溺于各种感受和准备就绪之中，以免使其行动威胁到为他在互动中确立的情感界限（bounds regarding affect）。"（1967：122–123）或者，一名以不正当但不犯规的方法取胜的人"有权利让自己陷入其中"（1974：225）。

一项规则可以通过它所应对的微观行动加以识别。一些规则适用于表示关注（1967：115），因此，通过可能管控它所激发的感受来间接地管控感受。而另一些规则直接适用于感受。例如，"参与者会不屑去检查特定的精神状态和态度，因为，毕竟非常普遍的规则应当进入占据主导的情绪，在遭遇中，冲突性的感受将会被搁置"（1961：23）。然而，在大多数情况下，规则仅仅适用于个体的思考与展现，它与情感的联系常常未得到说明。

这些规则，在多数时候，并未被意识到，"遭到质疑的表演者会说他的表演没有来由，或者他觉得不得不这么做"（1967：

226

49），通过一项规则被破坏时出现的反应，它们可以间接地为人所知。它们也通常被认定是广为人们接受和持续不变的。（戈夫曼的确论及冲突，但是，冲突在一系列规则之间的存在，要比在个人利益与团体利益之间少得多。）

正如弗洛伊德在分析焦虑时表现出来的特长那样，戈夫曼在研究尴尬和羞耻方面颇有建树。戈夫曼向我们展示，只有在向他人展示的社会情境中，自我的复苏才是一个问题。我们受邀忽视那些个人内省或是处于没有旁观者的现实时刻。因此，愧疚作为被打破的内在化规则的标记，鲜少得到讨论。要讨论这一点就要将规则置于表演者的"内心之中"，而自我的内在部分戈夫曼没有谈及。

在讨论规则、微观行动以及容易感到羞耻的行动者时，戈夫曼延伸了关于表演的隐喻。他所说的规则是我们"在舞台上"时适用的普遍规则。我们扮演角色，并与扮演其他角色的人们互动。但是，在戈夫曼看来，表演属于表层扮演（参见第三章）。表演者的心理焦点是肩部的弧度、注视的角度以及微笑的紧绷度，而非这些姿态可能应对的任何内在感受。在戈夫曼的作品中没有活生生的深层扮演实例，对其的理论性表述也相应地较弱。

为扩展深层扮演的概念，我们需要一个得到扩展的、与内在生活相伴的、居于优先地位的自我概念。这一点，在戈夫曼的表演者中是普遍缺失的。没有其他作者，能够让我们对关于规则的霸权扩张、内在得到发展的自我的朦胧一瞥得到如此深入的领会。戈夫曼将自己的著作描绘为对于"互动瞬间及这一瞬间中的人、而非人及其所处的互动瞬间"的研究（1967）。这一理论选择有其优点，但也存在不足。

227

在这一点上，简单讨论一下这些不足，便于我介绍自己关于情感研究的取向。戈夫曼的规则理论和自我理论未做到相互呼应。他提出了规则与感受之间关系的论点。然而，他提出的表演者内在声音微弱，缺乏使其回应这些规则、进行主动地自我情感管理的能力。甚至当规则和微观行动在戈夫曼的著作中变得鲜活时，自我可能在表演这些行动，自我可能承认、遵从或者对抗这些规则，是相对不真实的。作为情感体验主体的自我在哪里？行动与自我之间的关系是什么？戈夫曼以他的表演者似乎可以诱发，或杜绝，或抑制感受，好似他们有一种塑造感情的能力来谈论这个问题。但是，这一表演能力与自我之间的关系是什么？他们摆出的姿态会带来哪些其他问题？威廉·詹姆斯和西格蒙德·弗洛伊德提出自我能够感受和管理感受。戈夫曼则没有对此做出解释。

戈夫曼将自我定义为内在"心理捐助物"（psychological contributions）的存放之地。他这样写道："自我……作为被表演出来的性格／特质（character），并非是位于特定地点的有机物……（表演者及）其身体仅仅提供一个可供某些协力制造之物暂时挂上去的衣钩……而产生和维续自我的方式并不居于挂钩之中。"（1959，第252、253页）行动发生于自我身上，但自我却并未做出它们。因此，戈夫曼的语言充满谜一样的被动色彩。因为"个人变得全神贯注时，"他写道，"视觉和认知上的全神贯注就会显现。"（1961，第38页）此外，名词履行了动词的职责。因为，"人们一旦置身其中，"他写道，"得到关注的聚集（gathering）确实会具备……重要的属性……（而且）重中之重是拥有了自发性卷入的有机化心理特性。"（1961，第38页）相反地，"框架"给行动以指导；它们好像自发地组织起视觉性和认知性的注意力。为了使自己摆脱自我的概念，戈夫曼必须将这些概念拟物化使其接近自我。因此，框架，或者在极罕见的场合下甚至情感状态，

228

265

被赋予自我所否认的密度、重量与现实感。赫伯特·布鲁默（Herbert Blumer，1969）对社会学写作中行动者不言而喻的被动性的批评，以及罗伊·沙费（Roy Schafer，1976）对精神分析写作的批评同样适用于戈夫曼。当自我在理论上被消解进"心理素材"之中时，社会规则与个体体验之间就没有任何关系得以发展。

在戈夫曼的理论中，情感表演能力仅仅来源于场合（occasion），而非个体。自我可能会主动选择展现感受，以便给他人形成外在的印象。但是，当涉及管理情感的私人行动时，它却是被动的，甚至是不可见的。当然，在很多摘自《旧金山纪事报》的故事、小说的片段、枪手的描述、尤内斯库[1]的戏剧、莉莉安·吉施的自传中，"我"是存在的。但是，私人的"我"只是没有存在于理论之中。情感通过身体自我的被动介质为互动做出了贡献。我们的行动是行为性的，而非情感性的。这个系统影响了我们的行为，而非情感。

有关情感的新社会理论

在没有放弃他的行为主义和"互动瞬间及互动瞬间的人"这一视角的前提下，戈夫曼将杜威、格斯和米尔斯的概念做了尽可能的继承发扬。但是，现在我们需要一个可以让我们观察制度——如公司，如何不但通过监控我们的行为，而且通过监控我们情感来控制我们的理论。

229　　　这样的一种社会理论必须包含社会和心理两个方面。它可以

1　　尤内斯库（1912—1994），法国戏剧家，荒诞派戏剧创始人之一，作品表现"人生是荒诞的"，普及非仿真表演的超现实主义技巧，代表作有《秃头女高音歌手》《椅子》等。——译注。

发轫于拓展格斯和米尔斯的问题：制度／机构如何影响人格？但是，我们可以让问题变得更为具体一些：制度如何控制我们"个人性地"控制感情？为追寻这一问题的答案，如同格斯和米尔斯所做的那样，我从马克斯·韦伯对于科层权力的理解，以及马克思对于科层机构实际上服务于各种利益的感觉中获取支持，同样，我也频繁地从 C. 赖特·米尔斯在《白领》一书中的聚焦点——关于"人格的出售"中获取帮助。但是，我给米尔斯的观点新添加了一点，即人格不是被简简单单地"出售"；为了使他们的人格适合与公众接触工作的需要，人们积极地管理情感。我还给戈夫曼的发现增添了三方面元素：规则关注、情感偏差者的视角（不遵从工作场所中情感规则的劳动者），以及努力在特定场合去偿付我们"情感欠款"（emotional dues）的意识。

在心理的一面，一种社会理论必须考虑这些情感欠款可能对自我而言价格昂贵。制度规则运作得很深入，但是，自我与之进行的斗争也会同样深入。管理情感就是要积极尝试去改变之前就已存在的情感状态。

但是我们就要发问了：什么是情感？情感，我认为，是一种生物性的既定感觉，是我们最为重要的感觉。像其他感觉——聆听、触摸和嗅闻一样，它是我们依靠其了解我们与世界之间关系的方式，因此，对于人类在群体生活中得以存活极为重要。情感在所有感觉中是独特的，然而，因为它不仅与行动定位相联系，同样也与认知定位相关联。

在达尔文看来，情感与行动取向之间的联系至关重要。事实上，他将情感定义为与之关系密切的东西：类似原型行动（protoaction），作为一个行动的替代物和前置物而出现，类似动作倒错。愤怒，达尔文使人联想到，是杀戮的前置动作或序曲，

267

爱欲是交媾的序曲；我们也可以加上一些，嫉妒是窃取的前奏，感激是回馈的前奏，妒忌是排挤的前奏。情感，因此，是我们为想象中的行动未雨绸缪的身体体验。既然身体已经以生理的方式为行动做好了准备，那么，我们可以为有意识或是无意识的预期行动部分地控制着身体的准备状态。这就是情感起作用的原因，也是从情感疏离，即从一些重要和举足轻重的东西中疏离出来的原因。

那么，在互动论理论家看来，我们了解了是什么作用于情感与感觉，以及感觉如何成为作用于其上力量的前奏。从达尔文那里，如同从其他的有机论理论家身上，我们得到了这样一种观念，在情感管理行动的表象之下，即使我们无视它，对管理的制度化指导是存在的。然而，这还不是故事的全部。并非简单的事实是，不仅情感可塑性的一面是"社会性的"（互动理论家的关注焦点），而且与行动的生理性联结相关（有机论理论家的关注焦点）的不可塑的一面也是如此。而且，情感不可塑的一面（也是我竭力要去管理的）同样也是社会性的。在对理论本身不造成危害的前提下，这一点可以从分析层面与这一理论的其余部分分离开来，但是，我加上这一点是因为，我认为它不失之为另一条可以将我们引向发展出一种有关情感的社会理论的通道。为了论述社会影响作用于情感不可塑一面的情况，我转向弗洛伊德关于情感的信号功能方面的概念，从那里引出我们之前的预期会对信号如何"发挥信号作用"产生影响。

我已经论述过在所有感觉中情感是独特的一个理由，是因为它与认知相关联。弗洛伊德描述过焦虑的"信号功能"；焦虑，按照弗洛伊德的说法，给出了个体面临外在或内在危险的信号。它是一种个体被告知潜在危险存在的方式。同样地，其他的情感状态——譬如欢乐、悲伤和忌妒，也可以被视为我们关于潜在内部和外部环境信号的发送者。因此，在达尔文的情感作为行动的先声（或尚未实现的行动）的观念上，我们可以加上弗洛伊德的信号功能；它们从两个方面详述了情感作为一种感觉，如何迥异于其他感觉。

但是，信号发送是复杂的——它不仅仅是传递关于外部世界的信息。它不是告知。它是一种比较。当情感将危险或安全的信息发送给我们，它包含了基于先前期望之上新近抓取的现实（信息）。它是一个我们所见和所预期的并置信号——两方面的意外。只有在我们对其有所预期的时候，"危险"信号才能呈现其作为"危险"的意义。（萨特［Sartre］将这一点延伸得更远，1948年。）

在这个方面，预期进入了感受的信号功能之中，它甚至也进入了其他感觉——如视觉的信号功能之中。我们所见到的东西，据说受我们对于预期所见的观念影响。正如所罗门·阿希（Solomon Asch）的经典实验展示的那样，一个在荧幕上期望看到长杆的人，因为他身旁的人报告说他们看到了一根长杆，他也报告"看到了"一根长杆，即便是这个杆很短而且他"看到"的也很短（1952）。

之前的预期，构成了我们所见的部分，同时也构成了我们感受的一部分。先前期望的概念暗示了从事着预期的优先自我（prior self）的存在。例如，我们感到害怕时，恐惧发送了危险信号。危险变成真实会触发我们处于危险之中的一种自我感，我们认为这一自我是以一种相对持续的方式存在着的。没有持续存在的自我的先前期望，关于危险的信息将会以完全不同的方式发送。我们中的大多数人保持着一种持续存在自我的先前期望，但是，我们由预期维持的自我性格，臣服于深远的社会影响之下，在这个范围内，当我们的自我和我们的预期是社会性的——对成年人而言这是必然的，情感发送信息给我们的方式也同样是受社会因素影响的。

　　防卫机制是改变预期与掌握事实之间关系的方法，如同为回避痛苦而改变自我的每一方面一样。例如，如果一名妇女突然了解到她的伴侣被杀了，她可能会改变她对这一事件角色的理解，以便使其与她的预期一致——他仍然活着。她可能抵制事件的自我关联性："这种事不会发生在我身上。"或者她可能抵制事件本身："他仍然活着。我知道的。我不相信他死了。"通过上述方式，她保留了先前期望和当前看法的一致关系以回避痛苦。

　　当我们最终从我们的感受之中推论"我必须如何解释这件事"或"一定是发生了什么"，我们似乎假定我们的情感不仅发送了我们对于如何理解世界的信号，同样也发送了我们对它的先前期望。它就两者之间的关系发出信号。如果并非理论家，而是作为现实世界中的实际行动者，我们似乎将感受读取为泄露"我们必须期望和希望的事情"的迹象以及"正在发生事情"的迹象。

　　总结起来说，我尝试着将三种理论流派整合起来。通过以互动论传统内的杜威、格斯和米尔斯、戈夫曼为基础，我探究了是什么作用于情感，以及感受如何渗透于那些作用于其上的一切。从有机论传统的达尔文那里，我提出那里有什么是不可渗透的，被"作用于其上"的，也即，一种与行动取向相关联的一种生物性的既定感觉。最后，通过弗洛伊德，经过对感受的信号功能的分析，我又从有机论绕回到互动论传统，追溯了社会因素如何影响我们的预期和我们的感受所"信号"。（社会因素如何影响了我们的预期和社会因素如何影响了我们的感受所发出的"信号"。）

附录 B　为情感命名

在附录 A 中，我对情感研究进行了综述，并提供了我自己对
情感的三部分阐述。在本附录中，我将检视我命名情感的原则。

对情感命名，就是对我们观察事物，给我们的感知贴上标签
的方式进行命名。[1] 正如我们在附录 A 中看到的那样，对于情感
或感受而言，感知并非总是在场，也非其唯一的起因，但是，它
是情感和感受得以命名的原则。这个观点是由认识心理学家朱迪
斯·卡茨（Judith Katz）1980 年提出的。我在这里对它加以发展，
以便说明，当我们感受不到情感，或者不承认感情时，我们就会
不清楚我们实际上怎样才能将内在与外在现实关联起来。

这个命名情感的理论，是我在附录 A 中谈到的关于社会影响
对于感受的"信号功能"发生作用的详述。感觉不仅就新近掌握
（外在或内在）的现实发出信号，而且就现实作用于我们先前自我
和预期产生的效果发出信号。现在，我想转过来，参照我们理解
特定的情境的方式——我们聚焦其上的方面，以及我们对它的先

1　我们有充分的理由不依据生理状态命名感受。长期以来，人们知道在生理上，
愤怒与恐惧有着很多相似之处（Schachter and Singer，1962）。生理差异不足以来表
述在我们的语言中从一种感受到另一种感受的变化极为宽泛的情感。这样的差异在
情感的谱系中能够得到最好的区分。

前预期，讨论我们如何命名情感。简言之，情感将感知和预期信号发送给我们，反过来说，不同的感知和预期模式，回应着不同的情感名称。既然，文化指导着我们的观察与期望，它也指导着我们的感受以及我们对感受的命名。因此，情感对我们社会学家而言"发出的信号"就是，文化如何影响我们感受和我们对它的命名。

234

在我对感知和预期模式的关注中，我可能看上去做出了这样的暗示，即人们积极主动地选择像他们实际做的那样去关注和预期。有时候，当人们在斯坦尼斯拉夫斯基或是机舱乘务人员训练指导之下时，他们这样做。但是，在绝大多数情况下，我们以一种我们并不积极明确行动方向，或是完全无意识的方式，进行观察或者预期。

我们如何命名情感？如果仅用命名我们所能感受到的一种情感的名字，经常看上去是人为的和简单的。可是在同一个事件中，我们能够感受到愤怒、愧疚、失望与挫折。这并不意味我们一时间成为特定的生理状态或表情的混合体。相反，它意味着，从一个时刻转向另一个时刻，我们关注着情境的不同特征。复合情感是序列性的感知。正如卡茨指出的那样，当我们陷于回忆之中时，意识的目光（mind's eye）会从一个点移向另一个点；我们命名情感的多样性源于这一关注点的变动。

在一个充满细节的领域中，伴随内在与外在现实之间的界面由一个转向另一个，我们将注意力从一个点移动到另一个点。我们总是希望或是期望着什么，但是，我们并不总是能够同时注意到同一情境所有清晰可见的细节。我至多能关注两个主要点，因此，只能同时在脑海里保留同一个情境的两个方面。根据另一个方面，我聚焦在一个方面，让另一个方面为其提供背景。

卡茨写道，假定一位我挚爱的老友在一起交通事故中身亡。我的悲伤状态并非一种浓缩的悲伤体验，而是当我回想起它时一种连续不断的痛楚感。当我聚焦在"我爱他并想和他在一起"的念头上时，其背景是"现在他已经死去了"，我们唤起了让我们感到悲伤的东西。但是，如果我聚焦在"我爱他并想要和他在一起"与此同时（通过宗教信仰或是否认）却不相信他已经死亡的事实，我在那个时刻是不会感到悲伤的。如果通过心智的旅行，我恰好停留在这样的想法之上，"但是我们的确拥有过宝贵的好时光，我们拥有那些记忆"，这时刻，我们唤起的是快乐和感激。如果我们以"但是它们已经逝去不复存在了"以这个想法作为背景，那么，我的感受就是怀旧之情（nostalgia）。

先前的观念和假设会进一步细化对情感的命名。例如，当我想到作为这个事故受害者的其他朋友，想象他们的损失，我所感受到的就取决于我在过去怎么看待他们。如果我认为他们和我一样，那么我就会感到同情（compassion）。如果我认为他们的处境在一些感受方面比我要糟糕，那我会感到怜悯（pity）。

如果我不考虑损失的原因也不考虑它的对象（朋友），只是想到这个悲剧发生到我身上的事实，我会感到沮丧（frustration）。不考虑我为何不能再得到它的想法，在我想到"我得不到我想要的东西了，"如果我聚焦于事件的起因（杀害他的肇事司机），我会感受到我们称之为愤怒（anger）的情绪。

拓展卡茨的观点，在本附录最后的表 1 中，描述了一些从《罗格同义词典》和《兰登书屋英语词典》搜集到的关于一些常见情感的 400 多种情感和情绪的名称。对应每一种情感名称有五类感觉焦点：（1）我需要的，或喜欢的，或依附的；（2）此刻我看到我所拥有的；（3）我认可或不认可的；（4）事件或对象可以察觉

235

的因果主体；以及（5）我自己与因果主体之间的关系。每一种情感拥有两个重要的聚焦中心（main points of focus）；大约它们中的一半具有额外的聚焦边缘（peripheral points of focus）。让我们考虑一下在表1中尝试加以解释的一些实例。

在悲伤中，我聚焦的是我所喜爱的、喜欢的，或者想要的，同样考虑到它于我已经不可再得的事实。我没有聚焦于是什么造成了这个损失或者缺席，也没有关注我与造成这一损失的原因之间的关系。在怀旧伤感中，聚焦点是同样的，但是，对于喜爱与喜欢的关注要比对已逝去的东西的关注强烈得多，这为直白的悲痛的辛酸增添了一抹甜蜜。在沮丧中，焦点不是我所想要的东西但是我却得不得，而是在这个状态中自我所不能拥有的，焦点是我得不到的而非我想要的东西。

愤怒、怨恨、愤慨、轻蔑、愧疚（guilt）与苦恼（anguish）都以不同的聚焦模式回应了沮丧的起因，以及我与这一起因的关系。如果我觉得强有力，或者比关注的谴责对象更加强有力，我们会说我感到愤怒。（勇敢者是那些持有他们如同他们的威胁者一样强有力这一理念或幻觉的人）愤慨是对不赞成事物附带关注的名称；轻蔑，是对社会或道德地位优越者附带关注的名称；愧疚，是将我们自身看作一项不需要事件责任人的名称；嫉妒，是我们注意到自己想要可得不到但又注意到别人拥有的名称。妒忌则是对我们已经假设自己拥有但却受到威胁的物品产生关注的名称。

当我们关注一个人或是物品之中令我们喜爱的品质，并且我们愿意接近他／她，或者它时，我们把这样的感受称之为爱。当我们关注一个与我们存在社会距离的人身上所具备的令人喜爱的品质是，我们把这种感受称之为崇拜。在敬畏中，我们注意到巨大的社会距离。就像所有的情感一样，敬畏并非如化合物那样，是以化学方式形成的复合体。复合在一起的是人们时刻留心注意（moment-to-moment noticing）的交织和转变，正是这时时刻刻的留心注意为我们的观察提供了脉络。同样，就像所有的情感一样，最为显著之事都被体验为跟自我相关。而情感则准确地告诉了我们，它们是如何发生关联的。

获得命名与尚未命名的观察方式

我们不能为主要焦点和背景焦点（primary and background focuses）所有可能的结合赋予名字。没有任何一种文化具备情感垄断性，每一种情感都可能提供其独一无二的感受。正如捷克小说家米兰·昆德拉（Milan Kundera）在《笑忘书》中写道："利多斯特（Litost）是一个无法准确翻译成任何其他语言的捷克词汇。它指的是……许多感受的综合体：悲痛、同情、悔恨以及难以言传的渴望……我从未在其他语言中发现这一词汇的对应语，尽管我没有看出什么人可以离开它而理解人类的灵魂。"只有参照若干关注点，若干内在的脉络，昆德拉才能让人们了解利多斯特的特质，一种"猛然洞察个人的自我悲惨状况后备受折磨的状态"（1981，第121、122页）。

为何我们只能为在英语中存在的感受命名？为何我们的一系列感受名称不同于德语或是阿拉伯语中的"发明"（inventions）？爱德华·萨丕尔（Edward Sapir）曾写道，对于各种视觉、声音和口味差异的语言编码因文化而异。感受的名称也存在文化差异。

围绕关注在令人感到挫折事件的中被指责对象，我们起了很多名称：愤怒、怨恨、狂怒、愤激、恼怒及愤慨。在指责他人和外在对象倾向较少的社会中，这方面的词汇则较少。让我们简要思考一下我们的词汇（如骄傲、羞耻与怜悯）之后的文化与结构故事吧。

骄傲（Pride）。羞耻（shame，暗示了对外在观众的关注）和愧疚（guilt，暗示了对自我的关注）的反义词。在英语中，可能不存在一个词来表述有观众存在的骄傲和没有观众存在的骄傲。对基于一些已知群体积极认可的骄傲（如荣誉），可能有一个特殊的名称，作为对认可被非人格化方式剥夺的反义语（斯贝尔，Speier，1935）。在意第绪语[1]——一种高度注重家庭的社会群体语言——中，家族骄傲在其子女群体中拥有一个单独的词——纳科斯（nachus）。这个词的核心有两重意思："我的孩子取得了荣耀"及"我与孩子间存在紧密的纽带"。在英语中，则没有用来表述"存在于我的孩子间的骄傲""存在于我的社区中的骄傲""存在于我的政治团体中的骄傲"等含义的特殊词汇。

羞耻。被人围观的"观看规则"，并与社会控制系统相对应。在控制之下，其规则是去注意是否被人观察。在更多的非个人化的社会控制下，其规则是去留意非个人化的规则，而较少注意熟人的旁观。减少对旁观者的实际关注，相应地会弱化羞耻感，及削减表述羞耻感的名词数量（本尼迪克特，1946-b）。[2]

怜悯。伴随着基督教堂的建立，"怜悯他人"这一表述逐渐变得广泛。教会，反过来，在一个贫富分化极为严重、生活条件极为恶劣的时期越来有力量。此外，存在于亟须帮助的群体——寡

1　意第绪语，依地语，犹太人的语言，起源于欧洲中部和东部，以德语为基础，借用希伯来语和若干现代语言的词语。——译注。

2　人们可以说得出名称的与共情/移情有关的感觉，是相当贫乏的。我们所关心的不仅是自身所处的情境，还有其他人的情境以我们能够感受的方式发生的变化。我们能够设身处地地感受到悲伤、沮丧、愤怒、怨恨、恐惧、愧疚、痛苦等。奇怪的是，对于这些潜在的可以说出名称的感受，我们没有特有的术语来指称它们。

妇、孤儿和老人与能为其提供帮助、怜悯他人的群体之间的社会纽带也建立起来了。既然施舍行为变得制度化了，那么施予者与接受者就处于谁也不认识谁的状况之中，怜悯感受的焦点就变得不那么具有共同性了（奥尔波特与奥德伯特，1936）。

当特定的社会条件、观看习惯、说得出名字的感受从一个文化中消退时，另外一些就会进入。在过去二十年里，一组新的描述情感状态的词语浮出水面。例如，"不爽（being on a bummer）、兴趣索然（being turned off）、兴致高昂（being turned on）、令人沮丧（being on a downer）、吓坏（being freaked out）、让人找不到北（having one's mind blown）、很嗨（being high）"等，很多词来自20世纪60年代的毒品文化。无论其源自何处，这些描述精神状态的新生说法，已经为广大的中产阶层人群所采纳，对更多关注释放压力的他们来说，这些词发挥了作用。

两股社会潮流在此汇聚。伴随口服避孕药的广泛使用及其使用的合法化（"性解放革命"），很多男男女女在一开始就发生了关系。然而，要求男女双方首先得互相了解然后产生性接触的传统观念仍旧残存。出现了一种被称之为"精神呓语"（Psychobabble）的风格，向没有性接触的旧传统致敬，与此同时，接受更多的性放纵。精神呓语在观念上利于超越这一困境：它为情感状态提供的说辞，看上去是通过个性展露（personal revelation）意欲拉近人与人之间的社会距离，但是，在让交流具备仪式的正规性方面，它的使用则是模糊的和没有差别的，而且，个性内容低俗。一对鲜少谈及自身，却用更富展露性的语言（revealing language）交换了精神呓语信任感的夫妇，可能并不比他们的父母、祖父母辈在相互了解方面进展得更快。值得注意的是，精神呓语的语言与航空公司人员手册的语言相互呼应：一个是为私人场合提供经验指导，另一个则是为商业场合提供指导。通过比较说得出名字的感受，为它们命名，我们能够就更为广泛的社会安排和常见的观察与感受方式之间的关系收集到一些线索。

表 1. 情感的名称和个体的瞬时焦点

情感 名称	我所想要的 （喜欢的）	我所拥有的 （观察我的 拥有）	我所认同的	事件的因果主 体，对象	我与因果主 体的关系
悲伤 悲痛	"我爱 X —我 仍然爱着 X， 现在" （次要焦点）	"我不拥有的， 失去的东西， 不可再得" （首要焦点）			
怀旧	"我爱过 X 或 还爱着 X，过 去不可再得 之事" （首要焦点）	"已处于不可企 及的过去" （次要焦点）			
失望	"我想保持自我 的良好形象"	"现在我突然间 形象很糟"	"我不认同" （可能的）		
沮丧	"我现在想要 这个" （首要焦点）	"现在得不到 了；本来可以 得到，但却得 不到了"			
愤怒	聚焦于渴求与 拥有之间的矛 盾差异 （沮丧－次要 聚点）		"你打我" （首要焦点的 原因）		"与打我的 你相比，我 觉得和你一 样或者还要 更强大；我 能或者可以 反击"
恐惧	"我想要安全"	"所看到的让我 没有安全感"		"我看到了威 胁的来源" （首要焦点）	"我对此感到 完全无能无 力；X 要比 我 更加强大"
愤慨	（如愤怒）	（如愤怒）	"我不认同"		
厌恶	"我不喜欢 这个"	"我明白我拥有 这个"	"我不认同" （可能的）		"它逼近我" 及"我想逃 离它" （首要焦点）
蔑视	（如上）	（如上）	"我不认同"	"X 是这件 糟糕事情的 原因" （次要焦点）	"X 的地位不 如我" （首要焦点）

242

表 1. 续前页

情感名称	我所想要的（喜欢的）	我所拥有的（观察我的拥有）	我所认同的	事件的因果主体，对象	我与因果主体的关系
愧疚	（如上）	（如上）	"我不认同"	"引发这件让人避恐不及事件的原因很糟糕"	"我就是引发这件事的人"
痛苦	（如上）	（如上）			"我要为这件糟糕的事情负责"及"我想使其恢复原状但是做不到"（首要聚焦点）
嫉妒	"我明白我想要"	"我得不到"		"另一个人拥有它"（首要聚焦点）	
妒忌	"我有权得到我想要的"	"我有可能会失去我所拥有的"或"我已经失去了我所拥有的"		"存在抢劫者或潜藏的抢劫者"（首要聚焦点）	
243 喜爱、喜欢	"我想要 XY"	"对我而言，你给了我或者代表着 XY"			
同情	"他人想要 X"	"他人不拥有 X"			"我喜欢这个他人"
怜悯	（如上）	（如上）			"这个人地位不如我"（喜欢的变体）
尴尬	"对他人而言，我想看上去特别"	"我看到的行为和事件和我想让其他人看到的不一样"（首要焦点）			"我仔细观察这个事件的观众"（次要焦点）
羞耻	"我想要把事情做对、做好"	"我搞砸了或干了坏事"	"我不认同"	"我是这件事的原因"	"我观察了这个事件的观众；他们比我好"
焦虑	只是模糊感到"我想要 X"	"我不清楚能否得到 X"	"我不清楚"	"我不清楚"	"我不清楚"

280

附录 C 职业与情感劳动

在美国人口普查中所使用的 12 个标准职业群体中，有 6 个包含了我们在本书第七章称之为情感劳动的大多数工作。这 6 个职业群体，在本附录的表 A 中，被总结为：专业和技术工作者、经理人和行政人员、销售人员、职员及两类的服务业从业人员——在私人家庭内部和外部工作的人员。无论如何，大多数的销售人员、经理人、行政人能被要员可求从事一些情感工作。但是，在专业领域、服务工作和职员工作中，只有一些选定的工作似乎会涉及大量的情感劳动（参见表 2、3 和 4）。在这些分类中，一些职业正在经历最为剧烈的变化。根据美国劳工统计局的数字显示，在 20 世纪 80 年代，社会工作者的人数增速为 30%，幼儿教师为 25%，卫生行政人员为 45%，销售经理人为 33%，空乘人员为 79%，食品柜台人员为 35%。数量最大的新增工作出现在零售领域，特别是在百货公司和餐饮业中（《纽约时报》，1979 年 10 月 14 日，第 8 页）。考虑到职业分类的粗放性，情感工作的职业标准与新增工作机会之间的匹配性将必然是松散的。下面这些表格展现的只是一个有待仔细检视的草图或启发模型。

表 1 显示了 1970 年 6 个职业分类中的就业数字。总之，女性

在情感劳动中的人口比例超过了她们在人口就业结构中的比例；大约一半的职业女性从事着这样的工作。而男性的比例则低于他们在人口就业结构中的比例；大约四分之一的男性从事情感劳动

245 性质的工作。在专业和技术职业中，情况也是这样，在职员群体和服务领域的工作中也是如此。

　　表2检视了从美国人口普查中27个不同的诸如专业、技术或类似的职业中选取的15个涉及大量情感劳动的职业。计算了在1970年涉及大量情感劳动的所有专业和技术工作的比例，并展示了性别变量。表3和表4，各自分析了在私人家庭之外就业的职员群体和服务业劳动者的情况。

表 1. 1970 年最需要情感劳动的工作的合并估计值

职业	女性	男性	合计
专业、技术及类似职业 a	3,438,144	2,666,188	6,104,332
经理人及行政人员 b	1,013,843	5,125,534	6,139,377
销售人员 b	1,999,794	3,267,653	5,267,447
文员及类似职业 c	4,988,448	863,204	5,851,652
服务业劳动者 不计在私人家庭中的劳动者 d	3,598,190	1,367,280	4,965,470
私人家庭中的劳动者 b	1,053,092	39,685	1,092,777
需要情感劳动的工作总数	16,091,511	13,329,544	29,421,055
14 周岁以上劳动力的总数	29,170,127	48,138,665	77,308,792
包含大量情感劳动的工作占所有工作的比例	55.2%	27.7%	38.1%

a 选定的职业；参见表 2。
b 所有的职业。
c 选定的职业；参见表 3。
d 选定的职业；参见表 4。

注：表 1 至表 4，列举了 1970 年美国人口普查中 14 岁及或以上就业人员的数字。

来源：美国劳工局，i，"人口普查：1970"，Vol.1，人口特征，第一部分，美国总计部分 1，表 221，有经验的国内劳动力和就业人员按性别分类的职业详细情况（华盛顿特区：美国政府印刷物办公室，1973），第718—724 页。

表 2. 1970 年选定的专业、技术和类似劳动者的详细职业分析

职业	女性	男性	合计
律师与法官	13,196	259,264	272,460
图书馆员	100,160	22,047	122,207
人事及劳动关系人员	89,379	201,498	290,877
注册护士	807,825	22,444	830,269
治疗师	47,603	27,631	75,234
口腔卫生学家	14,863	942	15,805
治疗助手	2,122	1,093	3,215
职员与宗教人士	26,125	227,870	253,995
社会及康乐工人	156,500	110,447	266,947
学院及大学教师	138,136	348,265	486,401
教师，不包括学院和大学任职的教师	1,929,064	817,002	2,746,066
职业及教育顾问	46,592	60,191	106,783
公关人士及大众作家	19,391	54,394	73,785
电台与电视播音人员	1,466	19,885	21,351
内科医生、牙医及相关人员	45,722	493,215	538,937
选定的专业、技术及类似职业中就业人员总数（18 种职业）	3,438,144	2,666,188	6,104,332
在所有专业、技术及类似职业中，就业人员总数（34 种职业）	4,314,083	6,516,610	10,830,693
涉及大量情感劳动的工作在所有专业、技术及类似职业中的占比	79.7	40.9	56.4

表 3. 1970 年选定的职员及类似人员的详细职业分析

职业	女性	男性	合计
银行柜员	215,037	34,439	249,476
出纳	695,142	136,954	832,096
职员督导	48,389	64,391	112,780
收账员	18,537	32,947	51,484
柜台职员，不含食品行业	152,667	76,584	229,251
调查员及面试人员	50,121	14,504	64,625
保险调整人员及检查人员	25,587	70,407	95,994
图书馆服务人员	99,190	26,783	125,973
邮政人员	91,801	210,418	302,219
接待员	288,326	16,046	304,372
秘书	2,640,740	64,608	2,705,348
速记员	120,026	8,097	128,123
助教	118,347	13,156	131,503
电报员	3,553	8,725	12,278
电话员	385,331	22,696	408,027
售票员	35,654	62,449	98,103
在选定的职员及类似职业中就业人员的总数	4,988,448	863,204	5,851,652
在所有职员及类似职业中就业人员的总数	9,582,440	3,452,251	13,034,691
涉及大量情感劳动的工作在所有职员及类似职业中的占比	52.1	25.0	44.9

表 4. 1970 年选定的服务业人员
（不包括私人家庭中的服务业人员）的详细职业分析

职业	女性	男性	合计
酒保	39,432	149,506	188,938
食品柜员及做冷饮的工人	118,981	39,405	158,386
侍者	927,251	116,838	1,044,089
卫生服务工作者 a	1,044,944	139,760	1,184,704
个人服务工作者 b	776,222	393,273	1,169,495
幼儿工作者	126,667	9,684	136,531
电梯操作员	9,606	25,703	35,309
理发师和美容师	425,605	46,825	472,430
房屋管理员（不包括私人家庭中的保姆）	74,461	29,107	103,568
校监	23,538	2,576	26,114
引座员及休闲和娱乐服务人员	4,328	10,724	15,052
福利服务助理人员	11,764	3,634	15,398
保护服务行业工人 c	15,391	400,245	415,636
在选定的服务业中从业人员总数，不包括私人家庭中的从业人员	3,598,190	1,367,280	4,965,470
在所有服务业中从业人员总数，不包括私人家庭中的从业人员	4,424,030	3,640,487	8,064,517
在所有服务业中从业人员中（不包括私人家庭中的从业人员）的占比	81.3	37.6	61.6

a 包括牙医助理、健康助理（但不包括护士）、医疗实习生、非专业的助产士、护理助理、勤杂工及服务员、实习护士。
b 包括空乘人员、休闲和娱乐服务人员、个人服务、尚未分类的个人服务人员、行李员、理发师、食宿保姆、擦鞋匠。
c 包括法警及警员、警察和侦探、县治安官和法庭监守人员。

附录 D 地位型与个人型控制系统

比较要素	地位型控制系统	个人型控制系统
社会控制的方式	激励操控与社会强制	规劝与激励操控
社会控制的目的	行为	感受、思维与动机
心理习惯的培育	学习在行为和外在行动中的服从情感工作的必要程度低	学习服从规劝学习自我规劝和规劝他人学习情感劳动
教育	外在压力行为顺从	开明的、压力自我的感受与动机
职业要求	行为、行动及其产物	意义与感受管理；保持角色接近或角色距离
社会阶层	传统的劳工阶层（男女两性皆然）及中产阶层中技术人员群体	中上阶层（主要由男性组成）；新兴的劳工阶层（主要由女性组成）

二十周年纪念版文献

Ashforth, Blake E. and Ronald H. Humphrey

 1993 "Emotional Labor in Service Roles: The Influence of Identity,"
   Academy of Management Review V18（Nl）:88-115.

Barton, D.P.J.

 1991 "Continuous Emotional Support During Labor," *JAMA-Journal*
   of American Medical Association V266（Nll）:1509-1509.

Bellas, M.L.

 1999 "Emotional Labor in Academia: The Case of Professors,"
   Annals of the American Academy oj Political and Social
   Science V561:96-110.

Bolton, S.C.

 2000 "Who Cares? Offering Emotion Work as a 'Gift' in the Nursing
   Labour Process," *Journal of Advanced Nursing* V32(N3):580-
   586.

Braverman, Harry

 1974 *Labor and Monopoly Capital*. New York: Monthly Review
   Press.

Brotheridge, C.M. and AA Grandey

    2002   "Emotional Labor and Burnout: Comparing Two Perspectives
             of 'People Work,'" *Journal of Vocational Behavior* V60（Nl）
             :17-39.

Burton, Clare

    1991   *The Promise and the Price: The Struggle for Equal Opportunity
             in Women's Employment.* North Sydney, Australia: Allen &
             Unwin.

Chin, T.

    2000   'Sixth Grade Madness' - Parental Emotion Work in the Private
             High School Application Process," *Journal of Contemporary
             Ethnography* V29（N2）: 124-163.

Copp, M.

    1998   "When Emotion Work is Doomed to Fail: Ideological and
             Structural Constraints on Emotion Management," *Symbolic
             Interaction* V21（N3）:299-328.

DeCoster, V. A.

    2000   "Health Care Social Work Treatment of Patient and Family
             Emotion: A Synthesis and Comparison Across Patient
             Populations and Practice Settings," *Social Work in Health Care*
             V30（N4）:7-24.

DeCoster, V.A. and M. Egan

    2001   "'Physicians' Perceptions and Responses to Patient Emotion:
             Implications for Social Work Practice in Health Care," *Social
             Work in Health Care* V32（N3）:21-40.

DeVault, Marjorie L.

1991   *Feeding the Family: The Social Organization of Caring as Gendered Work.* Chicago: University of Chicago Press.

1999   "Comfort and Struggle: Emotion Work in Family Life," *Annals of the American Academy of Political and Social Science* V561:52-63

Duffy, D.P.

1994   "Intentional Infliction of Emotional Distress and Employment At Will—The Case Against Tortification of Labor and Employment Law," *Boston University Law Review* V74 (N3) :387-427.

England, Paul and George Farkas

1986   *Households, Employment, and Gender: A Social, Economic, and Demographic View.* New York: Aldine.

England, Paula, Melissa A. Herbert, Barbara Stanek Kilbourne, Lori L. Reid, and Lori McCready Megdal

1994   "The Gendered Valuation of Occupations and Skills: Earnings in 1980 Census Occupations," *Social Forces* 73 (1) :65-99.

Erickson, Rebecca J. and C. Ritter

2001   "Emotional Labor, Burnout, and Inauthenticity: Does Gender Matter?" *Social Psychology Quarterly* V64 (N2) :146-163.

Exley, C. and G. Letherby

2001   "Managing a Disrupted Lifecourse: Issues of Identity and Emotion Work," *Health* V5 (N1) :112-132.

Feldberg, Roslyn L. and Evelyn Nakano Glenn

1979   "Male and Female: Job Versus Gender Models in the Sociology of Work," *Social Problems* 26 (5) : 524-38.

Gaskell, Jane

    1991   "What Counts as Skill? Reflections on Pay Equity," in Judy
          Fudge and Patricia McDermot (eds.) , *Just Wages: A Feminist*
          Assessment of Pay Equity. Toronto: University of Toronto
          Press.

Gattuso, S. and C. Bevan

    2000   "Mother, Daughter, Patient, Nurse: Women's Emotion Work in
          Aged Care," *Journal of Advanced Nursing* V31 (N4):892-
          899.

Gevirtz, C. M. and G. F. Marx

    1991   "Continuous Emotional Support During Labor," *JAMA-Journal*
          of the American Medical Association V266 (N11):1509-
          1509.

Glutek, Barbara A.

    1985   *Sex and the Workplace: The Impact oj Sexual Behavior*
          and Harassment on Women, Men, and Organizations. San
          Francisco: Jossey-Bass.

Hall, Elaine J.

    1993   "Smiling, Deferring, and Flirting: Doing Gender by Giving
          'Good Service,'" *Work and Occupations* 20 (4) :452-7l.

Hall, Stuart, Michael Rustin, Doreen Massey and Pam Smith (eds.)

    1999   *Soundings: Emotional Labor* Issue II [September], London:
          Lawrence and Wishart.

Hochschild, Arlie Russell

    1979   "Emotion Work, Feeling Rules, and Social Structure,"
          AmericanJournal of Sociology 85 (3) :551-75.

1981   "Power, Status and Emotion," review of Theodore Kemper's *An Interactional Theory of Emotions*, in *Contemporary Sociology*, 10: 1:73-79.

1983   *The Managed Heart: Commercializaiton of Human Feeling*. Berkeley: University of California Press.

1989   *The Second Shift: Working Parents and the Revolution at Home*. (with Anne Machung) New York: Viking Penguin.

1989   "Emotion Management: Perspective and Research Agenda," in Theodore Kemper (ed.) , *Recent Advances in the Sociology of Emotion*, New York: SUNY Press.

1989   "The Economy of Gratitude," in David Franks and Doyle McCarthy (eds.) , *Original Papers in the Sociology of Emotions*, New York: JAl Press.

1990   "Ideology and Emotion Management: A Perspective and Path for Future Research," in Theodore D. Kemper (ed.) ; *Research Agendas in the Sociology of Emotion*. Albany: State University of New York Press.

1993   Peface to *Emotions in Organizations*, edited by Stephen Fineman. New York: Sage Publishers.

1996   "Emotional Geography Versus Social Policy: The Case of Family-Friendly Reforms in the Workplace" in Lydia Morris and E. Stina Lyon (eds.) , *Gender Identities in Public and Private: New Research Perspectives*, MacMillan Publishers.

1996   "The Sociology of Emotion as a Way of Seeing" in Gillian Bendelow and Simon Williams (eds.) , *Emotions in Social Life*. London: Routledge.

1997   *The Time Bind: When Work Becomes Home and Home Becomes Work*. New York: Metropolitan/Holt.

2000   "Global Care Chains and Emotional Surplus Value," in Tony Giddens and Will Hutton (eds.) , *On the Edge: Globalization and the New Millennium*, pp. 130-146, London: Sage Publishers.

2000   "Generations," *New York Times*, cover story in Special Section devoted to Generations.

2002   "Emotion Management in an Age of Global Terrorism," *Soundings*, Issue 20, Summer 2002, pp.117-126.

2003   *The Commercial Spirit of Intimate Life and Other Essays*. Berkeley: University of California Press.

Hochschild, Arlie Russell and Barbara Ehrenreich (eds.)

2003   *Global Woman: Nannies, Maids and Sex Workers in the New Economy*. New York: Metropolitan Books.

Holm, K.E., RJ. Werner-Wilson, A.S. Cook, and P.S. Berger

2001   "The Association Between Emotion Work, Balance and Relationship Satisfaction of Couples Seeking Therapy," *American Journal of Family Therapy* V29 (N3) :193-205.

Holman, D., C. Chissick, and P. Totterdell

2002   "The Effects of Performance Monitoring on Emotional Labor and Well-Being in Call Centers," *Motivation and Emotion* V26 (N1) :57-81.

Hunter, B.

2001   "Emotion Work in Midwifery: A Review of Current Knowledge," *Journal of Advanced Nursing* V34 (N4):436-444.

Jacobs, Jerry A. and Ronnie J. Steinberg

    1990   "Compensating Differentials and the Male-Female Wage Gap:
               Evidence from the New York State Comparable Worth Study,"
               Social Forces 69（2）:439-68.

James, Nicky

    1989   "Emotional Labour: Skill and work in the Social Regulation of
               Feelings," *Sociological Review* 37（1）: 15-42.

Karabanow, J.

    1999   "When Caring is Not Enough: Emotional Labor and Youth
               Shelter Workers," *Social Service Review* V73（N3）:340-357.

Kennell, J., S. McGrath, M. Klaus, S. Robertson, and C. Hinkley

    1991   "Continuous Emotional Support During Labor in a United States
               Hospital—A Randomized Controlled Trial," *JAMAJournal of
               the American M*edical Association V265（N17）:2197-220l.

    1991   "Continuous Emotional Support During Labor—In Reply,"
               JAMA-Journal of the American Medical Association V266
               （N11）:1509-1510.

Kilbourne, Barbara Stanek, George Farkas, Kurt Beron, Dorothea Weir, and
Paula England

    1994   "Returns to Skill, Compensating Differentials, and Gender Bias:
               Effects of Occupational Characteristics on the Wages of White
               Women and Men," *American Journal of Sociology* 100（3）
               :689-719.

Kunda, Gideon

    1992   *Engineering Culture: Control and Commitment in a High-Tech
               Corporation.* Philadelphia: Temple University Press.

Leidner, Robin

    1991   "Selling Hamburgers and Selling Insurance: Gender, Work, and Identity in Interactive Service Jobs," *Gender & Society* 5（2）:154-77.

    1993   *Fast Food, Fast Talk: Service Work and the Routinization of Everyday Life*. Berkeley: University of California Press.

    1999   "Emotional Labor in Service Work," *Annals of the American Academy of Political and Social Science* V562:81-95.

Lively, Kathryn J.

    1993   Discussant comments for the panel on emotional labor, annual conference of the Eastern Sociological Society, 16 Mar.

    2002   "Client Contact and Emotional Labor - Upsetting the Balance and Evening the Field," *Work and Occupations* V29（N2）:198-225.

Macdonald, Cameron Lynne and Carmen Sirianni（eds.）

    1996   *Working in the Service Society*. Philadelphia: Temple University Press.

Maguire, J. S.

    2001   "Fit and Flexible: The Fitness Industry, Personal Trainers and Emotional Service Labor," *Sociology of Sport Journal* V18（N4）:379-402.

Martin, J., K Knopoff, and C. Beckman

    1998   "An Alternative to Bureaucratic Impersonality and Emotion Labor: Bounded Emotionality at The Body Shop," *Administrative Science Quarterly* V43（N2）:429-469.

Martin, S.E.

1999 "Police Force or Police Service? Gender and Emotional Labor,"
*Annals of the American Academy of Political and Social
Science* V561: 111-126.

Morris, J. Andrew and Daniel C. Feldman

1996 "The Dimensions, Antecedents, and Consequences of Emotional
Labor," *Academy of Management Review* V21（N4）:986-
1010.

O'Brien, Martin

1994 "The Managed Heart Revisited: Health and Social Control,"
Sociological Review 42（3）:393-413.

Ostell, A., S. Baverstock, and P. Wright

1999 "Interpersonal Skills of Managing Emotion at Work,"
Psychologist V12（N1）:30-34.

Parkinson, Brian

1996 *Changing Moods: The Psychology of Mood and Mood
Regulation*. New York: Addison Wesley Longman.

Paules, Greta Foff

1996 "Resisting the Symbolism Among Waitresses," in Cameron
Lynne Macdonald and Carmen Sirianni（eds.）, *Working in the
Service Society*. Philadelphia: Temple University Press.

Phillips, Anne and Barbara Taylor

1986 "Sex and Skill," in Feminist Review（ed.）, *Waged Work: A
Reader*. London: Virago.

Pierce, Jennifer L.

1995 *Gender Trials: Emotional Lives in Contemporary Law Firms*.
Berkeley: University of California Press.

1999 "Emotional Labor Among Paralegals," *Annals of the American Academy of Political and Social Science* V561:127-142.

Pugliesi, K

1999 "The Consequences of Emotional Labor: Effects on Work Stress, Job Satisfaction, and Well-Being," *Motivation and Emotion* V23（N2）: 125-154.

Rafaeli, Anat

1989 "When Cashiers Meet Customers: An Analysis of the Role of Supermarket Cashiers," *Academy of Management Journal* 32（2）:245-73.

Rafaeli, Anat and Robert Sutton

1987 "Expression of Emotion as Part of the Work Role," *Academy of Management Review* 12（1）:23-37.

1989 "The Expression of Emotion in Organizational Life," in Barry M. Staw and L. L. Cummings（eds.）, *Research in Organizational Behavior* Vol. 11. Greenwich, CT: JAI Press.

1991 "Emotional Contrast Strategies as Means of Social Influence: Lessons from Criminal Interrogators and Bill Collectors," *Academy of Management Journal* 34（4）:749-75.

Rafaeli, Anat and M. Worline

2001 "Individual Emotion in Work Organizations," *Social Science Information Sur Les Sciences Sociales* V 40（Nl）:95-123.

Sass, J. S.

2000 "Emotional Labor as Cultural Performance: The Communication of Caregiving in a Nonprofit Nursing Home," *Western Journal of Communication* V64-N3）:330-358.

Schaubroeck, john M. andJ.R. Jones

    2000   "Antecedents of Workplace Emotional Labor Dimensions and
           Moderators of Their Effects on Physical Symptoms," *Journal*
           of Organizational Behavior V21 (SI) :163-183.

Seery, B.L. and M.S. Crowley

    2000   "Women's Emotion Work in the Family - Relationship
           Management and the Process of Building Father-Child
           Relationships," *Journal of Family Issues* V21 (Nl):100-127.

Smith, Pam

    1988   "The Emotional Labor of Nursing," *Nursing Times* 84:50-5l.

    1992   *The Emotional Labour of Nursing: How Nurses Care*.
           Basingstoke, Macmillan.

Steinberg, Ronnie J.

    1990   "Social Construction of Skill: Gender, Power, and Comparable
           Worth," *Work and Occupations* 17 (4) : 449-82.

    1999   "Emotional Labor Since *The Managed Heart*," *Annals of the*
           American Academy of Political and Social Science V561 :8-26.

    1999   "Emotional Labor in Job Evaluation: Redesigning Compensation
           Practices," *Annals of the American Academy of Political and*
           Social Science V561: 143-157.

Steinberg, Ronnie J., Lois Haignere, Carol Possin, Donald Treiman, and
Cynthia H. Chertos

    1985   *New York State Comparable Worth Study*. Albany, NY: Center
           for Women in Government.

Steinberg, Ronnie J. and W. Lawrence Walter

    1992   "Making Women's Work Visible: The Case of Nursing - First

Steps in the Design of a GenderNeutral Job Comparison
System," *Exploring the Quincentenniel: The Policy Challenges
of Gender, Diversity, and International Exchange*. Washington,
DC: Institute for Women's Policy Research.

Stenross, Barbara and Sherryl Kleinman

1989　"The Highs and Lows of Emotional Labor: Detectives'
Encounters with Criminals and Victims," *Journal of
Contemporary Ethnography* 17（4）:435-52.

Sutton, Robert I.

1991　"Maintaining Norms About Expressed Emotions: The Case
of Bill Collectors," *Administrative Science Quarterly* 36
（June）:245-68.

Sutton, Robert I. and Anat Rafaeli

1988　"Untangling the Relationship Between Displayed Emotions
and Organizational Sales: The Case of Convenience Stores,"
Academy of Management Journal 31（3）:461-87.

Thoits, Pegga A.

1989　"The Sociology of Emotions," *Annual Review of Sociology*
15:317-42.

Uttal, Lynet and Mary Tuominen

1999　"Tenuous Relationships - Exploration, Emotion, and Racial
Ethnic Significance in Paid Child Care Work," *Gender &
Society* V13（N6）:758-780.

Van Maanen, John and Gideon Kunda

1989　"'Real Feelings': Emotional Expressions and Orga nizational
Culture," in Barry M. Staw and L. L. Cummings（eds.）,

Research in Organizational Behavior, Vol 11. Greenwich, CT: JAI Press.

Wajcman, Judy

 1991 "Patriarchy, Technology, and Conceptions of Skill," *Work and Occupations* 18（1）:29-45.

Wharton, Amy S.

 1993 "The Affective Consequences of Service Work: Managing Emotions on the Job," *Work and Occupations* 20（2）:205-32.

 1999 "The Psychosocial Consequences of Emotional Labor," *Annals of the American Academy of Political and Social Science* V561:158-176.

Wharton, Amy S. and Rebecca J. Erickson

 1993 "Managing Emotions on the Job and at Home: Understanding the Consequences of Multiple Emotional Roles," *Academy of Management Review* 18（3）:457-86.

 1995 "The Consequences of Caring: Exploring the Link Between Women's Job and Family Emotion Work," *Sociological Quarterly* 36（2）:273-96.

Wolkomir, M.

 2001 "Emotion Work, Commitment, and the Authentication of the Self - The Case of Gay and Ex-Gay Christian Support Groups," *Journal of Contemporary Ethnography* V30（N3）:305-334.

Yanay, N. and G. Shahar

 1998 "Professional Feelings as Emotional Labor," *Journal of Contemporary Ethnography* V27（N3）:346-373.

Zapf, D. C. Seifert, B. Schmutte, H. Mertini, and M. Holz

    2001   "Emotion Work and Job Stressors and Their Effects on

              Burnout," *Psychology & Health* VI6（N5）: 527-545.

参考文献

Abrahamsson, Bengt

    1970   "Homans on exchange: hedonism revisited." American Journal

          of Sociology 76:273-285.

Alexander, James, and Kenneth Isaacs

    1963   "Seriousness and preconscious affective attitudes." International

          Journal of Psychoanalysis 44:23 - 30.

    1964   "The function of affect." British Journal of Medical Psychology

          37:231-237.

Allport, G., and H. S. Odbert

    1936   "Trait names: a psycholexical study." Psychological

          Monographs 47: 1 -171.

Ambrose, J. A.

    1960   "The smiling response in early human infancy." Ph.D. diss.,

          University of London.

Andreasen, N.J. C., Russell Noyes, J. R. Hartford, and C. E. Hartford

    1972   "Factors influencing adjustment of burn patients during

          hospitalization. " Psychosomatic Medicine 34:517 -525.

Arlow, J.

    1957   "On smugness." International Journal of Psychoanalysis 38: 1-8.

Armitage, Karen, Lawrence Schneiderman, and Robert Bass

    1979   "Response of physicians to medical complaints in men and

             women." Journal of the American Medical Association 241:

             2186-2187.

Armstrong, Frieda

    1975   "Toward a sociology of jealousy." Unpublished paper,

             Department of Sociology, University of California, Berkeley.

Arnold, Magda B.

    1968   Nature of Emotion. Baltimore: Penguin.

    1970   Feelings and Emotions (ed.) . New York: Academic Press.

Asch, Solomon

    1952   Social Psychology. New York: Prentice-Hall.

Attewell, Paul

    1974   "Ethnomethodology since Garfinkel." Theory and Society 1:

             179 - 210.

Austin, J. L.

    1946   "Other minds." InJ. O. Urmson and G.J. Warnock (eds.) ,

             Philosophical Papers. 14th ed. Oxford: Clarendon Press.

Averill, James R.

    1973   "Personal control over aversive stimuli and its relationship to

             stress." Psychological Bulletin 80:286-303.

    1975   "Emotion and anxiety: Sociocultural biology and psychological

             determinants." In M. Zuckerman and C. D. Spielberger

             (eds.) , Emotions and Anxiety, New Concepts, Methods, and

Applications. New York: Wiley.

Ayel, A.J. (ed.)

 1960 Logical Positivism. Glencoe, Ill.: Free Press.

Barron, R. O., and G. M. Norris

 1976 "Sexual divisions and the dual labour market." Pp. 47 -69. In
    Diana Leonard Barker and Sheila Allen (eds.) , Dependence
    and Exploitation in Work and Marriage. London and New
    York: Longmans.

Beck, Aaron

 1971 "Cognition, affect, and psychopathology." Archives of General
    Psychiatry 24:495-500.

Becker, Howard S.

 1953 "Becoming a marihuana user." American Journal of Sociology
    59: 235-242.

Bell, Daniel

 1973 The Coming of Post-Industrial Society. New York: Basic Books.

Bern, Daryl, and Andrea Allen

 1974 "On predicting some of the people some of the time: the search
    for cross-situational consistencies in behavior." Psychological
    Review 81:506-520.

Bendix, Reinhard

 1952 "Complaint behavior and individual personality." American
    Journal of Sociology 58:292 - 303.

 1956 Work and Authority in Industry. New York: Wiley.

Benedict, Ruth

 1946a The Crysanthemum and the Sword. Boston: Houghton Mifflin.

1946b   Patterns of Culture. New York: Penguin.

Berger, Peter

1966   "Identity as a problem in the sociology of knowledge."

European Journal of Sociology 7: 105 - 15.

Berger, Peter, and Thomas Luckman

1966   The Social Construction of Reality. New York: Doubleday.

Berkowitz, Leonard

1962   Aggression: A Social Psychological Analysis. New York:

McGraw-Hill.

Berman, Marshall

1970   The Politics of Authenticity. New York: Atheneum.

Bernstein, Basil

1958   "Some sociological determinants of perception." British Journal

of Sociology 9: 159 -174.

1964   "Social class, speech systems and psychotherapy." British

Journal of Sociology 15 :54 - 64.

1972   "A sociolinguistic approach to socialization, with some

reference to educability." Pp. 465-497. In John Gumperz and

Dell Hymes (eds.) , Directions in Sociolinguistics. New York:

Holt, Rinehart and Winston.

1974   Class, Codes and Control. London: Routledge & Kegan Paul.

Birdwhistell, R.

1970   Kinesics and context. Philadelphia: University of Pennsylvania

Press.

Blanchard, E. B., and L. B. Young

1973   "Self control of cardiac functioning: a promise as yet unfulfilled." Psychological Bulletin 79: 145 -163.

Blau, Peter M.

    1955   The Dynamics of Bureaucracy. Chicago: University of Chicago
           Press.

    1964   Exchange and Power in Social Life. New York: Wiley.

Blauner, Robert

    1964   Alienation and Freedom. Chicago: University of Chicago Press.

Blondel, Charles

    1952   Introduction a la Psychologie Collective. 5th ed. Paris: A. Colin.

Blumer, Herbert

    1969   Symbolic Interactionism: Perspective and Method. Englewood
           Cliffs, N.J.: Prentice-Hall.

Bourne, Patricia Gerald, and NormaJuliet Winkler

    1976   "Dual roles and double binds: women in medical school."
           Unpublished paper. University of California, Santa Cruz.

Brannigan, Gary G., and Alexander Toler

    1971   "Sex differences in adaptive styles." Journal of Genetic
           Psychology 119: 143 -149.

Braverman, Harry

    1974   Labor and Monopoly Capital. New York and London: Monthly
           Review Press.

Brenner, Charles

    1953   "An addendum to Freud's theory of anxiety." International
           Journal of Psychoanalysis 34: 18 - 24.

    1974   "On the nature and development of affects: a unified theory."
           The Psychoanalytic Quarterly 43: 532-556.

Brien, Lois, and Cynthia Shelden

    1976   "Women and gestalt awareness." In Jack Downing (ed.) ,

              Gestalt Awareness. New York: Harper & Row.

Broverman, Inge K., Donald M. Broverman, and Frank E. Clarkson

    1970   "Sex role stereotypes and clinical judgments of mental health."

              Journal of Consulting and Clinical Psychology 34: 1-7.

Brown, Barbara

    1974   New Mind, New Body. New York: Harper & Row.

Brown, Judson, and I. B. Farber

    1951   "Emotions conceptualized as intervening variables, with

              suggestions toward a theory of frustration." Psychological

              Bulletin 48:465 -495.

Bundy, Cheryl

    1982   "Gourmet sex comes to a living room near you." East Bay

              Express 4 (no. 12) , January 15.

Burke, Kenneth

    1954   Permanence and Change: An Anatomy of Purpose. 2nd rev. ed.

              Los Altos, Ca.: Hermes.

    1955   A Grammar of Motives. New York: Braziller.

Campbell, Sarah F. (ed.)

    1976   Piaget Sampler. New York: Wiley.

Cannon, W. B.

    1927   "The james-Lange theory of emotions: a critical examination

              and an alternative theory." American Journal of Psychology

              (Washburn commemorative volume)39: 106-124.

Capage, James Edward

1972　"Internal-external control and sex as factors in the use of
　　　　promises and threats in interpersonal conflict." Ph.D. diss.
　　　　Sociology department, Ohio University.

Chodorow, Nancy

1980　The Reproduction of Mothering. Berkeley and Los Angeles:
　　　　University of California Press.

Cicourel, Aaron

1973　Cognitive Sociology. Harmondsworth: Penguin.

1982　"Language and belief in a medical setting." Paper presented at
　　　　33rd Round Table on Language and Linguistics, Georgetown
　　　　University, Washington, D.c., March 11 -13.

Clanton, Gordon, and Lynn G. Smith

1977　Jealousy. Englewood Cliffs, N.J.: Prentice-Hall.

Clausen, John

1978　"American research on the family and socialization." Children
　　　　Today 7:7-10.

Cohen, Albert

1966　Deviance and Control. Englewood Cliffs, N.J.: Prentice-Hall.

Cohen, Phyllis

1977　"A Freudian interpretation of Rokeach's open and closed
　　　　mind." Unpublished paper, Sociology department, University
　　　　of California, Berkeley.

Cole, Toby (ed.)

1947　Acting: A Handbook of the Stanislavski Method. New York:
　　　　Lear.

Collins, Randall

1971   "A conflict model of sexual stratification." Social Problems 19:
        1-20.

1975   Conflict Sociology. New York: Academic Press.

Communication Style Workshop.

    n.d.   Prepared by Brehm and Company for Sales Development
            Associates, Inc. One Crossroads of Commerce, Rolling
            Meadows, Ill. 60008.

Cooley, Charles Horton

    1964   Human Nature and the Social Order. New York: Schocken. First
            published 1902.

Corporate Data Exchange, Inc.

    1977   Stock Ownership Directory. No.1. The Transportation Industry.
            New York: Corporate Data Exchange.

Dahlstrom, Edmund (ed.)

    1971   The Changing Roles of Men and Women. Boston: Beacon Press.

Daly, Mary

    1978   Gynecology: The Metaethics of Radical Feminism. Boston:
            Beacon Press.

Daniels, Arlene

    1979   "Self-deception and self-discovery in field work:' Unpublished
            paper, prepared for a conference on Ethical Problems of
            Fieldwork, Cool font Conference Center. Berkeley Springs,
            West Virginia, October 18-21.

Daniels, Morris J.

    1960   "Affect and its control in the medical intern." American Journal
            of Sociology 66:259-267.

Darwin, Charles

    1955   The Expression of Emotions in Man and Animals. New York:

            Philosophical Library.

Davies, Margery

    1975   "Woman's place is at the typewriter: the feminization of the

            clerical labor force." Pp. 279 - 296. In Richard Edwards,

            David Gordon, and Michael Reich (eds.) , Labor Market

            Segmentation. Lexington, Ky.: Lexington Books.

Davis, Kingsley

    1936   "jealousy and sexual property." Social Forces 14:395-410.

Davitz, Joel

    1969   The Language of Emotion. New York and London: Academic

            Press.

De Beauvoir, Simone

    1974   The Second Sex. New York: Random House.

Dedmon, Dwight

    1968   "Physiological and psychological deficiencies of the airline

            flight attendant induced by the employment environment."

            Unpublished paper.

Dewey, John

    1922   Human Nature and Conduct: An Introduction to Social

            Psychology. New York: Holt.

Dollard, John, Neal E. Miller, Leonard W. Doob, O. H. Mowrer, and Robert
Sears

    1964   Frustration and Aggression. New Haven: Yale University Press.

Dorsey, John

1971   The Psychology of Emotion: The Power of Positive Thinking. Detroit: Center for Health Education.

Douglas, Mary

1973   Natural Symbols. New York: Vintage.

Duffy, Elizabeth

1941   "The conceptual categories of psychology: a suggestion for revision:' Psychological Review 48: 177-203.

Durkheim, Emile

1965   The Elementary Forms of the Religious Life. Tr. joseph Ward Swain. New York: Free Press.

Edwards, Richard

1979   Contested Terrain: The Transformation of the Workplace in the Twentieth Century. New York: Basic Books.

Ekman, Paul

1971   "Universals and cultural differences in facial expressions of emotion:' Pp. 207 -283. In J. K. Cole (ed.) , Nebraska Symposium on Motivation. Lincoln, Neb.: University of Nebraska Press.

1973   Darwin and Facial Expression. New York: Academic Press.

Ekman, Paul, and Wallace Friesen

1969   "Nonverbal leakage and clues to deception." Psychiatry 32:88-106.

Ekman, Paul, W. V. Friesen, and P. Ellsworth

1972   Emotion in the Human Face: Guidelines for Research and an Integration of Findings. New York: Pergamon Press.

Enarson, Elaine

1976   "Assertiveness training: a first-hand view." Unpublished paper,
        Sociology department, University of Oregon.

Erikson, Eric

1950   Childhood and Society. New York: Norton.

Etzion, Amitai

1968   "Basic human needs, alienation and inauthenticity." American
        Sociological Review 33:870-885.

Feather, N. T.

1967   "Some personality correlates of external control:' Australian
        Journal of Psychology 19:253 - 260.

1968   "Change in confidence following success or failure as a
        predicator of subsequent performance." Journal of Personality
        and Social Psychology 9:38 -46.

Fell, Joseph III

1965   Emotion in the Thought of Sartre. New York: Columbia
        University Press.

Fenichel, Otto

1954   "The ego and the affects." Pp. 215-227. In The Collected
        Papers, Second Series. New York: Norton.

Fiedler, Leslie A.

1960   "Good good girls and good bad boys: Clarissa as a juvenile."
        Pp. 254-272. In Love and Death in the American Novel. New
        York: Criterion.

Foster, George

1972   "The anatomy of envy: a study in symbolic behavior." Current
        Anthropology 13: 165 - 202.

Fowles, John

    1969   The French Lieutenant's Woman. Boston: Little Brown.

Freeman, Jo (ed.)

    1975   Women, a Feminist Perspective. Palo Alto, Ca.: Mayfield.

Freud, Sigmund

    1911   "Formulations on the two principles of mental functioning." Pp.
            213 - 226. In James Strachey (ed.) , Standard Edition, Vol. 12.
            London: Hogarth Press.

    1915a "Repression." Pp. 146-158. In James Strachey (ed.) , Standard
            Edition, Vol. 14. London: Hogarth Press.

    1915b "The unconcious:' Pp. 159 - 217. In James Strachey (ed.) ,
            Standard Edition, Vol. 14. London: Hogarth Press.

    1916-17 "Introductory lectures on psychoanalysis." In James Strachey
            (ed.) , Standard Edition, Vols. 15 and 16. London: Hogarth
            Press.

    1926   "Inhibitions, symptoms, and anxiety." Pp. 77 -176. In James
            Strachey (ed.) , Standard Edition, Vol. 20. London: Hogarth
            Press.

    1931   Modern Sexual Morality and Modern Nervousness. New York:
            Eugenics Publishing Co.

    1963   Civilization and Its Discontents. New York: Norton.

Friedman, Stanford B., Paul Chodoff, John Mason and David Hamburg

    1963   "Behavioral observations on parents anticipating the death of a
            child." Pediatrics 32:610 -625.

Fromm, Erich

    1942   Escape from Freedom. New York: Farrar and Rinehard.

Geertz, Clifford

    1972   "Deep play: notes on the Balinese cockfight." Daedalus 101:

           1-37.

    1973   The Interpretation of Cultures: Selected Essays. New York:

           Basic Books

Geertz, Hildred

    1959   "The vocabulary of emotion." Psychiatry 22:225-237.

Gellhorn, E.

    1964   "Motion and emotion: the role of proprioception in the

           physiology and pathology ofthe emotions." Psychological

           Review 71 :457 -472.

Gendin, Sidney

    1973   "Insanity and criminal responsibility." American Philosophical

           Quarterly 10:99 -110.

Gerth, Hans, and C. Wright Mills

    1964   Character and Social Structure: The Psychology of Social

           Institutions. New York: Harcourt, Brace and World.

Gill, Frederick W., and Gilbert Bates

    1949   Airline Competition. Boston: Division of Research, Graduate

           School of Business Administration, Harvard University

           Printing Office.

Gitlin, Todd

    1980   The Whole World Is Watching. Berkeley and Los Angeles:

           University of California Press.

Glick, Ira O., Roster Weiss, and C. Murray Parkes

    1974   The First Year of Bereavement. New York: Wiley-Interscience.

Glover, E.

    1939   Psychoanalysis. London: Bale.

Goffman, Erving

    1956   "Embarrassment and social organization." American Journal of
             Sociology 62:264-271.

    1959   The Presentation of Self in Everyday Life. New York:
             Doubleday Anchor.

    1961   Encounters. Indianapolis: Bobbs-Merrill.

    1967   Interaction Ritual. New York: Doubleday Anchor.

    1969   Strategic Interaction. Philadelphia: University of Pennsylvania
             Press.

    1974   Frame Analysis. New York: Harper Colophon.

Gold, Herbert

    1979   "The smallest part." Pp. 203-212. In William Abrahams (ed.) ,
             Prize Stories, 1979. The O'Henry Award. Garden City, N.Y.:
             Doubleday.

Goldberg, Philip

    1968   "Are women prejudiced against women?" Transaction 5:28-30.

Goode, William

    1964   "The theoretical importance of love." Pp. 202 - 219. In Rose
             Coser (ed.) , The Family, Its Structure and Functions. New
             York: St. Martin's Press.

Gorer, Geoffrey

    1977   Death, Grief, and Mourning. New York: Arno Press.

Green, William

    1976   EST: Four Days to Make Your Life Work. New York: Pocket

Books.

Greenson, R.

    1953   "On boredom." Journal of American Psychoanalysis Association

          1: 7 - 21.

Gross, F., and G. P. Stone

    1964   "Embarrassment and the analysis of role requirements."

          American Journal of Sociology 80: 1 - 15.

Gurwitsch, Aron

    1964   The Field of Consciousness. Pittsburgh: Duquesne University

          Press.

Haan, Norma

    1977   Coping and Defending. New York: Academic Press.

Haas, Jack

    1977   "Learning real feelings: a study of high steel iron workers'

          reactions to fear and danger." Sociology of Work and

          Occupations 4: 147 -170.

Hall, E. T.

    1973   The Silent Language. Garden City, N.Y.: Doubleday.

Hartmann, Heidi

    1976   "Capitalism, patriarchy and job segregation by sex." Pp. 137

          -170. In Martha Blaxall and Barbara Reagan (eds.) , Women

          and the Workplace. Chicago and London: University of

          Chicago Press.

Henley, Nancy M.

    1977   Body Politics: Power, Sex and Non-Verbal Communication.

          Englewood Cliffs, N.J.: Prentice-Hall.

Hillman, James

    1964   Emotion: A Comprehensive Phenomenology of Theories and Their Meanings for Therapy. Evanston, Ill.: Northwestern University Press.

Hochschild, Arlie

    1969   "The ambassador's wife: an exploratory study." Journal of Marriage and Family 31:73-87.

    1975   "The sociology of feeling and emotion: selected possibilities." Pp. 280 - 307. In Marcia Millman and Rosabeth Kanter (eds.), Another Voice. Garden City, N. Y.: Anchor.

    1977   "Reply to Schef£,' Current Anthropology 18:494-495.

    1979   "Emotion work, feeling rules and social structure." American Journal of Sociology 85:551-575.

    1981   "Attending to codifying and managing feelings: sex differences in love." In Laurel Walum Richardson and Verta Taylor (eds.), Sex and Gender: A Reader. New York: Heath.

Homans, George

    1961   Social Behavior: Its Elementary Forms. New York: Harcourt, Brace and World.

Horney, Karen

    1937   The Neurotic Personality of Our Time. New York: Norton.

Horowitz, Mardi J.

    1970   Image Formation and Cognition. New York: Appleton-Century-Crofts Educational Division, Meredith Corporation.

Hovland, Carl, IrvingJanis, and Harold Keiley

    1953   "Credibility of the communicator." Pp. 19-55. In

Communication and Persuasion. New Haven: Yale University
Press.

Hsu, Francis

    1949   "Suppression versus repression: a limited psychological
interpretation of four cultures." Psychiatry 12:223-242.

Izard, C. E.

    1968   "The emotions and emotion constructs in personality and culture
research." In R. B. Cattell (ed.) , Handbook of Modern
Personality Theory. Chicago: Aldine.

Jackson, P. W., and J. W. Getzels

    1959   "Psychological health and classroom functioning: a study of
dissatisfaction with school among adolescents." Journal of
Educational Psychology 50:295-300.

Jacobson, Edith

    1953   "The affects and their pleasure-unpleasure qualities in relation to
the psychic discharge processes." Pp. 38-66. In R. Loewenstein
(ed:) , Drives, Affects. Behavior, Vol. 1. New York:
International Universities Press.

James, Muriel, and Dorothy Jongeward

    1971   Born to Win. Center City, Minn.: Hazelden.

James, William, and Carl G. Lange

    1922   The Emotions. Baltimore: Williams and Wilkins.

Joe, V.C.

    1971   "A review of the internal-external control construct as a
personality variable." Psychological Reports 28:619 -640.

Johnson, Paula B., and Jacqueline D. Goodchilds

1976 "How women get their way." Psychology Today 10:69-70.

Jones, Edward E., David Kanouse, Harold Kelley, Richard Nisbett, Stuart Val
ins, and Bernard Weiner

    1972 Attribution: Perceiving the Causes of Behavior. Morristown, N.J.:
           General Learning Press.

Jourard, S. M.

    1968 Disclosing Man to Himself. Princeton: Van Nostrand.

Kantan, A.

    1972 "The infant's first reaction to strangers: distress or anxiety?"
           International Journal of Psychoanalysis 53:501-503.

Kanter, Rosabeth Moss

    1972a Commitment and Community. Cambridge, Mass: Harvard
           University Press.

    1972b "The organization child: experience management in a nursery
           school." Sociology of Education 45: 186-212.

    1977 Men and Women of the Corporation. New York: Basic Books.

Kaplan, Bert (ed.)

    1964 The Inner World of Mental Illness. New York: Harper & Row.

Katz, Judith

    1980 "Discrepancy, arousal and labeling: toward a psycho-social
           theory of emotion." Sociological Inquiry 50:147-156.

Keene, Carolyn

    1972 The Message in the Hollow Oak. New York: Grosset and
           Dunlap.

Kelly, George

    1955 The Psychology of Personal Constructs. 2 vols. New York:

        Norton.

Kemper, Theodore D.

    1978   A Social Interactional Theory of Emotions. New York: Wiley.

Kephart, William

    1967   "Some correlates of romantic love." Journal of Marriage and the

            Family 29:470-474.

Kjerbuhl-Petersen, Lorenz

    1935   Psychology of Acting. Boston: Expression Company.

Klein, Jeffrey

    1976   "Searching for Bill Walton." Mother Jones, September-October,

            pp. 48-61.

Klineberg, O.

    1938   "Emotional expression in Chinese literature:' Journal of

            Abnormal and Social Psychology 33:517-520.

Knox, David H., Jr., and Michael J. Sporakowski

    1968   "Attitudes of college students toward love." Journal of Marriage

            and the Family 30:638-642.

Kohn, Melvin

    1963   "Social class and the exercise of parental authority." Pp. 297

            -313. In Neil Smelser and William Smelser (eds.) , Personality

            and Social Systems. New York: Wiley.

    1976   "Occupational structure and alienation." American Journal of

            Sociology 82:111-130.

    1977   Class and Conformity: a study in values. Chicago: University of

            Chicago Press.

Komarovsky, Mirra

1962   Blue-Collar Marriage. New York: Vintage.

Koriat, A., R Melkman, J. R Averill, and Richard Lazarus

1972   "The self-control of emotional reactions to a stressful film."
        Journal of Personality 40:601-619.

Krogfoss, Robert B. (ed.)

1974   Manual for the Legal Secretarial Profession. 2nd ed. St. Paul,
        Minn.: West Publishing Co.

Kundera, Milan

1981   The Book of Laughter and Forgetting. New York: Knopf.

La Barre, Weston

1962   "Paralinguistics, kinesics and cultural anthropology." Pp. 191-
        238. In T. A. Sebeok, Alfred Hayes, and Mary Catherine
        Bateson (eds.) , Approaches to Semiotics. The Hague:
        Mouton.

Laing, R. D.

1961   The Divided Self Harmondsworth: Penguin.

1971   The Politics of the Family and Other Essays. New York:
        Pantheon.

1970   Sanity, Madness, and the Family. 2nd ed. Harmondsworth:
        Penguin.

Lakoff, Robin

1975   Language and Woman's Place. New York: Harper & Row.

Langer, Suzanne

1951   Philosophy in a New Key. Cambridge, Mass.: Harvard
        University Press.

1967   Mind: An Essay on Human Feeling, Vol. 1. Baltimore: Johns

Hopkins University Press.

Lasch, Christopher

1976a "Planned obsolescence." New York Review of Books 23
(October 28) : 7.

1976b "The narcissist society." New York Review of Books 23
(September 30) : 5 -13.

1978 The Culture of Narcissism. New York: Norton.

Laslett, Peter

1968 The World We Have Lost. London: Methuen.

Latane, Bibb, andJohn Darby

1970 The Unresponsive Bystander. New York: AppletonCentury-
Crofts.

Lazarus, Richard

1966 Psychological Stress and the Coping Process. New York:
McGraw-Hill.

1975 "The self-regulation of emotion." Pp. 47 -67. In L. Levi (ed.) ,
Emotions, Their Parameters and Measurement. New York:
Raven Press.

Lazarus, Richard, and James Averill

1972 "Emotion and cognition: with special reference to anxiety." Pp.
242 - 283. In C. D. Spielberger, Anxiety: Current Trends in
Theory and Research, Vol. 2. New York: Academic Press.

Lee, Dorothy

1959 Freedom and Culture. New York: Prentice-Hall.

Lefcourt, H. M.

1966 "Repression-sensitization: a measure of the evaluation of

emotional expression." Journal of Consulting Psychology
30:444-449.

Lerner, Harriett

    1977   Anger and Oppression in Women. Topeka, Kansas: The
            Menninger Foundation.

Lessing, Doris

    1973   The Summer Before the Dark. New York: Knopf.

Lev, Lennart

    1975   Emotions, Their Parameters and Measurement. New York:
            Raven Press.

Levinson, H.

    1964   Emotional Health in the World of Work. Cambridge, Mass.:
            Levinson Institute.

Levi-Strauss, Claude

    1967   Structural Anthropology. Tr. C. Jacobson and B. Schoepf Garden
            City, N. Y.: Anchor.

Levy, Robert I.

    1973   Tahitians, Mind and Experience in the Society Islands. Chicago:
            University of Chicago Press.

Lewis, C. S.

    1961   Grief Observed. New York: Seabury Press.

Lewis, Lionel, and Dennis Brissett

    1967   "Sex as work: a study of avocational counseling." Social
            Problems 15:8-18.

Lewis, Robert

    1958   Method or Madness? New York: Samuel French.

Lief, H. I., and R. C. Fox

    1963   "Training for a 'detached concern' in medical studies:' Pp.

            12 - 35. In H. I. Lief, V. F. Lief, and N. R. Lief (eds.) , The

            Psychological Basis of Medical Practice. New York: Harper &

            Row.

Lifton, Robert

    1970 Boundaries: Psychological Man in Revolution. New York:

           Random House.

Lindemann, Erich

    1944 "Symptomatology and management of acute grief" American

           Journal of Psychiatry 10 1: 141 - 148.

Lofgren, L. Borge

    1968 "Psychoanalytic theory of affects." Journal of the American

           Psychoanalytic Association 16:638-650.

Lofland, Lyn H.

    1982 "Loss and human connection: an exploration into the nature of

           the social bond." Chap. 8. In William Ickes and Eric Knowles

           (eds.) , Personality, Roles, and Social Behavior. New York:

           Springer-Verlag.

Lowen, Alexander

    1975 Bioenergetics. New York: Coward, McCann and Geoghegan.

Lowson, Judith

    1979 "Beyond flying: the 1st step." Between the Lines 3 (no. 2): 3-4.

Lutz, Catherine

    1981 "The domain of emotion words on Haluk." Unpublished paper,

           Laboratory of Human Development, Graduate School of

Education, Harvard University.

Lyman, Stanford, and Marvin Scott

1970   A Sociology of the Absurd. New York: AppletonCentury-Crofts.

MacArthur, R.

1967   "Sex differences in field dependence for the Eskimo: replication
        of Berry's findings." International Journal of Psychology 2:
        139 - 140.

Maccoby, Eleanor

1972   "Sex differences in intellectual functioning." Pp. 3443. In J. M.
        Bardwick (ed.) , Readings on the Psychology of Women. New
        York: Harper & Row.

Mace, David, and Vera Mace

1960   Marriage East and West. Garden City, N.Y.: Doubleday.

Mandelbaum, David C.

1959   "Social uses of funeral rites." Pp. 189-219. In H.

Feifel (ed.) , The Meaning of Death. New York: McGraw Hill.

Mann, Emily

1969   "An empirical investigation of the experience of anger." Masters
        thesis, Psychology department, Duquesne University.

Marcuse, Herbert

1956   Eros and Civilization. Boston: Beacon Press.

Marx, Karl

1977   Capital, Vol. 1. Intro. by Ernest Mandel. Tr. Ben Fowkes. New
        York: Vintage.

Maslach, Christina

1978a   "Job burnout: how people cope." Public Welfare Spring 36:56-

58.

1978b   "The client role in staff burn-out." Journal of Social Issues 34:
        111-124.

Maslach, Christina and Susan E. Jackson

1978   "Lawyer burnout:' Barrister 5:52-54.

1979   "Burned-out cops and their families." Psychology Today
       12:59-62.

Maslow, Abraham

1939   "Dominance, personality and social behavior in women."
       Journal of Social Psychology 10:3-39.

1971   The Farther Reaches of Human Nature. New York: Viking.

Mauss, Marcel

1967   The Gift: Forms and Functions of Exchange in Archaic
       Societies. New York: Norton.

McDougall, W.

1937   "Organization of the affective life: a critical survey." Acta
       Psychologica 2:233-246.

1948   An Introduction to Social Psychology. 12th ed. London:
       Methuen.

Mead, George Herbert

1934   Mind, Self, and Society. Charles Morris（ed.）. Chicago:
       University of Chicago Press.

Meyer, Leonard

1970   Emotion and Meaning in Music. Chicago: University of Chicago
       Press.

Miller, Stephen

1973   "The politics ofthe true self" Dissent 20:93 -98.

Millman, Marcia, and Rosabeth Moss Kanter (eds.)

    1975   Another Voice: Feminist Perspectives on Social Life and Social

            Science. Garden City, N. Y.: Anchor Press/ Doubleday.

Mills, C. Wright

    1956   White Collar. New York: Oxford University Press.

    1963   "The professional ideology of social pathologists:' In Irving L.

            Horowitz (ed.) , Power, Politics and Peopie: The Collected

            Essays of C. Wright Mills. New York: Ballantine.

Moore, Sonia

    1960   The Stanislavski Method: The Professional Training of an Actor.

            New York: Viking.

Muensterberger, Warner, and Aaron Esman

    1974   The Psychoanalytic Study of Society, Vol. 5. New York:

            International Universities Press.

Neurath, Otto

    1959   "Sociology and physicalism." Pp. 282 - 320. In A.J. Ayer (ed.) ,

            Logical Positivism. Glencoe, Ill.: Free Press.

Newcomb, Theodore M., Ralph Turner, and Philip Converse

    1965   Social Psychology, The Study of Human Interaction. New York:

            Holt, Rinehart and Winston.

Nietzsche, F. W.

    1876   Menschliches alzumenschliches, Vol. 1. Leipzig: Kroner.

Novaco, Raymond

    1975   Anger Control. Lexington, Mass.: Lexington Books.

Novey, S.

1959 "A clinical view of affect theory in psychoanalysis:'

International Journal of Psychoanalysis 40: 94 - 104.

O'Neil, William L. (ed.)

1972 Women at Work. Chicago: Quadrangle.

Opler, Marvin

1956 Culture, Psychiatry, and Human Values. New York: Charles

Thomas.

Parsons, Talcott

1951 The Social System. Glencoe, Ill.: Free Press.

Parsons, Talcott, and Robert Bales

1960 The Family, Socialization and Interaction Process. Glencoe, Ill.:

Free Press.

Parsons, Talcott, Robert Bales, and Edward Shils

1953 Working Papers in the Theory of Action. Glencoe, Ill.: Free

Press.

Pelletier, Kenneth

1977 Mind as Healer, Mind as Slayer? A Holistic Approach to

Preventing Stress Disorders. New York: Dell.

Perls, Frederick, Ralph Hefferline, and Paul Goodman

1951 Gestalt Therapy. New York: Julian Press.

Peto, Andrew

1968 "On affect control." International Journal of Psychoanalysis 49

(parts 2 - 3) : 471 - 473.

Platt, Jerome J., David Pomeranz, Russell Eisenman, and Oswald DeLisser

1970 "Importance of considering sex differences in relationships

between locus of control and other personality variables."

Proceedings, 78th Annual Convention, American Psychological Association.

Plutchik, Robert

    1962   The Emotions: Facts, Theories and a New Model. New York: Random House.

Pulver, Sydney E.

    1971   "Can affects be unconscious?" Journal of the American Psychoanalytic Association 19: 347 -354.

Queens Bench Foundation

    1976   Rape: Prevention and Resistance. San Francisco.

Rabkin, Richard

    1968   "Affect as a social process." American Journal of Psychiatry 125: 772 -779.

Rainwater, Lee, Richard P. Coleman, and Gerald Handel

    1959   Workingman's Wife. New York: MacFadden Books.

Ransohoff, Paul

    1976   "Emotion work and the psychology of emotion." Unpublished paper, Sociology department, University of California, Berkeley.

Rapaport, David

    1942   Emotions and Memory. Baltimore: Williams and Wilkins.

    1953   "On the psycho-analytic theory of affects." International Journal of Psycho-analysis 34: 177 -198.

Rapaport, David, and M. Gill

    1959   "The points of view and assumptions of metapsychology." International Journal of Psychoanalysis 60: 153 -162.

Reiss, Ira

329

1960   "Toward a sociology of the heterosexual love relationship."
        Journal of Marriage and Family 22: 3944.

Reymert, Martin (ed.)

    1950   Feelings and Emotions: The Mooseheart Symposium. New
            York: McGraw-Hill.

Riefr, Phillip

    1966   The Triumph of the Therapeutic. New York: Harper & Row.

Riesman, David

    1952   Faces in the Crowd: Individual Studies in Character and Politics.
            New Haven: Yale University Press.

    1953   The Lonely Crowd: A Stud y of the Changing American
            Character. New Haven: Yale University Press.

Ronay, Egon

    1979   Lucas Guide 1980. New York: Penguin.

Rorty, Amelie Oksenberg

    1971   "Some social uses of the forbidden." Psychoanalytic Review 58:
            497-510.

Rosen, George

    1968   Madness in Socicty. Chicago: University of Chicago Press.

Rosenthal, R., Judith Hall, Robin DiMatteo, Peter Rogers, and/ Dane Archer

    1979   Sensitivity to Non-Verbal Communication. Baltimore: Johns
            Hopkins University Press.

Rossi, Alice, Jerome Kagan, and Tamara Hareven (eds.)

    1978   The Family. New York: Norton.

Rotter, Julian B.

    1966   "Generalized expectancies for internal versus external control of reinforcement." Psychological Monographs 80 (no. 1) : 1-28.

Rubin, Zick

    1970   "Measurement of romantic love." Journal of Personality and
            Social Psychology 6: 265-273.

Russell, Paul

    1975   "Theory ofthe crunch." Unpublished paper, Boston, Mass.

    1976   "Beyond the wish." Unpublished paper, Boston, Mass.

    1977 "Trauma and the cognitive function of affect." Un · published
            paper, Boston. Mass.

Sartre, Jean Paul

    1948   The Emotions: Outline of a Theory. Tr. Bernard Frechman. New
            York: Philosophical Library.

Schachtel, Ernest G.

    1959   "On memory and childhood amnesia." Pp. 279 - 322. In his
            Metamorphosis; On the Development of Af · feet, Perception,
            Attention and Memory. New York: Basic Books. First
            published 1947.

Schachter, Stanley

    1964   "The interaction of cognitive and physiological de · terminants
            of emotional state." Pp. 138 - 173. In P. H. Leiderman and
            D. Shapiro (eds.) , Psychobiological Approaches to Social
            Behavior. Stanford: Stanford University Press.

Schachter, Stanley, and J. Singer

    1962   "Cognitive, social and physiological determinants of emotional
            state:' Psychological Review 69: 379-399.

Schafer, Roy

1976   A New Language for Psychoanalysis. New Haven: Yale
        University Press.

Scheff; Thomas J.

1973   "Intersubjectivity and emotion." American Behav · ioral
        Scientist 16: 501 - 522.

1977   "The distancing of emotion in ritual." Current An · thropology
        18: 483-491.

1979   Catharsis in Healing, Ritual, and Drama. Berkeley and Los
        Angeles: University of California Press.

Scheler, Max

1954   The Nature of Sympathy. Tr. Peter Heath. New Haven: Yale
        University Press.

Schur, Max

1969   "Affects and cognition." International Journal of Psycho.
        Analysis 50: 647 -653.

Schutz, William

1971   Here Comes Everybody. New York: Harper & Row.

Seeman, Melvin

1959   "On the meaning of alienation." American Sociological Review
        24: 783-791.

1967   "On the personal consequences of alienation in work." American
        Sociological Review 32: 273-285.

1972   "Alienation and engagement." In Angus Campbell and Phillip
        Converse (eds.) , The Human Meaning of Social Change.
        New York: Russell Sage.

Sennett, Richard (ed.)

1977   The Psychology of Society. New York: Vintage.

Sennett, Richard, and Jonathan Cobb

1973   Hidden Injuries of Class. New York: Vintage.

Shapiro, David

1965   Neurotic Styles. New York: Basic Books.

Shaver, Kelly G.

1975   An Introduction to Attribution Processes. Cambridge, Mass.:
Winthrop.

Sheehy, Gail

1976   Passages: Predictable Crises of Adult Life. New York: Dutton.

Sherif, Muzafer

1936   The Psychology of Social Norms. New York: Harper and
Brothers.

Sherman, J. A.

1967   "Problems of sex differences in space perception and aspects of
intellectual functioning." Psychological Review 74: 290-299.

Simpson, Richard

1972   Theories of Social Exchange. Morristown, N.Y.: General
Learning Press.

Singlemann, Peter

1972   "Exchange as symbolic interaction: convergences between two
theoretical perspectives." American Sociological Review 37:
414-424.

Slater, Philip E.

1963   "Social limitation on libidinal withdrawal." American
Sociological Review 28: 339-364.

1968   The Glory of Hera. Boston: Beacon Press.

Smelser, Neil

1970   "Classical theories of change and the family structure."

Unpublished paper, delivered at Seventh World Congress of

Sociology, Varna, Bulgaria, September 14-19.

Smith, Dorothy

1973   "Women, the family, and corporate capitalism." Pp. 5 - 34. In M.

L. Stephenson (ed.) , Women in Canada. Toronto: Newpress.

Smith, Joseph H.

1970   "On the structural view of affect." Journal of the American

Psychoanalytic Association 18: 539-561.

Smith, Lynn Griffith

1973   "Co-marital relations: an exploratory study of consensual

adultery." Ph.D. diss., Psychology department, University of

California, Berkeley.

Smith, Manuel

1975   When I Say No, I Feel Guilty. New York: Bantam Books.

Solomon, Robert C.

1973   "Emotions and choice." Review of Metaphysics: A Philosophical

Quarterly 27: 20-42.

Speier, Hans

1935   "Honor and social structure." Social Research 2: 76-97.

Spitzer, Stephan, Carl Couch, and John Stratton

1973   The Assessment of the Self. Iowa City, Iowa: Sernoll.

Sprout, W.J. H.

1952   Social Psychology. London: Methuen.

Stanislavski, Constantin

    1965   An Actor Prepares. Tr. Elizabeth Reynolds Hapgood. New York:

            Theatre Arts Books. First published 1948.

Stillman, Harry C.

    1916   "The stenographer plus." New Ladies HomeJournal 33

            （February）: 33.

Stone, Lawrence（ed.）

    1965   Social Change and the Revolution in England, 1540-1640.

            London: Longmans.

Swanson, Guy E.

    1961   "Determinants of the individual's defenses against inner

            conflict: review and reformulation:' Pp. 5 - 41 In J. C.

            Glidewell（ed.）, Parental Attitudes and Child Behavior.

            Springfield, III.: Charles C. Thomas.

    1965   "The routinization oflove: structure and process in primary

            relations." Pp. 160 - 209. In Samuel Klausner（ed.）, The

            Quest for Self-Control: Philosophies and Scientific Research.

            New York: Free Press.

Swanson, Guy E., and Daniel Miller

    1966   Inner Conflict and Defense. New York: Schocken.

Swidler, Ann

    1979   Organization Without Authority. Cambridge, Mass., and London:

            Harvard University Press.

Sypher, Wylie

    1962   Loss of Self in Modern Literature and Art. New York: Random

            House.

Terkel, Studs

    1972   Working. New York: Avon

Thibaut, John, and Harold Kelley

    1959   The Social Psychology of Groups. New York: Wiley.

Thompson, Lanny

    1979   "The development of Marx's concept of alienation: An

            introduction." Mid-American Review of Sociology 4:23-28.

Tolstoy, Leo

    1970   Anna Karenina. New York: Norton.

Tomkins, S. S.

    1962   Affect, Imagery, Consciousness. 2 vols. New York: Springer.

Trilling, Lionel

    1961   "On the modern element in modern literature:' Partisan Review

            28: 9 - 35.

    1972   Sincerity and Authenticity. Cambridge, Mass.: Harvard

            University Press.

Tuchman, Gaye, Arlene Kaplan Daniels, and James Benet

    1978   Hearth and Home: Images of Women in the Mass Media. New

            York: Oxford University Press.

Tucker, Robert (ed.)

    1972   The Marx-Engels Reader. New York: Norton.

Turner, Ralph

    1969   "The theme of contemporary social movements." British Journal

            of Sociology 20: 390-405.

    1976   "The real self: from institution to impulse." American Journal of

            Sociology 81: 989-1016.

Tyler, L.E.

    1965   The Psychology of Human Differences. New York: Appleton-
            Century-Crofts.

United States Bureau of the Census

    1973   Census of the Population: 1970. Vol. I. Pp. 718-724.
            Characteristics of the Population, Part 1, Section I, Table
            221, Detailed Occupation of the Experienced Civilian Labor
            Force and Employed Persons by Sex. Washington, D.c.: U.S.
            Government Printing Office.

Updike, John

    1962   Pigeon Feathers and Other Stories. New York: Fawcett.

Van den Berghe, Pierre

    1966   "Paternalistic versus competitive race relations: an ideal-type
            approach." In Bernard E. Segal (ed.) , Race and Ethnic
            Relations: Selected Readings. New York: Crowell.

Vaught, G. M.

    1965   "The relationship of role identification and ego strength to sex
            differences in the Rod and Frame Test." Journal of Personality
            33: 271-283.

Wallace, Anthony F. C.

    1959   "The institutionalization of cathartic and control strategies
            in Iroquois religious psychotherapy." Pp. 63-96. In Marvin
            K. Opler (ed.) , Culture and Mental Health. New York:
            Macmillan.

Wallens, Jacqueline, Howard Waitzkin, and John Stoeckle

    1979   "Physician stereotypes about female health and illness: a study of patient's sex and the informative process during medical

interviews: Women and Health 4: 125-146.

Watson, O. M.

1972   "Conflicts and directions in proxlmlc research." Journal of

Communication 22: 443 - 459.

Watt, Ian

1964   The Rise of the Novel: Studies in Defoe, Richardson, and

Fielding. Berkeley and Los Angeles: University of California

Press.

Weinstock, Allan R.

1967a   "Family environment and the development of de fense and

coping mechanisms:' Journal of Personality and Social

Psychology 5: 67-75.

1967b   "Longitudinal study of social class and defense preferences."

Journal of Consulting Psychology 31: 531-541.

Weiss, Robert

1976   "Transition states and other stressful situations: their nature and

programs for their management." Pp. 213-232. In G. Caplan

and M. Killilea (eds.) , Support Systems and Mutual Help: A

Multidisciplinary Exploration. New York: Grune and Stratton.

Wheelis, Allen

1980   The Scheme of Things. New York and London: Harcourt Brace

Jovanovich.

Wikler, Norma

1976   "Sexism in the classroom:' Paper presented at the annual

meeting of the American Sociological Association, New York.

Winnicott, D. W.

    1965   The Maturational Processes and the Facilitating Environment.

             New York: International Universities Press.

Witkins, H. A., D. R. Goodenough, and S. A. Karp

    1967   "Stability of cognitive style from childhood to young

             adulthood." Journal of Abnormal Psychology 72: 291-300.

Wolff, Kurt H.

    1950   The Sociology of Georg Simmel. New York: Free Press.

Wood, Juanita

    1975   "The structure of concern: the ministry in death-related

             situations:' Urban Life 4: 369-384.

Wrong, Dennis

    1970   "The oversocialized conception of man in modern sociology."

             Pp. 113 -124. In Neil Smelser and William Smelser (eds.) ,

             Personality and Social Systems. New York: Wiley.

Zborowski, Mark

    1969   People in Pain. San Francisco: Jossey-Bass.

Zimbardo, Philip G. (ed.)

    1969   The Cognitive Control of Motivation. Glenview, Ill.: Scott,

             Foresman.

Zurcher, Louis A., Jr.

    1972   "The mutable self: a.1 adaptation to accelerated socio-cultural

             change:' Et al. 3:3 -15.

    1973   "Alternative institutions and the mutable self: an overview."

             Journal of Applied Behavioral Science 9: 369-380.

索 引

说明：（1）索引中页码均为原著页码，也即中译本侧边页码。（2）个别页码似乎与原著不符，以［ ］形式给出了正确页码。

美国航空公司的空乘人员外表
规范（appearance code for flight
attendants），178n; 对服务的评
估（service of, rated），117; 美
国航空公司的加速发展（speed-
up by），123; 美国航空公司与
工会（and union），16,123n,
129,178n

American Telephone and Telegraph
Company 美国电话电报公司，
54

Anger 愤怒：愤怒的"边界"
（"boundaries" for），28-29;
愤怒与性别差异（and gender
differences），173,260n.12; 对愤
怒的管理（management of），
24-27,29,55, 110,111,112,113-
114,116, 163, 196-197, 260n.12

Appearance codes for flight
attendants 空乘人员外表规
范,101-103, 126- 127, 178n.
还可参见体重管理（Weight
regulations）

Archer, Dane 阿切尔，戴恩，207n
［217n］

Aristotle 亚里士多德，202n

Armitage, Karen 阿米蒂奇，凯伦，
174n

Armstrong, Frieda 阿姆斯特朗，弗
里达，253n.17

Arofa, 18

Asch, Solomon 阿希，所罗门，221

Authenticity 本真性，262n.4; 对本
真性的界定（defined），192,
263-264n.9; 对本真性的重视
（valued），190, 192-193,264n.9.
还可参见自发性 / 自然而然
（Spontaneity）

Authority 权威：与情感
管理（and emotion
management），52,75,156-
159,254n.19, 257n.4; 权威与家
庭控制体系（and family control
system），157, 158, 159, 257n.4;
权威的性别差异（gender
differences in），175,177-181

Automation, and emotional labor 自
动化与情感劳动，160

Bates, Gilbert 贝茨，吉尔伯特，
255n.l（Ch. 6）

Behaviorism 行为主义，218,255n.1

343

公司：大陆航空公司的广告
（advertising by），93,94; 大陆
航空公司雇用空乘人员的程序
（recruitment of flight attendants
by），97; 大陆航空公司的服务
评估（service of, rated），117
Cross-sectional concepts 横截面概
念，201［211］
Cultural influences 文化影响：文化
对情感的影响（on emotions），
28, 57,59,190-194, 207-208,210,
211,246n.1,251n.4; 文化对情
感命名的影响（on naming of
emotions），223-224,226-229

Dale, H. E. 戴勒，H.E.，172
Darby, John 达尔比，约翰，248n.9
［258n.9］
Darwin, Charles 达尔文，查尔斯：
达尔文论情感作为行动的先
声／未实现的行动（on emotion
as action manqué），28,207, 219-
220.221; 达尔文论情感作为本
能（on emotion as instinct），
205; 达尔文论情感姿态（on
emotive gestures），207-208,

210, 213; 达尔文有机模式（and
organismic model），27,28,
204,207-208,209,210,220,222;
达尔文论情感的起源（on
origins of emotions），206
Davis, Kingsley 戴维斯，金斯利,72-
73, 253n.17
Davitz, Joel 戴维茨，乔伊，202n
Day-care providers, and emotional
labor 日托服务者与情感劳动，
150-151,153
Deep acting 深层扮演，49,56,85,
135, 159, 162, 194; 受身体
启发进行深层扮演（body-
inspired），55, 247n.5; 对深层扮
演的界定（defined），33,35-
36,38,40-42; 深层扮演与去人
格化（and depersonalization），
132- 133; 深层扮演与情
感劳动（and emotional
labor），89,136,188; 深层扮
演与情感记忆（and emotion
memory），40-42,43; 深层扮演
与虚假自我（and false self），
195; 深层扮演与感受规则
（and feeling rules），250n.3; 空

345

乘人员的深层扮演（by flight attendants），55,105-106, 110-111,120,129, 133,134; 工作中的深层扮演（on the job），89,90, 94-95,111,136,152,181; 私人生活中的深层扮演（in personal life），42-48; 深层扮演与自我（and self），36, 181, 216-217,247n.l; 深层扮演与加速发展（and speed-up），94-95,121,129, 134; 女性的深层扮演（by women），167. 还可参见情感记忆（Emotion memory）; 方法派表演（Method acting）; 斯坦尼斯拉夫斯基，斯坦丁（Stanislavski Constantin）

Delta Airlines 达美航空公司，15,51-52,89, 100, 121, 131; 达美航空公司的广告（advertising by），92,94; 达美航空公司的空乘人员外表规范（appearance code for flight attendants），101-103; 达美航空公司的收账员（bill collection for），16,137n, 138; 达美航空公司的竞争（competition by），91 -92,255n. 1（Ch. 6）; 达美航空公司对空乘人员的规定（flight attendant rules），99, 101-103, 104n; 达美航空公司对空乘人员的培训（flight attendant training），4, 13-14, 24-27,33,98-102,104-108,109-113,138, 196; 达美航空公司的方法分析师（method analysts），119-120; 达美航空公司的就业少数群体（minority employment by），93n,113; 达美航空公司对空乘人员的招募（recruitment of flight attendants by），97,98; 达美航空公司的服务评估（service of, rated），6, 13; 达美航空的督导／主管（supervisors）100,116,117-118; 达美航空与工会（and union），13, 14,113; 达美航空与体重管理（and weight regulations），101 –102

Depersonalization 去人格化，110, 132-133, 139, 187-188

Deregulation of airlines 航空业的放松管制，91, 123, 255n.2（Ch. 6）

Descartes, Rene 笛卡尔，热内，

347

348

情感系统的界定（defined），ix-x, 56, 76,118; 情感系统的转变／转型（transmutation of），19-20,21,90-91,118-119,121,126,136, 160-161,186. 还可参见情感管理／整饰（motion management）；人际交流／交换（Exchanges, interpersonal）；感受规则（Feeling rules）

Emotion management 情感管理／整饰：情感整饰与寻求优势（and advantage seeking），62.63; 情感整饰与攻击行为（and aggression），139, 145, 146, 163, 164,260n.12; 情感整饰与愤怒（and anger），24-27,29,55,110, 111,112, 113-114,116,163,196-197,260n.12; 情感整饰与权威（and authority），52,75, 156- 159,254n.19,257n.4; 情感整饰与生物过程（and biological processes），55,220, 247n.5; 情感整饰的应对风格（coping styles for），243-244n.6; 情感整饰与公司竞争（and corporate competition），90, 185-186; 情感整饰的代价（costs of），21,22,2 19; 文化对情感整饰的影响（cultural influences on），28,57,59,62,90-94,24611.1,251n.4; 对情感整饰的界定（defined），7n, 13, 17-18, 219; 情感整饰与超然技术（and detachment techniques），248n.7; 情感整饰与药物使用（and drug use），54,211; 情感整饰与交换（and exchanges），56,78,83,255n.1（Ch. 5）; 情感整饰与感受规则（and feeling rules），18,56 -57, 215; 空乘人员的情感整饰（by flight attend ants），5-6,24-27,29,33,55,68-69, 90-91, 104-108,109-114,116,120,196-197; 情感整饰的性别差异（gender differences in），20, 57.68, 162-170, 173, 181,243n.5,253n.13,259nn.2 and 5, 260-261n.12; 情感整饰与悲痛（and grief），63-68,252n.10, 253n.13; 互动论模式下的情感整饰（in interactional model），

206,207; 情感的信号功能对情感整饰的干扰（interfering with signal function of emotion），x, 21,30,196-197; 情感整饰与语言（and language），50n, 111-112.180-181,202n,203,208,226-229; 婚姻中的情感整饰（in marriage），61, 62-63,72-75,169-170; 有机模式下的情感整饰（in organismic model），205; 情感整饰与避免痛苦（and pain avoidance），39,62,63,222; 亲子关系中的情感整饰（in parent-child relationship），68, 69-71; 情感整饰与宗教（and religion），57,252n.9; 情感整饰作为女性的资源（as resource for women），163, 164, 165, 166-167,169-170; 情感政治与自我（and self），196, 217-218,219,243-245nn.6 and 8; 情感整饰与服务工作（and service jobs），8-9,10,11,21,57,90-91,120, 121, 147-153,154-155,156,171,184,186,196, 198, 219; 情感整饰与社会阶级（and social class），20-21, 57,156, 157-159, 162,164,243n.5,257n.4, 258n.7,260n.12; 情感整饰与社会工程（and social engineering），x,8,19,33, 34,185, 186-187, 194; 情感整饰与社会仪式（and social rituals），39, 60-68,208; 情感整饰与社会角色（and social roles），19,60-61,62,63, 68-69,72,74-75; 情感整饰与"舞台设置"（and "stage setting"），44-45, 49-52; 家庭教育中的情感整饰（taught by family），20-21,49n, 68,69-75,138, 156-161,257n.4; 情感整饰与治疗（and therapies），264n. 14; 情感整饰的使用价值（use value of），7n; 女性的情感整饰（by women），20,57,68,162- 170,173, 181.243n.5,259n.5,260n.12. 还可参见深层扮演（Deep acting）; 情感劳动（Emotional labor）; 情感系统（Emotional system）; 人际交流／交换（Exchanges, interpersonal）; 感受规则

（emotion management in），
56,78,83,255n.l（Ch. 5）; 人际
交换与感受规则（and feeling
rules），18,56, 76-80, 84-86; 戈
夫曼论人际交换（Goffman
on），214-215,255nn.l and 2
（Ch. 5）; 人际交换中的内疚
感（guilt used in），82; 即兴的
人际交换（improvisational），
77,79-80; 人际交换中的反讽
与幽默（irony and humor in），
77, 79-80; 工作中的人际交换
（on the job），85-86,90, 119,
153; 婚姻中的人际交换（in
marriage），78,79,82 -83,84,85n,
169-170, 259-260n.6; 人际交换
的自发性／自然性（spontaneity
in），80,255n.2（Ch. 5）; 人际
交换的标准化（standardization
of），13, 19, 119, 153, 160,
186, 194; 直接的人际交换
（straight），77,79,80; 不平等的
人际交换（unequal），19,84-
86,89,110- 111, 169-170,186

Exchange value, of emotional labor
情感劳动的交换价值，7n

False self 虚假自我，187, 194-
196,265nn.15 and 16

Family 家庭 : 家庭控制系统与社会
阶级（control system and social
class），156- 159, 242,257n.4;
家庭中的情感整饰（emotion
management in），68,69-75; 家
庭中的私人控制系统（personal
control system in），156,
157,158n, 159-160,242,257n.5;
家庭中的地位型控制系统
（positional control system
in），156- 157,159,242,257n.5;
家庭与情感整饰的培训
（and training for emotion
management），20-21,49n,
68,69-75,138, 156-161,257n.4

Farberman, Harvey 法伯曼，哈维，
215

Farenthold, Frances 法龙索尔德，佛
朗西斯，173

Federal Aviation Administration 美
国联邦航空管理局，24

Feeling rules 感受规则，x，118,244-
245n.8, 249-250n.1; 感受

361

感受规则（on feeling rules），
252n.8,257-258n.6; 米尔斯与
互动模式（and interactional
model），205, 212, 213-214,
218,219,222; 米尔斯论人格作
为一种商品（on personality
as a commodity），ix, 3,
219,256n.5. 还可参见情感的互
动模式（Interactional model of
emotion）

Mothering role 母亲角色 , 170, 175,
176, 181-182, 259n.5

Naming of emotions 情感的命名 ,
28,223-229, 230-233

Narcissism 自恋主义 , 195-196

National Airlines 美国国家航空公
司 , 93,94

Neurosis 神经症 , 30n

Newcomb, Theodore M. 纽科姆 , 西
奥多 M., 202 ［ 212 ］

Nietzsche, F. W. 尼采 F. W., 35

Odbert, H. S. 奥德伯特 , H. S., 228
［ 238 ］

Opler, Marvin 奥普勒 , 马文 , 212n

［ 222n ］

Organismic model of emotion
情感的有机模式 , 28,201,
202,203,204,222; 情感有机模
式中的生物成分（biological
component of），27,28,205,207,
208n, 210-211; 对情感有机模
式的界定（defined），205 -206,
207, 211; 情感有机模式下的情
感整饰（emotion management
in），205; 情感的有机模式与情
感姿势（and emotive gestures），
207-208,210,213; 情感有机模
式下的本能（instinct in），205,
208-210,212; 情感的有机模式
与情感的起源（and origins of
emotions），206,207. 还可参见
情感的生物成分（biological
component of emotion）; 达尔文 ,
查尔斯（Darwin, Charles）;
弗洛伊德 , 西格蒙德（Freud,
Sigmund）; 詹姆斯 , 威廉（James,
William）

Orwell, George 奥威尔 , 乔治 , 23

"Other directed man" "他者导向的
人"，244n.8

365

view of）191-192,262n.5; 真
诚与社会流动（and social
mobility）, 191; 真诚的被看重
（valued）, 77-78, 108, 134, 150,
190, 191, 192, 262n.5

Singapore International Airlines 新
加坡国际航空公司, 95

Singer, J. 辛格, J., 211,223n

Singlemann, Peter 辛格曼，彼得,
255n.1（Ch.5）

Slowdown 降速, 8n, 90 - 91,126 -
131

Smelser, Neil 斯梅尔塞，梅尔, 256-
257n.4（Ch. 7）

Smith, Dorothy 斯密斯，多萝西,
256n.3（Ch. 7）

Snazelle, Gregg 斯耐泽利，格雷格,
33-34,246n.3

Social class 社会阶级：社会
阶级与情感劳动（and
emotional labor）, 20-21, 57,
138, 153-156, 159; 社会阶级
与情感整饰（and emotion
management）, 20-21,57,
156,157-159,162,164,243n.5,
257n.4, 258n.7,260n.12; 社会

阶级与家庭控制系统（and
family control system）, 156-
159, 242,257n.4; 社会阶级与感
受规则（and feeling rules）, 57,
155,156, 157-158,159,252n.9

Social engineering 社会工程, x, 8,
19,33,34, 186-187,194

Socialism, emotional labor and 社会
主义，情感劳动与社会主义,
11 - 12

Social roles 社会角色．参见角色,
社会角色（Roles, social）

Social workers, and emotional labor
社会工作者，社会工作者与情
感劳动, 11, 150, 153

Specialization 专业化, 10, 119-
120,256n.3（Ch. 6）; 情感劳动
的专业化，根据性别来看（of
emotional labor, by gender）, 20,
163 - 164, 177. 还可参见去技能
化（Deskilling）

Speed-up 加速：航空业的加速发
展（in airline industry）, 8n, 90,
94-95, 121-126,127,131; 加速发
展与情感劳动（and emotional
labor）,21, 90-91, 121-122, 125-

的培训（of flight attendants），
4,13,14,24-27, 98-102, 104-
108,109-113, 120,138

Transactional analysis 沟通分析，
192, 193

Transcendental meditation 先验沉
思，264n. 14

Transmutation of emotional system
情感系统的转变／转型，19-
20,21, 90-91, 118-119,156,160-
161,186; 情感系统转型的
失败（failure of），90-91,
121,126,136; 情感系统的转型
与对工作的失去控制（and loss
of job control），119-121. 还
可参见情感劳动（Emotional
labor）; 加速发展（Speed-up）

Trans World Airlines（TWA）环球
航空公司（TWA），15, 117,
186,25611.4（Ch. 6）

Trilling, Lionel 特里林，莱昂内
尔，166-167, 190, 191-192, 262-
263nn.5 and 6, 263-264nn.9 and
10

Tucker, Robert 塔克，罗伯特，
243n.3

Turner, Ralph 特纳，拉尔夫，
244~8,245n.8, 264n.11, 265n.16

TWA 环球航空 . 参见环球航空公
司（Trans World Airlines）

Tyler, L. E. 泰勒，L. E., 259nn. l and
2

Union, flight attendants' 空乘人员
的工会：空乘人员工会与年
龄标准（and age standards），
124,130n; 空乘人员工会与美
国航空公司（and American
Airlines），15 - 16, 123n,
129,178n; 空乘人员工会与外表
规范（and appearance codes），
126n, 127,178n; 空乘人员工会
与达美航空公司（and Delta
Airlines），13, 14, 113; 空乘
人员工会对安全技能的强调
（emphasis on safety skills by），
129; 空乘人员工会对航空公
司造成的压力（pressure on
airlines by），90,94, 124; 空乘
人员工会与机组人员和乘客
之间的比例（and ratio of crew
to passengers），132, 189; 空乘

371

人员工会对航空公司加速发展做出的回应（response of, to speed-up），123,123n,124,126; 空乘人员工会与联合航空公司（and United Airlines），129,189; 空乘人员工会与工资（and wages），124,126; 空乘人员工会与体重管理（and weight regulations），102, 127

United Airlines 美国联合航空公司，15, 111, 136,256n.4（Ch. 6）; 联合航空公司的广告（advertising by），94, 182; 联合航空公司的空乘人员外表规范（appearance code for flight attendants），102; 联合航空公司对空乘人员的招募（recruitment of flight attendants by），97-98; 对联合航空公司的服务评估（service of, rated），117; 联合航空公司的加速发展（speed-up by），124-125,131; 联合航空公司与工会（and union），129,189

Use value, of emotion management 情感整饰的使用价值，7n

Vaught, G. M. 沃特，G. M., 259n.1

Weber, Max 韦伯，马克斯，213,219,257n.5

Weight regulations, for flight attendants 空乘人员的体重管理，101 -102, 127, 182

Weiss, Robert 维斯，罗伯特，67

Wheelis, Allen 惠利斯，艾伦，51

Wikler, Norma 维克勒，诺尔玛，168

Winn-Dixie Stores 温迪克西商店，149-150

Winnicott, W. D. 威尼考特，W. D., 265n. 15

Witkins, H. A, 威特金斯，H. A, 259n. 1

Wolff, Kurt H. 沃尔夫，库尔特 H., 249n. 19

Women 女性：女性的"适应性"（"adaptability" of），165,166, 168-169, 170,259n.5; 女性与利他主义（and altruism），195, 196; 女性的深层扮演（deep acting by），167; 女性与遵从（and deference），165, 168-

169, 171, 177,178,179-180; 女性的收入（earnings of），163,259-2601n.6; 女性的 "情绪化／情感性的"（as "emotional"），164-165,167,172-174; 女性的情感整饰（emotion management by），20,57,68, 162-170,173,181,243n.5,259n.5,260n.12; 情感作为女性的资源（emotions as resource for），163, 165, 167, 169-170, 260n.6; 女性情感的被人轻视（emotions of, discounted），171, 172-174,175,181; 女性与虚假自我（and false self），195-196; 需要在工作中付出情感劳动的女性（in jobs requiring emotional labor），11, 21, 162-164,171,181, 184, 234-235,236-241; 女性缺乏权威（lack of authority of），175,177-181; 女性缺乏 "地位防护罩"（lack of a "status shield" for），163, 171-172,174-175,177-179,181; 女性的较低地位（lower status of），85n, 162,163-164,167,169-

170,171-172,173-174, 175,177,180-181,259n.5,260nn.6 and 12; 女性的母亲角色（mothering role of），170, 175,176,181-182,259n.5; 女性与控制感（and sense of control），258n.1；女性的影子劳动（shadow labor by），167, 170; 女性对其他人起到的地位增强作用（status enhancement of others by），16,165, 167-169,171,184; 女性的情感整饰类型（types of emotion management done by），163, 164,165-166,167-170,171; 未支付报酬的女性劳动（unpaid labor of），85n, 167,170, 259n.5. 还可参见性别（Gender）；婚姻（Marriage）

Woolman, Collett 乌尔曼，克里特，100

Workers 工作者／劳动者：工作者作为劳动工具（as instruments of labor），3,7; 工作者对工作的失去控制（loss of job control by），8, 119-121,154, 187,

译后记

就目前的忙碌状况而言，如果有人问我，现在最愿意花时间翻译的著作是什么？我肯定回答，当然是这本《心灵的整饰》了！其实，进入情感社会学领域以来，一直存有此念，所以，翻译此书可谓夙愿了。也曾建议过数家出版社购买版权，但均未果。

直到去年的一天，接到曹雪峰的电话，邀约翻译此书。当时很是好奇，我们素未谋面，何以有此提议？一问，原来雪峰颇为用心，检索到当年我带的硕士研究生淡卫军2005年在《社会》上发过一篇书评，这应该是国内较早谈论此书的专文了。淡卫军在脚注的致谢里提到了自己的导师，于是雪峰就顺藤摸瓜，找上门来了。不难想见，得偿夙愿的事情，自然一拍即合。

记得当年我跟淡卫军提及翻译此书的想法时，卫军就积极表示，若有机会翻译，请一定带上他。所以，跟雪峰一确定，我马上就联系卫军，简单分工以后分头开始翻译。

但置身于节奏越来越快的高校，忙碌的程度还是超出了自己的预期。又适逢筹办中国社会学会2018年学术年会，大半年里差不多是身不由己了。此书的原著一直摊开在我电脑旁边，虽然乘隙译上数行，也是一种愉快的利用碎片时间的方式，但终究进度太慢。卫军完成了自己的任务以后，还又分担了一章。而我，真如蜗牛一般，总觉得离终点遥遥无期。不得已，只好请另外一位已博士毕业的学生王佳鹏加入进来。佳鹏跟我以前有过翻译上的合作，得到过责编的充分肯定，我也非常放心。一放心，就放手了，干脆让他最后主要负责通稿和统稿了。

本书的翻译分工如下：

成伯清翻译了2012年版序言、初版序言、致谢和第一至三章；

淡卫军翻译了第五到九章、二十周年纪念版后记和附录；

王佳鹏翻译了第四章、前四章注释和索引，添加了页码。

王佳鹏、淡卫军对全书进行了统校工作。

此书原著虽然不算艰深晦涩，但正如我们在海峡对岸的译本中发现了不少遗憾之处一样，我们这个译本肯定也有诸多不足，恳请方家不吝指正！

成伯清

2018年8月18日于仙林灵山麓院

图书在版编目（CIP）数据

心灵的整饰：人类情感的商业化/（美）阿莉·拉塞尔·霍克希尔德著；
成伯清，淡卫军，王佳鹏译.—上海：上海三联书店，2020.1（2024.10 重印）
ISBN 978-7-5426-6735-9

Ⅰ.①心… Ⅱ.①阿… ②成… ③淡… ④王…
Ⅲ.①民用航空—乘务人员—商业服务—商业心理学—研究
Ⅳ.① F560.9

中国版本图书馆 CIP 数据核字（2019）第 261806 号

著作权合同登记号：09-2019-596

心灵的整饰：人类情感的商业化

著　　者 / ［美］阿莉·拉塞尔·霍克希尔德
译　　者 / 成伯清　淡卫军　王佳鹏
责任编辑 / 职　烨
策划机构 / 雅众文化
策 划 人 / 方雨辰
特约编辑 / 曹雪峰　赵　磊
封面设计 / 郑元柏
监　　制 / 姚　军
责任校对 / 黄诚政
出版发行 / 上海三联书店
　　　　　（200041）中国上海市静安区威海路 755 号 30 楼
联系电话 / 编辑部：021-22895517
　　　　　发行部：021-22895559
印　　刷 / 山东临沂新华印刷物流集团有限责任公司
版　　次 / 2020 年 1 月第 1 版
印　　次 / 2024 年 10 月第 3 次印刷
开　　本 / 880 × 1230　1/32
字　　数 / 286 千字
印　　张 / 12
书　　号 / ISBN 978-7-5426-6735-9/ F · 793
定　　价 / 58.00 元

敬启读者，如发现本书有印装质量问题，请与印刷厂联系　0539-2925659